PALIMPSESTE

DU MÊME AUTEUR

AUX ÉDITIONS VIVIANE HAMY

Opus 77
Niels
Évangile pour un gueux
La Madone de Notre-Dame

AUX ÉDITIONS DE L'AMANDIER

Selon Dante
L'Héritage
Kaiser suivi de *Notre Père*
Les Îles Kerguelen suivi de *Bastringue*

AUX ÉDITIONS LA FONTAINE

L'Abbaye
Krankenstein

ALEXIS RAGOUGNEAU

PALIMPSESTE

ÉDITIONS VIVIANE HAMY

Définitions tirées du dictionnaire du Centre national de ressources textuelles et lexicales.

Remerciements au Centre national du livre.

D'après une conception graphique de Pierre Dusser
Illustration de couverture : Matthew Richardson

ISBN : 978-2-3814-0046-4

PALIMPSESTE (subst. masc.) : Manuscrit sur parchemin d'auteurs anciens que les copistes du Moyen Âge ont effacé pour le recouvrir d'un second texte. Au fig. 1 – Œuvre dont l'état présent peut laisser supposer et apparaître des traces de versions antérieures. 2 – Mécanisme psychologique tel que les faits nouvellement mémorisés se substituent à ceux qui leur préexistaient dans la mémoire. « L'oubli n'est autre chose qu'un palimpseste. Qu'un accident survienne, et tous les effacements revivent dans les interlignes de la mémoire étonnée. » (Victor Hugo)

J'écris à l'encre rouge avec le stylo noir du père. J'écris sur ses propres écrits. Je les recouvre de mes mots à moi. Ou plutôt, j'écris entre les lignes, entre ses lignes à lui. Je dois écrire petit pour que mes mots à moi tiennent entre ses mots à lui. Entre chaque ligne du livre de mon père il y a deux millimètres et demi. Je le sais, je viens de mesurer. Mon père n'est pas du genre à trop céder la place. Alors je fais avec ce qu'il reste de blancheur et d'espace entre les haies de caractères noirs. Il y a un verbe pour ça, je viens de vérifier dans le dictionnaire : **INTERLIGNER (verbe trans.)** : *Action d'écrire entre les lignes.* Au moins la question du papier semble réglée pour un temps : le livre de mon père compte 320 pages. Pas si facile de mettre la main sur du vrai papier blanc, du papier pour écrire, je veux dire. Bien sûr, il reste le carton recyclé, les paquets de céréales, les emballages des yaourts ou des plats cuisinés. Seulement c'est toujours plein de logos, de photos, de promos… Où voulez-vous trouver la place pour y écrire vos propres mots, vos propres pensées ? Où voulez-vous trouver le temps pour réfléchir ? C'est bien connu, ils font très attention, les publicitaires, à ne pas laisser le moindre espace inoccupé, la moindre seconde d'inattention. Notre cerveau, ce qu'il contient dans ses moindres recoins, le nombre d'heures où nous le laissons branché chaque jour, tout ça leur est précieux, un véritable trésor de guerre. Il y a beaucoup d'argent à se faire. Alors je préfère barbouiller le livre de mon père, avec son propre stylo. C'est une vieillerie de marque Aurora (je crois savoir que mon père tient cet outil barbare de son propre père). L'Aurora, faut d'abord le remplir. Et l'encre, de nos jours, accrochez-vous pour en trouver. Il n'y a guère que sur *Vieux-trucs.com.* Et encore, on achète sans savoir. Le vendeur, du fond de son bled campagnard, est incapable de vous dire quelle couleur vous avez commandée. La livraison vous tombe du ciel par drone livreur, vous ouvrez le colis, fouillez parmi tout plein de macaronis en polystyrène. Et alors ? Qu'est-ce qui sort ? Une de ces bouteilles en verre datant du siècle dernier, une véritable antiquité, à l'étiquette passée, illisible, à moitié décollée. Vous ôtez le bouchon, vous vous en collez plein les doigts… Du rouge ! Mais qu'est-ce que vous voulez en faire ? Et ce n'est que le commencement. Parce que ensuite il faut vous débrouiller pour transférer le liquide sanglant à l'intérieur de l'Aurora du père. Alors vous trempez la plume en or dans la fiole en verre, vous dévissez, vous revissez, vous secouez, vous remplissez, du moins vous essayez… En réalité vous en mettez la moitié à côté, une véritable hémorragie. Vous avez beau vous relaver cent fois les mains, vous traînez ça pendant dix jours au moins. Discrétion assurée, merci bien. J'ai trouvé cette expression, encore, dans le dictionnaire : **ÉCRIRE EN PATTES DE MOUCHE (loc. nom. fig., fam.)** : *Écriture manuscrite fine ou illisible*. Voilà à quoi je compte occuper mes heures. Même si le stylo, l'encre et le papier, c'est compliqué. L'école primaire, le tableau noir, la maîtresse blonde et ses jolies robes à fleurs, c'est si loin. Former les lettres avec ses doigts, le petit rond du *o*, la petite boucle du *a*, la petite queue du *p*, du *q*, tout ça… C'est beaucoup d'entraînement avant de se sentir prêt à mettre au propre, à coucher ses phrases à soi sur le livre du père. Je commence à m'y faire. Peut-être même à y trouver un certain plaisir. Mais pour tout déchiffrer à la suite, pour tout lire et relire, alors là, patience et bonnes lunettes de rigueur ! Te voilà prévenu, lecteur. Ce n'est pas clair ? Attends voir que je t'explique. Chaque matin, à partir d'aujourd'hui et pour le temps qu'on voudra m'accorder, je fais acheminer le livre de mon père jusqu'à ma place numérotée en rez-de-jardin, depuis ce magasin que les bibliothécaires appellent l'Enfer. C'est un magasin ordinaire, comme la Grande Bibliothèque en compte beaucoup entre ses murs, à ceci près que celui-ci se trouve au sommet de la tour des Temps et qu'il renferme tout un tas de trucs formellement déconseillés par le gouvernement. Le terme officiel, pire qu'un sticker collé sur les couvertures, c'est *licencieux*. Il y a des gens qui, on le sait maintenant, depuis des décennies et peut-être même des siècles, en philosophie, en histoire et plus encore en littérature, écrivent des livres drôlement licencieux. De nos jours, ces rares exemplaires disparaissent assez vite de la circulation. Non seulement pour d'évidentes raisons de moralité publique, mais aussi parce qu'ils sont trop difficiles à lire. Trop déprimants. Trop intellectuels. Pas assez d'eau de rose. Pas assez de légèreté. Pas assez d'évasion. Ces livres-là n'atteignent jamais les rayonnages de supermarché. Leur seule destination possible est l'endroit où je suis, et pour une raison bien précise : le dépôt légal. Tu connais ça, lecteur, le dépôt légal ? Laisse-moi te dire que ça ne date pas d'hier, je viens de le lire dans le dictionnaire : *Institué en 1537, le dépôt légal permet la collecte, la conservation et la consultation de documents de toute nature, afin de constituer une collection de référence, élément essentiel de la mémoire collective du pays.* Autrement dit, tout éditeur, tout imprimeur a l'obligation d'envoyer un exemplaire de chaque livre publié et imprimé, ici, à la Bibliothèque nationale. Après cinq cents ans d'accumulation on en arrive à quinze millions de volumes ! Il faut croire qu'une part de cette mémoire collective sent le gaz, comme on dit. Et quand il prend l'envie à un garçon dans mon genre d'en consulter un échantillon, il ne lui reste qu'une solution : faire descendre le livre en question depuis l'Enfer jusqu'au rez-de-jardin. Tu as raison de le noter, lecteur : ici l'Enfer se trouve dans les hauteurs, au dernier étage de la tour des Temps. Je n'ai pas vraiment d'explication sur cette curieuse façon de ranger les ouvrages interdits. Peut-être pense-t-on, là-bas, dans les ministères, que le meilleur moyen de soustraire un livre à un lecteur est encore, comme pour les mômes, de le placer sur l'étagère la plus haute, la toute dernière avant le ciel, qu'on n'atteint pas, jamais, y compris en se hissant sur la pointe des pieds. Il faut être prudent avec les enfants, petits ou grands, et veiller à ne pas les nourrir n'importe comment. Ici ce sont les magasiniers et les bibliothécaires qui font office de docteur ou d'infirmière, qui protègent la population des textes toxiques, de ce qu'il vaut mieux ne pas lire ni connaître, bref, qui appliquent les consignes officielles. Moi, par contre, j'ai accès à l'Enfer. Oui, moi, Simon Kaas, je dispose d'un laissez-passer permanent pour les salles de recherche et les quatre tours. Un mot rapide à ce sujet. Depuis son inauguration à la fin du siècle dernier, la Grande Bibliothèque se répartit en deux niveaux fréquentés par deux populations distinctes : d'une part le « haut-de-jardin », ouvert à tous, visiteurs et lecteurs ; d'autre part le « rez-de-jardin », réservé aux chercheurs. Dans les faits, et depuis pas mal d'années, on ne vient plus à la Bibliothèque pour y lire. Niveau canopée, ce sont les retraités et les clochards qui entrent pour se réchauffer. Ils sont parmi les derniers à trouver un intérêt à ce lieu inauguré il y a plus de quarante ans déjà par un croûton blafard aux allures de momie (on peut voir son portrait à l'entrée, accroché au mur). Ces promeneurs solitaires profitent des larges baies vitrées pour prendre la lumière à l'abri des rafales et de la pluie, échanger un regard ou, pour les plus intrépides, un timide bonjour. Parfois aussi leur prend l'envie de se saisir d'un livre à la couverture défraîchie. Ils en parcourent quelques pages puis s'avachissent dans leur fauteuil pour mieux sombrer dans le sommeil. Ils ne rouvrent les yeux qu'un peu plus tard, réveillés par le bruit sourd du bouquin tombé sur la moquette mitée, ou bien le soir, à l'annonce de la fermeture sur les coups de vingt heures. Ils prennent à petits pas le chemin de leur domicile, traînant leurs charentaises dans cette ville de béton et de verre où ils n'ont plus leur place. Niveau troncs et racines, les deux immenses salles de lecture n'attirent pas davantage les chercheurs. D'abord parce que des chercheurs, il n'en reste plus des masses dans ce pays. Ensuite parce que le nombre de passes délivrés chaque année se limite désormais à quelques dizaines. Il faut montrer patte blanche pour bénéficier d'une accréditation et accéder aux collections – passer un entretien, justifier de son besoin de lecture, exposer son projet et fournir un justificatif de l'employeur en trois exemplaires, un pour la Bibliothèque, un pour le ministère de la Culture, un pour le ministère de l'Intérieur. Alors ce sont plutôt des jeunes gens dans mon genre, bien sous tous rapports, travaillant dans les administrations ou pour leurs sous-traitants, qui viennent ici se documenter. Moi je bosse pour Spartacus Analytics. C'est de là que me vient mon accréditation (l'*Ausweis*, comme nous l'appelons entre élus du sérail). J'ai donc accès à l'ouvrage dans lequel j'écris en douce à l'encre rouge, entouré d'une épaisse muraille de dictionnaires piochés sur les étagères alentour. Nous ne sommes qu'une poignée chaque matin dès l'ouverture à nous présenter devant les cellules de reconnaissance faciale donnant accès à l'étage inférieur. Nous descendons l'immense Escalator hors service dont le moteur, à en juger par les moutons de poussière qui tapissent les marches, n'est pas près d'être dégrippé. Dans cet ancien puits de savoir, nous réservons notre place pour la journée et passons devant un second jeu de caméras de reconnaissance. Nous arpentons le déambulatoire qui longe la forêt de pins plantée de l'autre côté des baies vitrées. Enfin, « forêt » est un grand mot – à partir de maintenant il faut que je pense à l'écrire entre guillemets : *bois, bosquet, boqueteau* sont plus justes à coup sûr (je viens de vérifier dans le dictionnaire). Au fond de cette gigantesque cage de verre, une douzaine d'arbres végètent, ligotés au sol par des haubans. La terre leur manque pour y enfouir leurs racines. À leur pied, des moutons grisâtres – des vrais, cette fois – mâchonnent de rares pousses vertes. C'est ce qu'on appelle un *écosystème autogestionnaire*. Nous nous répartissons dans les deux salles encadrant la « forêt ». Il nous arrive parfois de nous adresser un bref regard à travers le silence et l'espace. Je sais ce que mes compagnons d'un jour viennent y chercher. Chacun couvre son domaine de prédilection et choisit sa place en conséquence, à l'ombre de la tour des Temps ou de la tour des Lettres, sous la tour des Lois ou sous la tour des Nombres. Nous sommes ici pour vérifier l'information et tenter de distinguer l'événement avéré de la fiction. Nous inventons les faits depuis si longtemps que nous avons perdu le fil censé nous rattacher à la réalité. Dans nos machines à la mémoire infinie, sur nos écrans en haute définition, nous naviguons dans le labyrinthe de nos mensonges. Nous ne pensons que par arborescence. Nos croyances se scindent en deux, puis en deux, puis en deux… Mais à la fin tout se rejoint, ou plutôt tout se vaut. La droite comme la gauche, le bien comme le mal, une opinion et son contraire. Chaque embranchement nous fragmente et nous perd un peu plus. Nous ne savons plus d'où nous venons, ce qui explique notre présence régulière, à nous autres, jeunes sous-traitants des ministères et *fact-checkers* en tout genre, dans cet antique temple du savoir. Les magasins de stockage en haut des tours et leurs kilomètres de rayonnages contiennent des livres datant d'avant le grand basculement, celui de l'écrit vers l'image. On peut encore s'y référer en confiance parce que tout y est imprimé sur du papier et qu'il n'est guère possible d'y remplacer une version de la réalité par sa dernière mise à jour. Si par hasard une vérité vient à émerger dans la masse de mensonges que nous épandons sur la population, il faut savoir la repérer pour aussitôt la recouvrir d'une nouvelle couche de bobards. Nous faisons office de sentinelles, de pompiers de service, veillant au confinement de toute exactitude. Avouons tout de même que les réseaux sociaux s'autorégulent, un peu comme la végétation et les moutons dans la « forêt » : le vrai n'émerge presque jamais, et le travail en rez-de-jardin reste des plus peinards. D'ailleurs les escadrons de *fact-checkers* sont en constante régression dans les états-majors des administrations, et les moyens alloués à la Bibliothèque sont en chute libre, saison après saison ; il suffit de jeter un œil à l'état de la moquette pour s'en assurer. Nous passons nos journées le nez plongé dans d'obscurs récits de chevalerie et d'antiques tragédies en alexandrins, dans des théorèmes mathématiques du siècle dernier et dans des avis périmés du Conseil constitutionnel. Il n'y a, dans tout cela, rien de bien méchant et encore moins d'utile. De toute façon personne n'y comprend rien, personne ne s'y intéresse. Et quand nous en avons fini avec le livre du jour, nous le confions au bibliothécaire, qui à son tour renvoie l'ouvrage en magasin, là-haut, dans l'une des quatre tours, à l'abri de la lumière et des regards. Conçue comme un lieu de persistance de la mémoire, la Grande Bibliothèque, entre les mains expertes du pouvoir, est aujourd'hui l'ultime moyen de s'assurer que toute vérité demeure enfouie à jamais. Un instrument de plus en plus inutile, dont la survie même fait l'objet de débats en haut lieu. La prochaine étape, après les élections, c'est la fermeture. Je te sens perplexe, lecteur. Tu te demandes ce que nous faisons là, toi et moi, n'est-ce pas ? Un peu de patience, j'y viens. Pas si facile d'interligner en pattes de mouche sous le regard inquisiteur d'une bibliothécaire qui, sans crier gare, m'oblige à planquer l'Aurora paternel. Fort heureusement, personne n'écrit plus à la main de nos jours. Je compte là-dessus pour ne pas éveiller ses soupçons. L'introduction d'un stylo dans une salle de lecture est un événement improbable, même si les règles les plus archaïques restent en vigueur. Primo, interdiction de quitter la Bibliothèque avec le moindre exemplaire – ici les livres ne sont pas voyageurs. Et deuxio, interdiction d'écrire dessus, le moindre mot, la moindre annotation, le moindre petit dessin, rien de rien. Alors je dois me cacher pour le faire. Chaque matin en arrivant à ma place, je monte autour de moi une forteresse d'encyclopédies, de livres de grammaire et de conjugaison glanés ici et là. Il ne me reste plus qu'à me présenter au comptoir pour y récupérer l'ouvrage dont j'ai passé commande dès l'ouverture, toujours le même, celui de mon père, le seul au monde portant son nom sur la couverture. Je m'en moque bien, des coups d'œil de travers de la bibliothécaire, tant qu'elle ne feuillette pas le volume quand je le lui rends le soir. Il suffit parfois d'une vieille commère dans son genre pour tout foutre par terre. Quand j'y pense, je prends de sacrés risques. Et je ne parle pas de l'interdiction d'annoter les livres, non, mais bien de mon récit, qui prend forme phrase à phrase, heure par heure. Pas d'autre manière de faire. Rien à voir avec ces canulars que je produis pour le compte de mon employeur, mais une vraie histoire. Celle de ma famille. Moi, ma mère, mon père. Avec aussi des personnages secondaires : Audrey, Chronos, M. Cathrine, Caron, et puis aussi la *Petite fiancée de la Nation*... Si la bibliothécaire me coince, décidément, je suis bon pour un signalement au ministère de l'Intérieur. Je m'interroge toujours, quand approche l'heure de la fermeture : et s'il lui vient un jour l'envie de feuilleter le livre de mon père ? Jusqu'ici la vieille chouette n'a fait que le saisir sans mot dire. Je sais où il repart chaque soir. Je l'accompagne dans mon imaginaire. D'abord il rejoint le magasin temporaire du rez-de-jardin. Là, un magasinier le charge dans l'une des trois cent cinquante nacelles qui, par le biais d'un chemin de fer vieux de quarante ans, renvoient cahin-caha les volumes consultés vers le sommet des tours. Le livre de mon père passe ainsi la nuit en Enfer. Puis, sur les coups de dix heures du matin, on le ressort à la lumière puisque là-bas en bas, un lecteur – moi, en l'occurrence – vient de le réserver pour la journée. Une fiche portant le nom de l'emprunteur et la date de retour remplace l'ouvrage sur l'étagère. Un *fantôme*, dans le jargon des bibliothécaires… Bientôt vingt heures. La nuit tombe au-dehors. La vieille chouette me dévore du regard. Vite, un usuel de conjugaison ! J'ouvre une page au hasard. *Les temps du passé.* Nous voilà bien. C'est loin, c'est vieux, tout ça. Moi je ne me souviens plus de rien. *L'indicatif imparfait est employé le plus souvent comme temps du passé. Il sert, dans un récit, à évoquer les circonstances secondaires, à décrire les personnages, les lieux, les objets, ou à commenter l'action principale qui, elle, est au passé simple. Exemple : « Il était tard dans la soirée lorsque K. arriva. Une neige épaisse recouvrait le village. »* De nos jours, on ne nous encourage guère à faire usage des temps du passé. Seul compte le présent. Les écrivains contemporains ont pris cette habitude aussi. Il suffit de feuilleter la production du moment (j'aime assez lire, depuis toujours, je n'ai pas honte de le dire). Les romans au passé ne se vendent pas. Le passé devient trop compliqué, à lire ou à utiliser. Quant au futur c'est encore pire, on préfère ne pas y penser. Nous vivons dans le présent perpétuel. Les jours se succèdent, semblables aux précédents, dans un ressassement sans fin. *Le passé composé de l'indicatif se compose de l'auxiliaire être ou avoir au présent de l'indicatif suivi du participe passé du verbe. Exemple : « Longtemps, je me suis couché de bonne heure. »* Alors j'ai posé le stylo de mon père. J'ai refermé son livre. Je me suis levé. J'ai rangé mes affaires. J'ai marché vers la bibliothécaire. Je lui ai tendu le livre. Elle m'a considéré sans rien dire. Puis elle a lu le titre et le nom de l'auteur sur la couverture : « *Le Camp de nomades de Saliers, 1942-1944*, Serge Vartanian ». J'ai eu très peur mais elle ne l'a pas ouvert. Elle a fini par le poser sur son chariot. Puis elle a dit ce truc un peu dingo : « À demain, alors ? » Et moi j'ai répondu : « Oui, madame, d'accord. » de cette intense passion pour le fichage et les fichiers, si profondément ancrée dans l'histoire de notre nation. Il ne s'agit pas ici de remonter aux origines d'un État centralisé et de ses bras armés – la Police, l'Administration, parfois même une Justice aux ordres –, mais de replacer dans son contexte le recours quasi systématique, dès la fin du Second Empire, au fichage à visée sécuritaire, dans l'objectif clairement assumé de distinguer les *honnêtes gens* des *suspects*, et de pouvoir ainsi exercer un contrôle sur la seconde catégorie au profit de la première. Cette mise en perspective ne peut se faire qu'à l'aune de l'évolution des techniques d'enregistrement et de classement de l'information, qu'il s'agisse du papier, de la photographie, de la biométrie ou du fichier génétique, en passant par Je laisse un bout du texte de mon père à découvert pour que tout soit bien clair. C'est ma façon à moi de marquer un nouveau chapitre dans l'histoire. Sinon comment faire ? Le papier de qualité est une denrée si rare de nos jours. Il me faut tout sortir d'un jet, d'une écriture serrée, sans blanc et sans alinéa. Désolé, lecteur. Pas le choix. Une brève définition tirée du dictionnaire peut parfois, à la rigueur, servir de respiration entre deux plongées en apnée. Voilà pour le mode d'emploi. Pas plus compliqué que d'assembler une armoire Ikea, crois-moi. Mais trêve de commentaires. Il est grand temps maintenant de te parler d'Audrey. C'est elle le déclencheur de toute l'affaire : l'Aurora, le livre de mon père et la bibliothécaire. Audrey, depuis que je la connais, a cette longue chevelure façon manga qui lui dégringole sur tout le côté droit, tantôt rouge, tantôt violette, selon l'humeur et les teintures en stock chez son coiffeur. Des mèches viennent se loger au creux de sa poitrine qu'elle a menue – tout est menu chez elle, Audrey pèse quarante-cinq kilos à tout casser. Lorsque je lorgne son profil droit, si féminin, l'envie me prend de lui glisser ma main dans les cheveux. Frôler et caresser les cheveux d'Audrey. Ce serait si bien. Approcher mon visage près du sien, sentir la tiédeur de sa peau et l'odeur du shampoing. Quand je la mate et que l'envie me vient, elle se détourne toujours de son écran pour me fixer de ses grands yeux bruns (les yeux d'Audrey sortent aussi d'un manga japonais). Alors la moitié gauche du scalp apparaît, cette partie qu'elle a rasée à blanc pour exposer le monstrueux Flashcode qu'elle s'est fait tatouer au-dessus de la tempe. Un grand damier en trompe-l'œil dont la partie basse s'effrite à la façon d'une mosaïque antique. Les carreaux imprimés sur sa peau se décollent, basculent un à un dans son cou, disparaissent sous ses vêtements. J'ignore tout du trajet qu'ils empruntent là-dessous, s'ils pleuvent par-devant ou derrière, entre les omoplates ou bien à travers la vallée de ses seins. Toujours est-il qu'on les voit ressortir par la manche droite avant de s'agglomérer sur l'avant-bras. Les carreaux y deviennent écailles. Un long serpent s'enroule autour du poignet d'Audrey. La tête aux yeux rubis vient s'ajuster à sa main. Lorsque Audrey vous la tend chaque matin en guise de bonjour, ses crocs semblent sur le point de vous saisir pour vous envenimer à mort. Mais sur sa peau de porcelaine ne figurent pas qu'un code-barres et une vipère. D'autres dessins, petits et grands, naïfs, enfantins, fleur bleue, lui parsèment le corps : des étoiles et des cœurs et des roses de toutes les couleurs lui dansent sur la nuque et lui gambadent sur les chevilles. Audrey est une fille à déchiffrer et à lire. Comme tu l'as bien compris, lecteur, je ne vais pas voir, jamais, ce qui se passe sous sa jupe en cuir. Il m'arrive de croire, en rentrant seul chaque soir, qu'un jour, peut-être… Mais quand revient le matin, cette main reptilienne me dissuade de tout geste équivoque. Pourtant j'affirme qu'Audrey et moi nous entendons comme deux larrons en foire. J'en veux pour preuve qu'elle me laisse parfois ranger une mèche baladeuse, qu'elle soit rouge ou violette, derrière son oreille droite. Je le fais du bout de l'index, l'air de rien, en passant d'un pas pressé tout en surveillant le crotale au repos sur son bureau. La recoiffer, c'est ma façon complice de lui dire de se tenir, d'être un peu moins grossière dans ses propos sur les réseaux. Ça marche à tous les coups : je lui remets sa mèche en place et aussitôt Audrey se tait. Il ne me reste plus qu'à la zieuter en douce en finissant mon Tropico, un profil après l'autre, la longue chevelure puis la boule à zéro, le temps pour elle d'identifier une prochaine cible à engloutir sous un flot de boniments et d'injures. Audrey adore jurer comme une charretière – même la reconnaissance vocale s'y perd dans son vocabulaire. Audrey est une poupée en porcelaine de Chine qui tire au bazooka sur tout ce qui bouge. C'est le meilleur troll du donjon. Elle seule use de techniques qu'il faut bien qualifier de génocidaires pour dézinguer l'adversaire. Ces jours-ci, nous sommes en pleine mobilisation générale pour la réélection de la présidente Pereira. Ici personne ne ménage ses efforts afin que le parti qui est au pouvoir y demeure cinq années supplémentaires. Mais avant d'entrer officiellement en campagne, il nous faut préparer le prochain grand référendum populaire, celui qui doit remanier la Constitution et prolonger une énième fois l'état d'urgence. Nous travaillons l'opinion à son insu, sur les réseaux et dans les inconscients. L'idée consiste à simuler un archipel d'initiatives prétendument spontanées pour mieux faire basculer les indécis dans notre camp. En politique ce sont toujours les indécis qui font la différence. Donnez-leur l'impression d'avoir rallié le courant majoritaire au terme d'une longue et profonde réflexion, et vous voilà à la tête d'une armée de militants possédés par leur mission : faire du référendum un plébiscite populaire. La véritable élection présidentielle n'a pas lieu dans six mois. Elle se tient dimanche qui vient. Chez Spartacus Analytics nous restons optimistes malgré le bilan décevant de l'équipe au pouvoir. Nous maîtrisons tous les tenants et les aboutissants d'un scrutin au meilleur des deux tours. Nous sommes une véritable machine de guerre dédiée jour et nuit à la future consécration de Valentine Pereira et de son parti Vox Populi. Rien ne fait taire la voix du peuple en colère. Rien ni personne. Simplement la colère s'oriente, s'infléchit, se pilote comme une Ferrari rouge sur un circuit. Il suffit de maîtriser la composition d'un savant cocktail électoral mêlant traitement quantitatif des données, psychométrie et psychologie comportementale. Spartacus commercialise ce qu'on appelle pudiquement des outils d'influence : sondages d'opinion, outils d'analyse d'efficacité des publicités, catalogues d'électeurs et/ou de consommateurs (ce sont les mêmes en réalité), systèmes de visualisation des centres d'intérêt des publics étudiés… Et pour ce faire, nous puisons dans un véritable trésor : les données privées des utilisateurs, scotchés devant leur écran, avec ou sans leur consentement. Officiellement, Spartacus Analytics avance sur le mince fil de la légalité mais jamais ne franchit la limite. Si quelque petit hackeur hostile trouve un jour le moyen de nous faire trébucher, alors c'est la grande sphère du pouvoir à l'échelle planétaire qui se casse la figure. Parmi nos clients, nous comptons nombre de présidents, de chefs de parti et de gouvernement, mais aussi des patrons de multinationales et des magnats de la communication. Personne n'a intérêt à déclencher une réaction en chaîne. Personne ne prend jamais le risque de faire tomber le premier domino. Surtout quand on sait que Spartacus Analytics est une filiale de Dot.Com ; ça règle le problème. Dot.Com fait les présidents et les premiers ministres. Dot.Com a ses entrées dans tous les Parlements du monde civilisé. Dot.Com décide des politiques économiques, des lois environnementales et des négociations commerciales. Dot.Com défend farouchement la démocratie et le multilatéralisme. Dot.Com prône la paix dans le monde et l'optimisation fiscale. Par-dessus tout, Dot.Com possède un fichier d'abonnés de près de cinq milliards d'individus. Âge, sexe, religion et orientation sexuelle, habitudes de consommation et tout un tas d'informations utiles – dont les sympathies politiques. De l'or en barre virtuel. Voilà ce qui fait la toute-puissance de notre maison mère. Ici dans la capitale, les équipes de Spartacus se concentrent sur un unique site, les Grands Frigos, à deux pas de la Grande Bibliothèque. C'est là que je me trouve le plus souvent, dans cet ancien squat pour artistes subventionnés reconverti en *troll factory*. C'est là que je retrouve Audrey et les autres, parfois le jour, souvent la nuit, selon la mission qu'on nous confie. Les quatre étages du bâtiment principal renferment les équipes officielles, celles qu'on expose en vitrine comme des bébés caniches dans une animalerie. Quatre grands plateaux plus le rez-de-chaussée où s'agitent en tous sens une bande de surdiplômés en col blanc et godasses sur mesure, experts en big data, en psycho, en socio, en analyse comportementale. Rien à voir avec nous. Notre petite *factory*, elle, a soif de discrétion et se tient à l'écart. C'est sûrement pour cette raison qu'on nous parque au sommet du *donjon*, en réalité un château d'eau désaffecté encastré dans l'arête nord des Grands Frigos, auquel on accède par la rue Primo-Levi. Moi j'aime assez l'idée, ça me fait plutôt marrer. Depuis notre forteresse aux accès strictement contrôlés, une bande d'ados attardés, les yeux explosés par l'insomnie, la fumette et la fréquentation ininterrompue des réseaux, décide de l'avenir du pays, ou tout du moins des cinq prochaines années. Ici, ni psy ni analyste. Ici, le nombre d'années d'études après le lycée se compte sur les doigts d'une main, en mettant bout à bout les diplômes de l'équipe entière, je veux dire. Les meilleurs trolls se forment sur le tas, passent le plus clair de leur adolescence sur un lit, barricadés dans leur piaule. Il suffit de nous fournir une connexion supersonique et des bécanes de compétition pour nous distraire jour et nuit et faire de nous des jeunes gens épanouis. Âge idéal : vingt piges. Moi je suis en avance, comme tous les petits génies. Ma spécialité consiste à fréquenter les réseaux incognito et y rédiger des saloperies. Je change d'identité et de pseudo comme de tee-shirt, un vrai caméléon. C'est un talent qui doit me venir de mes lectures. Toute cette littérature que je dévore le soir. Sujet-verbe-complément. Tout écrit au présent. On ne trouve que ça de nos jours. Il n'empêche, lecteur : romance ou polar, un roman vous oblige à vous glisser dans la tête de l'autre, amoureux fou ou assassin en série. Un exercice des plus utiles pour le troll que je suis. Moi le benjamin de l'équipe, le petit prince du donjon. Le digne héritier de la reine Audrey. Notre royaume à nous, c'est la *fake news*. Un merveilleux pays où tout est permis. Mentir, calomnier, espionner, pirater, bidonner des vidéos et jouer les maîtres chanteurs. Il n'y a aucune limite à notre imaginaire. Il suffit de regarder Audrey, ses cheveux violets et son hallucinant tableau de chasse pour comprendre qu'une élection moderne se joue désormais chez Spartacus, même si nous n'avons rien inventé. Il faut une grosse génération pour changer les comportements en profondeur, rendre les gens accros aux bobards, discréditer les vieux médias, inverser l'échelle des valeurs. La vérité est un vaste mensonge et tout mensonge porte nécessairement une part de vérité. Rien n'est vrai, tout est possible. Le doute et la confusion s'installent ; on ne sait plus qui croire, à quel saint se vouer. Le déraillement se passe au ralenti. Presque dans l'indifférence. La locomotive et les wagons de tête s'écartent du ballast dans le plus grand silence. Les politiques ont l'air d'avoir un train de retard. Les grands médias traditionnels croient toujours en leur toute-puissance. Jusqu'à l'aveuglement. Et puis un jour, partout sur nos écrans, surgit l'égérie jeune et peroxydée de la modernité. Au tout début, elle ne déclenche qu'un bruit de fond sur les réseaux. Puis la rumeur se met à gonfler, finit par attirer l'attention et donner des sueurs froides aux maîtres du pouvoir. Alors le déraillement s'accélère et le fracas retentit. Elle se nomme Valentine Pereira. Elle parle vrai, elle parle franc. Bientôt tout le monde est sous le charme, on se dit qu'elle a tout compris à la politique et aux électeurs, on commence à l'appeler la *Petite fiancée de la Nation*. Voilà bientôt dix ans que ça dure. D'abord le ministère de l'Éducation. On mise sur son inexpérience, sur l'hostilité naturelle qu'elle suscite chez les enseignants. Mais elle s'en sort haut la main. Gagne tous ses arbitrages budgétaires. Achète les professeurs à grands coups d'embauches. Place des vigiles dans toutes les cours d'école. L'éducation devient prioritaire. Plus un prof pour descendre dans la rue. On ne les reconnaît pas. Ensuite survient l'attentat du Tricastin. La *Petite fiancée* prend l'Intérieur au sein d'une grande coalition d'union nationale. Main de fer, gant de velours. Mesures d'exception, état d'urgence. Valentine devient le seul et unique recours pour sauver la nation du péril étranger. Deux ans plus tard, la voilà présidente. Maintenant, elle veut repartir pour un tour. Elle n'a pas le choix. Dimanche prochain, si le peuple lui dit non, ou bien si dans six mois elle perd les élections, le voile se lève sur un quinquennat de mensonges et de manipulations. Alors, comme à chaque fois sous la pression et dans l'urgence, peut-être même dans la panique, on reconvoque les trolls. Audrey a trente-quatre ans bien sonnés. Dans le monde du travail elle est ce qu'on appelle une « séniore ». Elle peut tout aussi bien débarquer la gueule enfarinée avec des Adidas aux pieds que chaussée d'escarpins à mille cinq cents la paire. Ici personne n'a d'opinions politiques, Audrey et ses Louboutin pas plus que nous autres et nos baskets trouées. Les idées, c'est complètement ringard. Notre dope quotidienne, qui circule à toute heure au donjon, c'est l'adrénaline et l'odeur du sang. Depuis la semaine dernière, nous préparons, entre autres canulars, une attaque coordonnée contre des vieux dinosaures universitaires qui s'égarent à faire des parallèles hasardeux entre la politique migratoire menée par la présidente et, je cite : *certaines heures parmi les plus sombres de notre histoire. A priori*, c'est un détail insignifiant. Il faut toujours distinguer l'important de l'accessoire avant de réagir. Juger si le problème vaut la peine d'être traité ou s'il est préférable de laisser l'ennemi s'essouffler à force de prêcher dans le désert. Dans ce cas particulier, celui du groupuscule d'historiens plus croulants que les murs de leur faculté, il vaut mieux réagir sans tarder. D'abord parce que l'histoire et la politique mémorielle sont au cœur du discours de la présidente : si la Constitution mérite d'être révisée, c'est bien pour lier le destin individuel de Valentine Pereira à celui de la nation. La présidente est de la trempe de ceux qui donnent leur nom à des places, à des boulevards, à des aéroports. Ensuite parce qu'une critique trop appuyée de la politique migratoire de ces cinq dernières années risque d'écorner la campagne de la future candidate à sa réélection. La *Petite fiancée* entend revenir aux fondamentaux, à ce qui fait, depuis toujours, son succès et son ADN politique : la chasse au métèque. Mine de rien, il faut du temps pour créer ce réflexe qui, une fois intégré par la majeure partie de la population, devient une sorte de rente électorale à perpétuité : dans un pays fort, l'ordre et la sécurité découlent nécessairement de mesures antimigratoires fortes. Il ne s'agit donc pas de tout laisser saccager par un club d'historiens du dimanche qui, sur des pages à fond marbré semblant dater du siècle dernier, affirment que Mme Pereira nous renvoie, je cite encore : *à nos heures les plus sombres*. Depuis la parution de cette tribune, le mot *dictature* remonte chaque jour un peu plus dans les classements des moteurs de recherche, et la question de savoir quel est le féminin de *dictateur* – c'est *dictatrice*, je viens de vérifier dans le dictionnaire – vire même à l'obsession virale. D'où la nécessité de mettre sur le coup notre petite équipe de trolls. Ce n'est pas bien difficile de faire disparaître un thème en vue sur les moteurs. Il suffit de le noyer sous une quelconque rumeur d'adultère entre deux stars d'une série au succès planétaire. Ce qui est plus compliqué, en revanche, c'est de démonter pour de bon l'argumentaire des vieux de la fac d'histoire. Il faut éviter à tout prix un recyclage de leur discours sur *les heures sombres et les relents de dictature* par l'opposition. Ce sont des mots qui peuvent faire peur, même aux plus fervents partisans de Vox Populi. Bien entendu nous ne touchons pas au fond du discours, jamais. Le fond n'a pas d'importance. C'est à la forme qu'il faut s'attaquer, ou, pour mieux dire, à la personne. Unetelle donne des leçons à la terre entière mais n'a pas le diplôme qu'elle affiche sur son CV, Untel traîne une sombre histoire de fesses avec une étudiante – ou, mieux encore, une lycéenne. Notre meute de trolls s'attaque toujours au membre le plus fragile d'une communauté. Les personnes dotées d'un large capital social ne se laissent pas facilement déstabiliser ; il faut plutôt se concentrer sur celui ou celle qui ne compte qu'un portefeuille de *followers* trop maigrichon pour avoir bonne réputation. Et qu'importe si tout est inventé. Ce qui importe, c'est qu'une infime partie de la calomnie soit vérifiable par le premier venu. Instiller le doute dans les esprits, à petites doses, mine de rien, sans qu'on sache véritablement d'où sort l'information. On évite donc, tout du moins au début, de débarquer sur les sites populaires avec nos gros sabots. Il vaut mieux commencer par un obscur forum régionaliste visité par une poignée de couillons qui croient encore en l'histoire. Puis on laisse le virus se répandre, gagner des sites d'envergure nationale, voire internationale, d'abord tranquillement, puis de plus en plus vite et, pour finir, de manière exponentielle. Comme dit si joliment Audrey, *la merde remonte toujours à la surface*. Ce n'est qu'une question de jours, voire d'heures ou de minutes, quand la rumeur est croustillante à souhait. C'est beaucoup de travail, lecteur, tu sais. Sous nos faux airs de joyeux drilles manipulant un arsenal de boules puantes virtuelles, nous agissons en bataillon ultra-discipliné. Il faut, pour te donner un exemple, des heures et des heures de *fact-checking* avant de pouvoir passer à l'attaque. C'est donc pour préparer l'offensive contre les vieux gâteux de la fac qu'Audrey décrète en fin de semaine dernière qu'un de ses trolls doit se farcir un peu de lecture à la Bibliothèque. Ce jour-là, elle porte ses stilettos. Elle croise les jambes bien haut sur le canapé en cuir, boit une gorgée de cappuccino. Les lèvres d'Audrey laissent toujours une trace rouge sur le rebord de la tasse ; on peut y lire en lettres majuscules : *I survived testicular cancer*. « Alors ? C'est toi qui t'y colles, Simon ? » Moi je ne me méfie pas, bien sûr. J'aime assez la lecture et je sais qu'elle le sait, Audrey. Je n'ai rien contre un peu de *fact-checking* de temps en temps. « OK, Audrey, pas de problème, qu'est-ce que tu veux que je fasse exactement ? » Le serpent se dresse au bout du bras qui tient la tasse et me fixe de ses yeux incandescents. Il s'agit de se rendre à la Bibliothèque, d'y déterrer un ouvrage publié il y a six ou sept ans et aussitôt oublié, un long blabla sur les prétendues *heures sombres* de la nation, pondu par un obscur archéologue méridional ayant, depuis, disparu de la circulation. On trouve précisément des extraits de son bouquin dans le pamphlet contre la présidente posté par les débris de la fac. Là où ça devient intéressant, poursuit Audrey entre deux cappuccinos, c'est que le scribouillard en question, celui dont nos viocards s'inspirent dans leurs discours, a un casier judiciaire long comme le bras. Et pas franchement pour s'être garé sur un trottoir ou avoir oublié de payer sa taxe sur les ordures ménagères… L'idole des vieux est inscrit au fichier des délinquants sexuels. La condamnation tient en quelques mots : *Atteinte sur mineur de moins de quinze ans avec circonstances aggravantes.* « Tu peux creuser un peu, Simon ? Tu peux faire ça pour moi ? – OK, Audrey, bien sûr, que je lui réponds. Donne-moi juste le nom du gars et le titre de son bouquin. » Mais le titre du livre et le nom de l'auteur, je les connais déjà par cœur. d'exhumer couche après couche, souvent au sein d'archives départementales désaffectées, les générations successives d'outils et de dispositifs mis en place par les autorités pour recenser et surveiller leur propre population. Dans bien des cas, malheureusement, on n'a conservé qu'une année témoin, ou, à titre d'échantillon, les seuls dossiers commençant par A, B ou C.

La numérisation massive opérée au cours du quart de siècle écoulé et le manque criant de moyens consacrés à la conservation des documents papier n'ont fait que condamner le chercheur à une connaissance trop souvent parcellaire de son sujet. Reste qu'un certain nombre de constantes prévalent, quelles que soient l'époque étudiée, la nature des fichiers examinés et les politiques de conservation en vigueur à l'échelon local, à commencer par l'écrasante prééminence des patronymes à consonance étrangère dans des registres qui, à l'origine, n'avaient aucune vocation à répertorier les étrangers sur un territoire donné. On examinera pour exemple le fichier de délivrance des permis de conduire du département du Longtemps, je me suis appelé Simon Vartanian. J'ai gardé le nom de mon père durant toute mon enfance. Je le voyais grand et fort, mon père. Inaccessible. À quoi bon lui parler, alors, et à quoi bon grandir ? Pour soutenir la concurrence ? Laisse-moi rire, lecteur, laisse-moi rigoler bien fort. Je l'observais en silence depuis le bas du piédestal, le regard tourné vers le ciel. Les années passaient. Je ne me posais aucune question, repoussant à plus tard mon entrée dans l'adolescence. Aujourd'hui qu'il a disparu dans la nature, au contraire, j'ai du mal à me taire. Il faut qu'Audrey me dise de la boucler parce que je soûle tout le monde avec mon flot constant de commentaires. C'est ce qui s'appelle surcompenser, diraient nos experts en analyse comportementale ; ou, en termes moins techniques, noyer le poisson dans un torrent de mots, sans alinéa ni coupure. Mon corps, lui, est resté coincé entre deux rives, entre l'enfance et l'âge adulte. Une vraie silhouette de freluquet qui ne tente jamais aucune fille et ne m'attire que des remarques de vieux pervers quand je marche tard la nuit sur les trottoirs. J'ai hérité des yeux charbon de mon père et de sa tignasse noire, pour sûr, mais pour le reste… Tout un tas de trucs ont dû se perdre quelque part : ses larges épaules qui brillaient dans la lumière lorsqu'il sortait de l'eau après son heure de nage en mer ; ses mains immenses, aux longs poils soyeux, qui dépassaient de sa combinaison Néoprène ; sa voix rocailleuse, son visage tanné par le soleil et son accent méridional. Tout a sombré dans les profondeurs. Il faut dire que ma mère était tout le contraire de mon père : son corps menu et sa peau pâle ; ses grands yeux bleus, sa blondeur, la finesse de ses traits. C'est ce qui a dû le séduire. Et c'est ce que j'ai chopé d'elle à coup sûr, son côté un peu paumé, fragile ; ça et son nom de jeune fille. J'ai changé de nom après le procès. Il a fallu que ma mère écrive une lettre aux Affaires familiales. On m'a demandé si j'étais d'accord pour renoncer au patronyme de mon père et j'ai dit *oui d'accord.* Le jour de mes treize ans, ma mère m'a fait signer un tas de paperasse. Voilà comment, du jour au lendemain, j'ai cessé d'être Simon Vartanian pour devenir Simon Kaas. C'est un nom dont tout le monde se souvient, Kaas, encore aujourd'hui, même si chacun se demande ce qu'elle est devenue,

l'actrice blonde qui jouait dans la série policière, tu sais, comment ça s'appelait déjà ? Qu'est-ce qu'elle a pu devenir, Laura Kaas ? Elle était vachement belle, cette gonzesse… Peut-être qu'elle a vieilli, tout simplement. Peut-être qu'elle est devenue grosse et moche. Peut-être qu'elle reste chez elle à chialer devant son miroir tout en becquetant des somnifères et des antidépresseurs. Peut-être bien, d'accord, lecteur. Mais au moins, depuis que je porte le nom de ma mère, personne ne m'a rappelé que j'étais le fils de mon père. Jusqu'à ce qu'Audrey m'envoie faire un peu de *fact-checking* à la Bibliothèque. Désormais tout me revient en mémoire, c'est comme si les égouts débordaient. Elle a raison, Audrey ; ça remonte toujours à la surface. un usage tout différent de sa finalité première, cherchant à recenser non seulement les délinquants et les criminels au profit de la police judiciaire et de l'administration pénitentiaire, mais aussi les étrangers et les nomades, cette fois au profit de la sûreté de l'État. Cet arsenal tout ce qu'il y a de moins officiel vient alors compléter l'attirail de mesures prises avec l'aval du législateur – on y reviendra plus tard –, dès 1917 pour les étrangers (carte d'identité obligatoire), et même dès 1912 pour les nomades (instauration du carnet anthropo-
J'ai peur parfois de rentrer chez moi, de cogiter en boucle sans rien pouvoir coucher de mes pensées. L'Aurora noir me manque, et le grattement de la plume sur le papier. De nos jours, il vaut mieux éviter de se confier à un écran connecté, surtout

quand on écrit l'histoire que je suis en train d'écrire, lecteur, sinon elle a vite fait de se retrouver sur le bureau d'un fonctionnaire du ministère de l'Intérieur. Les lois d'exception passées il y a sept ans sont toujours en vigueur. Aujourd'hui l'exception dure. Et si le « Oui » l'emporte au référendum, elles seront prolongées. Le papier, c'est plus sûr. Alors le soir, pour ne pas avoir la tentation de me confier à n'importe quel support virtuel, je sors. Pendant que le livre de mon père dort en Enfer, j'erre dans les centres commerciaux qui restent ouverts jusqu'à point d'heure. Dimanche prochain se tient le grand référendum et, neuf jours plus tard, Noël. Alors la foule se presse dans les allées des grandes surfaces. Les caméras de reconnaissance ne savent plus où donner de la tête, que ce soit pour choper un terroriste métèque, repérer un contaminateur potentiel sans masque antiviral, éjecter un casseur du Black Pack ou promouvoir la dernière crème antirides de chez L'Oréal... Moi, ce que je préfère dans les centres commerciaux – les vrais, pas les virtuels –, c'est le côté fourmilière. Entre deux épidémies, entre deux manifs anticapitalistes, entre deux attentats au hachoir, c'est si bon de pouvoir fêter Noël, faire du shopping en se serrant très fort les uns contre les autres. On se laisse embarquer dans un long fleuve humain qui longe des berges illuminées où se succèdent les tentations. Dans les vitrines tout est nouveau et déjà périmé ; mais c'est sans importance. Ce qui compte, c'est l'expérience d'achat. On ne rapporte plus un produit à la maison mais une minute d'intense satisfaction. *Je me suis procuré ce qui me faisait envie. C'est si jouissif. Dans trois jours je le revendrai d'occasion. Il me faudra ressortir pour exciter à nouveau mon désir. Ou plutôt non, je m'offrirai une heure de shopping à domicile, depuis mon canapé, en peignoir et chaussons. Et dans l'heure qui suivra, parmi les milliers de drones livreurs papillonnant au-dessus de la ville, il y en aura un pour moi, rien que pour moi, qui descendra du ciel pour me livrer mon paquet marqué d'un code-barres.* Hier soir la foule était très dense. On pouvait sentir le frémissement de l'excitation, un brin de frustration et d'agressivité pour n'avoir pas encore trouvé le cadeau idéal. C'est ce qui s'appelle *la magie de Noël.* Je suis entré dans la danse à hauteur d'une boutique de chaussures et me suis laissé porter. Quel couloir, quel Escalator, quel étage : la foule s'en chargeait ; elle imprimait cadence et direction à mon errance nocturne. Nous sommes passés devant une parfumerie. Un bref instant, l'odeur des corps s'est effacée au profit d'un mélange de senteurs. *Sus au virus* de Dior, c'est l'essence qui remporte le plus de succès cet hiver, le flacon que ces dames s'arrachent pour s'en pulvériser quelques gouttelettes protectrices. Les étoffes et les chairs se frottaient les unes aux autres, ni trop ni pas assez. Chacun trompait sa solitude, son urgence de contact sans jamais déclencher le regard de travers, l'accusation incantatoire : *Bas les pattes, sale porc !* C'est si bon, un bain de foule, le soir, après une longue journée d'écriture. S'oublier, perdre la mémoire. N'être plus qu'un mille-pattes, un simple corps collectif, sans tête et sans remords, un corps électoral privé de toute voix individuelle, qui s'apprête à voter en conscience pour que tout continue comme avant, au moins jusqu'à Noël ou jusqu'au Jour de l'an. *J'ignore ce qui se trame dans le sud du pays. Je ne suis au courant de rien. Les mesures d'exception prises après l'attentat du Tricastin, je n'en porte pas la responsabilité. J'ai glissé-déposé mon bulletin dans l'urne électronique pour me débarrasser de ce genre de soucis, pour que d'autres dirigent le pays à ma place et gèrent les ennuis. Et je compte bien le refaire dimanche à l'occasion du référendum, et dans six mois à l'élection présidentielle. C'est à la Petite fiancée de la Nation de s'occuper de tout cela. Après tout, elle ne dérange qu'une infime minorité, sa doctrine du national-consumérisme, elle ne fait de mal à presque personne. C'est une chiure de moineau dans la longue histoire de notre grand pays. Quel mal y a-t-il à fermer un peu les yeux ? L'important, finalement, c'est que les magasins restent ouverts.* Les gens autour ont des cernes violacés sous les paupières. Ils marchent en cadence et ne s'éveillent que pour contourner la bousculade des boutiques saturées, ou bien pour s'y jeter avec délice. La foule m'aspire dans son tourbillon. Je peine à reprendre mon souffle. Elle me brasse comme les vagues de la mer en juillet, compresse ma poitrine couleur d'aspirine. Je n'arrive plus à respirer. Je me débats en vain, la tête sous l'eau, désorienté. Des pieds, des jambes passent, des paires de fesses moulées dans des maillots à fleurs. Je fais surface dans un sursaut désespéré, le temps d'avaler une goulée d'air mêlée d'éclaboussures. Des têtes, des bustes nus et bronzés comme des sculptures dans un musée se reflètent dans le grand miroir de la Méditerranée. Là-bas mon père me fait signe. « Nage, fils, nage ! Mais qu'est-ce que tu attends pour battre des pieds ! » Nous nous sommes lancés dans une énième course, le père contre le fils, le nageur professionnel contre le gosse manquant de confiance en lui. C'est à celui qui atteindra le gros rocher le premier. Je suis censé maîtriser la brasse coulée depuis l'été dernier. Mon père affirme que la compétition stimule l'apprentissage. Il fait toujours semblant de nager à pleine vitesse à grand renfort de moulinets, prend quelques mètres d'avance avant de se laisser passer sur le fil. Il ne fait que m'humilier davantage, souligner mon insuffisance dans cet aller-retour infernal entre la plage et la grosse pierre. Soudain je bois la tasse, une fois, deux fois. Je bats des mains, je bats des pieds. La poitrine me brûle mais l'eau semble glacée. Là-bas sur le sable, les mollets léchés par les vagues, ma mère regarde dans ma direction, une main sur la hanche et l'autre en visière. Je la reconnais à son bikini turquoise, à sa blondeur, à sa silhouette longiligne qui fait se retourner le moindre mâle en slip de bain. Elle est bien trop loin pour venir me chercher. Ma mère n'est pas une grande nageuse. Et mon père qui repart de plus belle en direction du rocher. La panique m'habille d'une armure de plomb. L'eau salée envahit mes poumons. Je sombre vers le fond. Je n'entends plus les cris des gosses là-bas sur la terre ferme, les pleurs, les rires, la rumeur en provenance du terrain de volley et le braillement des vendeurs de beignets. Mes cris à moi je les entends, oui, assourdis par la pression. C'est à peine si je reconnais ma voix. Est-ce que ma mère est au courant ? Est-ce que quelqu'un peut la prévenir, là-bas sur le sable ? Une jolie blonde en bikini turquoise, la peau pâle malgré les heures passées sur sa serviette à fleurs. Ce courant noir remonté des abysses, est-ce bien la mort qui me caresse doucement les pieds ? **RÉMINISCENCE (subst. fém.)** : *Souvenir où domine plus ou moins l'élément affectif. Réminiscence de l'enfance, de la jeunesse ; réminiscence de lecture. « Les plus belles choses qu'un auteur puisse mettre dans un livre sont les sentiments qui lui sont apportés, par réminiscence, des premiers jours de sa jeunesse » (François René de Chateaubriand).* Je dois la tenir de lui, cette constante attirance pour les grands fonds. C'est une tendance que j'ai depuis l'enfance. Déjà, gamin, je m'enfonçais sans cesse en sa présence, tandis que lui remontait toujours à la surface en quelques brasses. Mon père était archéologue subaquatique. Il travaillait pour l'antenne régionale d'un institut spécialisé dans les antiquités gréco-romaines. Son truc à lui, c'était le monde du silence, même s'il lui arrivait aussi de fouiller la terre. Après une journée au fond du fleuve ou de la mer, il était encore capable de passer une soirée en famille sans émettre un seul son, ce qui, bien sûr, faisait de ma mère une monologueuse hors pair. Elle tentait d'ailleurs de se faire un nom comme tragédienne sur toutes les scènes du littoral. Sa drogue à elle, c'était le théâtre biélorusse. Elle y partait quinze jours chaque hiver pour y faire un stage dans un hangar désaffecté équipé de quelques projecteurs. C'était ce qu'ils appelaient là-bas un lieu de culture. Elle me montrait toujours les vidéos à son retour. On la voyait au milieu d'un cercle de gens, en train de débiter des trucs bizarres dans une langue étrangère. C'était un monologue de Médée sur lequel elle travaillait depuis des années, l'histoire d'une mère qui massacrait sa progéniture. Ici elle tournait régulièrement dans une publicité pour une marque de gouda industriel. Elle était devenue leur égérie parce que avec ses cheveux blonds et ses grands yeux bleus on lui trouvait un petit air du Nord. L'histoire se déroulait dans un hypermarché. Ma mère y distribuait des échantillons de fromage en costume traditionnel hollandais. Un type passait et repassait avec tout plein d'accents et de déguisements. Il finissait par lui bouffer tout son gouda. Moi j'adorais voir ma mère dans sa publicité. Elle disait qu'il fallait saisir toutes les opportunités de se faire voir. Puis elle inondait de larmes le clavier de son ordinateur. Autant dire que nous ne roulions pas sur l'or, et que les seuls loisirs que nous pouvions nous offrir se résumaient à ceux passés dans la cabane, à trente minutes à peine de la ville où nous habitions. C'était une ancienne maison de gardian en forme de fer à cheval, aux murs blanchis à la chaux, coiffée d'une toiture en roseau. Mon père la tenait de son propre père, qui la tenait déjà de son père. C'était ce qui devait lui faire croire que j'adorais m'enterrer chaque été dans cet endroit solitaire. Les seules activités consistaient à accompagner ma mère à la plage ou à suivre mon père dans sa quête obsessionnelle d'un morceau de statue ou d'amphore. J'ai toujours détesté la mer, le soleil et la chaleur, et je n'ai jamais su tenir une pelle. Je passais mon temps le nez dans les bouquins échoués sur l'étagère, en particulier dans *Faune et flore des milieux lagunaires de Méditerranée.* Aujourd'hui encore, j'ignore pourquoi je prenais ce livre-là sur l'étagère branlante au début de chaque été ; pourquoi je me passionnais pour ce bouquin aux pages gondolées par le sel et l'humidité. L'illustration de couverture, peut-être ? Un ragondin devant son terrier. Il y avait quelque chose du jouet en peluche dans cette bestiole aux grandes dents, au poil en pétard, creusant mètre après mètre les galeries de sa tanière. Je me revois feuilleter l'ouvrage du matin au soir, dans la chaleur étouffante de juillet. Mon doigt suivait les tiges et ramures sur les planches à l'ancienne, gravures aquarellées aux couleurs passées. Toutes étaient légendées de mystérieux noms latins : *Salicornia europœa, Limonium vulgare, Phragmites australis, Oryza sativa*… Il fallait beaucoup de concentration à l'enfant que j'étais pour tous les déchiffrer et les graver dans ma mémoire. Je lisais toute la journée, là-haut sur mon perchoir, une mezzanine d'un mètre sur deux accueillant mon petit lit d'enfant, juste au-dessus de celui de mes parents. Voilà comment un gamin solitaire prend goût à la lecture, lecteur. Parce qu'il ne trouve rien d'autre à faire sinon se noyer sous les yeux indifférents de son père. du 16 juillet sur l'exercice des professions ambulantes et la circulation des nomades. Mesure emblématique intervenant cinq ans après la création des Brigades mobiles, le carnet instaure la surveillance généralisée de tous les individus de la communauté âgés de plus de 13 ans. Le document, qui contient des informations anthropométriques, les empreintes digitales et des photos d'identité de face et de profil, doit être signé par un représentant des autorités locales. Il représente un élément de compréhension fondamental du traitement législatif, administratif et policier de la communauté tsigane au cours du siècle dernier. En vigueur jusqu'en 1969, abrogées par la suite mais aussitôt remplacées par une loi ne faisant qu'assouplir les dispositions antérieures, ces mesures ont régi la vie des nomades durant des décennies et les ont relégués dans une position de citoyens de seconde C'est le rapport au passé qui a changé. Maintenant il y a des machines pour stocker les souvenirs sur d'immenses disques durs. Plus besoin de conserver quoi que ce soit à l'intérieur, dans les têtes ou dans les cœurs. Tout est dématérialisé, transférable, modifiable à l'envi. Il suffit de tout télécharger – photos, vidéos, hologrammes –, retoucher, refondre, reprendre, remanier, parfois même supprimer. Nous avons confié nos vies à des industriels de la mémoire qui en font le commerce et en assurent l'exploitation moyennant un abonnement mensuel. Nos vies sont entreposées dans de gigantesques hangars situés en Sibérie, en Mongolie-Intérieure ou ailleurs, partout où l'air est sec et glacial pour ne pas trop dépenser d'électricité à refroidir les serveurs. Il y a longtemps, au siècle dernier, on déportait les prisonniers là-bas. Je l'ai lu dans un livre d'images sur l'étagère de mon père, à côté de *Faune et flore des milieux lagunaires* ; le bouquin en question s'intitulait *L'Enfer du Belomorkanal*. On y expliquait comment, il y a cent ans déjà, on retouchait les photos pour en effacer les éléments gênants. Ces quatre types en noir et blanc, par exemple, tout sourire sous leur moustache, bien alignés devant l'objectif du photographe. Un beau jour, celui de droite disparaissait de l'image. Pffft, envolé ! On le retrouvait sur un chantier à mille kilomètres au nord, le crâne rasé, une pioche entre les mains. Personne n'invente jamais rien. Il n'y a qu'à recycler, mettre au goût du jour. La technologie évolue, voilà tout. Les machines gagnent en puissance et en mémoire vive. Désormais ce ne sont plus les hommes qu'on relègue au fin fond de la toundra, mais notre histoire intime. Pour s'y reconnecter, il suffit d'entrer un mot de passe, de scanner son pouce ou son iris, et c'est parti pour un petit voyage en enfance. Mon père, lui, a laissé peu de traces sur les réseaux. Il était d'un tempérament méfiant, discret, en plus de sa tendance naturelle au silence. Il ne m'a fallu que quelques heures pour tout effacer après sa disparition. Un jeu d'enfant pour l'ado en colère que j'étais. Du jour au lendemain il s'est évaporé des photos d'anniversaire, des vidéos de fin d'année scolaire. Dans mes souvenirs en ligne, il ne reste plus que moi et ma mère. Quant aux documents professionnels, rapports de campagne de fouilles, comptes rendus de plongée, index d'objets exhumés, etc., on les a supprimés. Qui, je ne saurais le dire, à toi de te faire une idée, lecteur. Probablement quelqu'un au ministère de la Culture et de l'Histoire nationale dont dépend désormais l'ancien employeur de mon père. En somme, il ne reste plus aucune trace de lui, ou presque. Juste quelques objets sans importance. Le livre dans lequel j'écris, stocké ici à la Bibliothèque ; ce fichu stylo qui n'en finit pas de me souiller les doigts ; et, tout là-bas, sous le soleil et le vent, entre le fleuve et la mer, une pelle, une pioche, et quelques trous creusés dans la terre, que personne n'aura pris soin de reboucher, pas même les gens du ministère. **PARADOXE (subst. masc.)** : *Association de deux faits, de deux idées contradictoires.*

Le paradoxe, c'est que tout a commencé ici, à la fin du siècle dernier, avec la construction de la Grande Bibliothèque. On a voulu construire un immense temple dédié à la lecture et à la mémoire, qui devait couvrir tous les champs de la connaissance, se mettre à la disposition de tous, user des plus récentes technologies. Un monstre sort ainsi de terre, et avec lui tout un quartier de béton gris et noir, fait de centres commerciaux, de bureaux, de cinémas, de restaurants et de bars. Un prototype de ville contemporaine, à taille inhumaine. Grandes tours, imposantes par leur stature, intimidantes par leur froideur. Grandes avenues, droites et profondes, idéales pour les canons antiémeutes et les charges policières. Grandes esplanades, où l'être solitaire, minuscule, disproportionné, hors échelle, n'a pas sa place. On ne survit qu'en fourmilière dans cet immense enclos où la vie est régie par le travail et les loisirs, les deux mamelles du national-consumérisme. Ne jamais laisser les esprits inoccupés. Il faut un but à tout trajet. *Je pars travailler chaque matin. Je me joins à la masse anonyme qui voyage sous terre. J'emprunte l'Escalator. Je sors. J'entre dans le grand immeuble de verre, mon visage y est scanné, mes activités sont contrôlées, mes heures comptées. Il faut un but à tout trajet. Je quitte le travail. Je suis toujours en mouvement. Je ne m'arrête jamais sinon pour jouir de mes loisirs. Je me joins à la masse qui consomme. Avec l'argent que j'ai gagné dans la journée j'achète de quoi me divertir. J'achète ce que les autres achètent.*

Je lis les commentaires en ligne pour savoir ce qu'il faut se procurer. Plus il y a de petits cœurs et plus il faut acheter. Le soir, je regagne mon appartement. Je mange, je regarde mon écran (je fais ces deux choses en même temps). Je me mate une série dont je discuterai le lendemain au bureau parce que je sais que mes collègues l'auront vue aussi. La même série, avec la même histoire, la même musique et les mêmes décors, les mêmes acteurs, le même début et la même fin, avec les mêmes coups de théâtre, avec la même relance finale, la même question laissée en suspens pour susciter l'envie de passer à l'épisode suivant. Je vais me coucher. Je me brosse les dents, je regarde mon écran (je fais ces deux choses en même temps). Je me glisse sous les draps. Je regarde mon écran. Je ferme enfin les yeux. L'écran se met en veille après quelques instants. Jusqu'au matin suivant. C'est formidable, la vie en réseau. La solitude n'existe pas. Nous ne sommes plus jamais seuls. Sur le parvis de la Bibliothèque, le seul endroit du quartier où l'œil voit loin et peut vagabonder, on a tracé des itinéraires recommandés pour s'assurer que chaque déplacement s'effectue en troupeau. *Pour votre sécurité, empruntez les chemins antidérapants*, c'est ce qui est écrit en lettres de trois mètres de haut à l'angle des quatre tours. Ce parvis est un long parquet de bois poli par les intempéries ; à chaque averse il se transforme en patinoire de six hectares. Foutrement casse-gueule, je peux te le garantir, lecteur. Il n'y a rien d'illégal à sortir des sentiers balisés garnis de bandes rugueuses mais, comme le dit l'expression consacrée, *c'est à vos risques et périls.* Il m'est arrivé de voir des agents municipaux, préposés à la propreté, arroser le parvis par grand soleil ; il s'agissait d'enrayer toute tentation au cheminement personnel, à l'errance intérieure. C'est formidable, lecteur, la vie ici, je te dis. Mais alors – si je peux me permettre de te solliciter –, pourquoi y a-t-il tant de gens pour faire un pas de côté, quitter l'itinéraire officiel et s'approcher du vide ? Le vide, oui, au-delà de la rambarde métallique, celle qui surplombe la « forêt », plantée dans les entrailles de la Grande Bibliothèque à trente mètres de profondeur. Pourquoi voit-on autant de personnes escalader la barrière, regarder vers le bas, puis se jeter dans le néant ? *Besoin d'une pause nature,* comme disent si joliment les publicitaires ? Ou plutôt besoin d'en finir, en allant s'écraser au milieu des moutons et des pins parasols ? Il ne se passe guère de journée sans que la poignée de lecteurs du rez-de-jardin n'assiste au spectacle d'un corps perforant la canopée. Il y a de quoi ébranler le plus aguerri des *fact-checkers*, même si, l'habitude aidant, nous ne tardons jamais à replonger le nez dans nos lectures d'un autre temps. Moi j'ai ma petite idée. Tu veux savoir, lecteur ? Je crois que les candidats au grand saut choisissent de se foutre en l'air précisément ici pour mieux se replonger dans leur mémoire perdue. On dit toujours qu'au moment de sa mort on voit défiler sa vie entière.

C'est le seul moyen qu'ont trouvé certains de nos contemporains pour convoquer leurs souvenirs sans avoir à se connecter aux serveurs nord-sibériens. Il faut à peine plus de deux secondes à un corps en chute libre pour s'écraser au bas de la « forêt ». Il suffit, pour le savoir, de multiplier la hauteur par deux, de la diviser par l'accélération de la pesanteur et d'en prendre la racine carrée – je viens de le lire dans le dictionnaire. Ces deux secondes-là, lecteur, valent plus que tout. Et peu importe si ce qui s'ensuit s'appelle la mort ; on n'empêche pas un homme ou une femme de partir en quête de son passé. La Bibliothèque s'est peu à peu changée en cimetière, pour les livres autant que pour les humains. D'une certaine façon, elle n'a jamais aussi bien joué son rôle. Les gens qui s'écrasent au pied des pins y retrouvent leurs racines. Et les agents de sécurité, postés jour et nuit sur le parvis pour dissuader les suicidaires, ne pourront jamais rien y faire. Le suicide, c'est la vie. *Paradoxal*, lecteur, nous sommes d'accord. Audrey serait du même avis, d'ailleurs, elle qui turbine comme une damnée à la réélection de Valentine Pereira tout en fracassant des Abribus aux côtés de ses camarades du Black Pack. Pour tout dire, lecteur, je m'attends certains jours à voir Audrey s'écraser en rez-de-jardin tant je la trouve *paradoxale*. Il faut avoir la souplesse d'une gymnaste de haut niveau pour tenir pareil grand écart – bosser pour Vox Populi tout en étant fichée S au ministère de l'Intérieur. Ça n'a rien d'étonnant quand on connaît un peu la jeunesse de la miss : Audrey a passé quatre ans en équipe nationale et a participé aux championnats d'Europe avant de se fusiller un genou à cause d'une réception ratée aux barres asymétriques. Depuis, elle s'est reconvertie dans l'assassinat en ligne. Je la soupçonne d'en vouloir à la terre entière, bien qu'une blessure sur un tapis de gym ne puisse expliquer à elle seule comment pareille colère peut tenir dans un si petit corps. Le génocide virtuel et le tir au bazooka verbal ne suffisant pas à tout purger, il lui faut du réel, du charnel, d'où ses samedis en noir au cours desquels elle troque ses stilettos contre un masque à gaz et un sweat à capuche. N'essaie pas d'y voir une quelconque cohérence, lecteur, il n'y en a pas. La philosophie d'Audrey, c'est de tout casser pour éviter de sauter par-dessus la canopée. Je trouve ça d'une grande maturité. Le but reste le même du lundi au dimanche, mais la technique varie entre la semaine et le week-end. Il faut une certaine énergie pour combiner ces vies multiples et contradictoires, doublée d'une grande intelligence. D'où mon envie quasi permanente de braver la morsure du serpent aux yeux rubis pour lui glisser la main dans les cheveux. Passons. Je reviens souvent à Audrey, lecteur, non parce qu'elle m'attire comme je pourrais le laisser croire, mais parce que je viens de recevoir par messagerie cryptée une invitation à la retrouver ce soir aux Abattoirs. Alors voilà : vu ce que tu viens de lire, et si j'ajoute, pour ton information, qu'Audrey est également le leader d'un groupe punk-rock baptisé Fukushima mon amour, alors tu peux te faire une idée de mon programme dès que je serai sorti de la Bibliothèque. Laisse-moi juste le temps de consulter le dictionnaire avant de partir... **ELLIPSE (subst. fém.)** : *Omission d'un ou de plusieurs énoncés qui paraissent aller de soi et donc inutiles. « L'écrivain sait plus de choses encore qu'il n'en dit. C'est que le langage est ellipse » (Jean-Paul Sartre).* Les Abattoirs, c'est une scène alternative de la banlieue nord, entre un échangeur autoroutier et un canal désaffecté. Et comme son nom l'indique, c'est un ancien abattoir. La jeunesse s'y retrouve tard le soir pour des séances de défoulement collectif et quelques échanges de substances prohibées par le ministère de l'Intérieur autant que par celui de la Santé et de la Solidarité nationale. À l'intérieur, une décoration laissée en l'état depuis le départ des garçons bouchers : carreaux blancs aux murs et rails métalliques au plafond. Les crochets auxquels jadis on suspendait la viande ont été démontés pour raisons de sécurité, à l'exception de certains endroits stratégiques – l'entrée du public, la scène, le bar et les toilettes pour dames – où leur maintien n'a plus qu'une visée décorative. Fukushima mon amour est un cocktail d'électro hip-hop noyé sous les grosses guitares. Des danseurs, coiffés de têtes de poupée géante à moitié fracassées, s'agitent en tous sens. Et au milieu de ce beau monde, parmi les guitaristes, les DJ et les Barbies épileptiques, la reine Audrey, montée sur pile électrique, chante et fait des bonds. C'est beau, lecteur, je t'assure. Entendre Audrey chanter, la regarder danser, c'est une façon de se sentir un peu vivant, au moins pendant une heure. Ce n'est pas la foule des grands soirs. Une petite cinquantaine de fidèles, rien à voir avec la masse obsessionnelle du centre commercial. Ici les gens bougent et se dépensent sans compter. À la fin du concert, ils repartent les mains vides et le cerveau farci de notes et d'émotions. Dans l'obscurité striée d'éclairs stroboscopiques, je m'agite comme un possédé tandis que la voix d'Audrey dicte ses quatre volontés. Fin d'un morceau. La musique s'interrompt, les poupées cessent de s'agiter. Applaudissements clairsemés. Comment fait-elle, avec les projecteurs dans la figure, comment fait-elle toujours pour me repérer dans la fosse ? Ses yeux braqués comme deux phares m'inondent d'un halo de lumière. Quarante minutes plus tard, à la fin du set, tandis que Fukushima mon amour remballe ses Mac et ses guitares, Audrey et son serpent m'enserrent le bras et m'entraînent hors des Abattoirs. Elle a toujours sa robe de scène, une robe de velours constellée de perles de verre. Son dos est nu. Je peux y deviner quantité d'inscriptions. Des lettres, des mots, des phrases entières. J'en attrape une au vol : *En vengeance comme en amour, la femme est plus barbare que l'homme.* Dehors le froid de décembre est mordant, mais elle a l'air de s'en moquer, Audrey.

Elle est toujours dans l'énergie du concert. Elle ne redescendra sur terre que dans une petite heure. Nous marchons le long du canal, sur fond de bretelle autoroutière. Sa voix s'est voilée de fatigue, elle est un peu plus basse que d'habitude. Ce soir elle a trop crié, dit-elle, il y avait trop de choses à expulser de son corps. Le public a tout pris et j'ai reçu ma part, je la conserve en un endroit précis, précieux, comme dans un coffre-fort, entre le ventre et le cœur. Elle n'est pas entièrement satisfaite, Audrey. Elle n'aurait pas pu donner plus, mais elle aurait pu donner mieux. « Viens, dit-elle encore, il faut trouver Caron. » Sa main au python s'enroule un peu plus fort autour de mon poignet. Nous pressons le pas. Caron, c'est le pseudo du dealer qui officie sous l'échangeur, en marge des Abattoirs. Un grand métèque au visage émacié, le cheveu noir et rare, habillé d'un vieux cuir été comme hiver, et doté d'un accent méridional à couper au couteau. Il pratique des tarifs assez prohibitifs mais la qualité est au rendez-vous. Nous nous installons à l'écart, au bord du canal, les pieds ballant au-dessus de l'eau visqueuse où flottent canettes et bouteilles de bière. Sous nos fesses, trois épaisseurs de carton mis à disposition par le dealer. Audrey m'offre le profil que je préfère, celui où cascade sa jolie chevelure. Il fait un froid de canard. Je voudrais lui offrir mon manteau mais je n'ose rompre le silence. Elle se décide la première. « Comment ça se passe à la Bibliothèque ? Qu'est-ce que ça donne, ce que je t'ai demandé de lire ? » J'essaie de noyer le poisson. Comment justifier ma lenteur ? C'est un gros livre sans images, certes, écrit avec tout un tas de temps et de modes compliqués – plus-que-parfait ou subjonctif –, mais il n'y a pas de quoi y passer la semaine entière. Je dis que la lecture m'est rendue difficile par le fait que l'auteur a l'air de se moquer du lecteur comme de sa première paire de chaussures. Un véritable marais de mots, cette histoire. La progression semble devoir se faire à tâtons, en s'enfonçant au milieu des phrases comme à travers une immense nappe d'eau lisse. Parfois un sens surgit à l'improviste, comme un morceau de lagune, un îlot de terre ferme où reprendre pied. Mais ce n'est qu'une impression momentanée. *Pas de panique, lecteur,* semble nous dire l'auteur, *je te sens déboussolé mais c'est précisément le but ; il te faut accepter ce paysage sans véritable point de repère, sinon tu ne pourras jamais accéder à la plage de sable blanc où tout, finalement, deviendra clair.* Voilà ce que j'explique à Audrey. Bref, je brode, bavarde, m'aventure dans la métaphore de pacotille. Il faut accorder sa confiance à un parfait inconnu dont le nom figure sur la couverture, dis-je encore, un type qu'on ne connaît ni d'Ève ni d'Adam, qui vous fait prendre le risque de perdre votre temps alors que par ailleurs tout un tas de tentations s'offrent à vous en tant que consommateur. J'invente une histoire secondaire pour expliquer mon retard de lecture : il m'a fallu reprendre depuis le début parce que j'avais perdu le fil, j'ai dû revenir plus d'une fois sur mes pas en me demandant parfois si j'étais bien passé par là. Ceci explique cela, les journées sans fin en rez-de-jardin et ma désertion du donjon. « Tu as dû revenir sur tes pas comme dans un labyrinthe ? » Non, Audrey, plutôt comme dans une arborescence. Lire ce livre que tu m'as demandé de lire, c'est comme remonter le chemin qui mène à la racine première des souvenirs stockés dans ma mémoire. À cet instant précis, pour tout dire, je ne sais plus trop si je suis en train de lui parler du livre de mon père ou de ce que je suis moi-même en train d'écrire, volant du temps et un salaire à mon employeur. Audrey est toute bizarre. Et ça n'a rien à voir avec ce qu'elle est en train de fumer. Elle me tend le cône incandescent, coincé entre les crocs du serpent. Je prends. J'aspire. Je tousse comme un débutant. Là-bas sous l'échangeur, Caron pouffe de rire. « Tu le connais, l'auteur ? Tu le connais, ce Vartanian ? » Je fais l'innocent. L'archéologue ? Pourquoi je le connaîtrais ? Quel intérêt ? Quel intérêt, franchement ? Un camp d'internement datant de la Seconde Guerre… Qui s'intéresse à ça sinon une bande de vieux universitaires ? Je lui repasse son joint. Elle en tire une taffe qu'elle exhale longuement, comme un dernier soupir. « Tu ne t'es pas renseigné, alors ? Pourquoi on l'a mis en prison. Tu ne t'es pas renseigné, Simon ? » Non, Audrey. Je ne me suis pas renseigné et je n'ai nul besoin de le faire. Tout est enfoui au fond de ma mémoire. Il faut simplement que j'en retrouve la clé parce que tout est fermé à double tour. « Tu lis beaucoup, Simon, n'est-ce pas ? En dehors du travail, je veux dire. Tu lis beaucoup pour toi, n'est-ce pas ? » J'acquiesce. Les substances prohibées de Caron commencent à fissurer mes défenses. « Qu'est-ce que tu attends d'un livre, dis-moi, Simon ? T'attends quoi d'un bon bouquin ? » Je lui réponds sans réfléchir, histoire de sortir de mon silence : « J'attends qu'un livre me révèle à moi-même. Tu trouves ça con ? » Et elle : « Non, non. Pas du tout. Prends ton temps, Simon. Prends tout ton temps à la Bibliothèque. » Elle se lève. Jette le cône qui se noie dans un grésillement. « J'ai froid, Simon. J'ai froid à en mourir. » Je pense encore une fois à retirer mon manteau pour l'en couvrir. Je perds un temps précieux à fixer son dos nu couvert de dessins enfantins. Alors je comprends qu'il est déjà trop tard. « Tu sais, quand j'étais petite, mon coach aux barres asymétriques mettait sa main dans ma culotte. » Ensuite c'est le grand flou. Une sorte de paralysie, d'absence. Quand je reviens à moi, il ne reste d'Audrey qu'un remous tourbillonnant et quelques éclaboussures dans l'air. Caron a ôté son cuir et ses chaussures. Il plonge à son tour. Il faut d'interminables secondes pour que sa tête émerge de nouveau au milieu du canal. Il tient Audrey contre sa poitrine. Sa robe de velours ondoie à la surface comme une longue traîne d'algues noires. Elle a les yeux ouverts et fixes comme les poupées cassées qui dansent dans ses concerts. Mais elle respire encore. Le dealer rejoint le bord, s'agrippe à la tranche de ciment, soufflant comme un bœuf, lâche prise, s'agrippe encore. C'est là qu'il me bombarde de son accent du Sud ; son hurlement me sort de ma torpeur : « Tu donnes un coup de main, bougre de couillon ? T'as peur de la flotte ou quoi ? Charogne de chat échaudé, va chier ! » **ALLITÉRATION (fig. de style)** : *Répétition dans plusieurs mots d'une sonorité consonantique avec un effet de rythme marqué. L'allitération a une forte fonction d'harmonie imitative ; en ce sens, elle peut être considérée comme un type d'onomatopée.* Les fêtes de fin d'année sont souvent l'occasion de lâcher un ou deux ballons d'essai. Ainsi est-il prévu, à quelques heures du grand référendum et à dix jours de Noël, de lancer une rumeur depuis notre donjon. Hypothèse de travail : la disparition d'une adolescente dans un quartier de la banlieue populaire. Le scénario reste encore à préciser, nous peaufinons à l'heure actuelle plusieurs versions alternatives. C'est dans les détails que se bâtissent la crédibilité d'une rumeur et le succès de son lancement. Il faut solliciter l'imaginaire du lecteur, le renvoyer à ses propres fantasmes autant qu'à ses propres peurs. Voici donc notre *pitch* de départ : *Par une nuit froide de la fin décembre, une lycéenne de dix-sept ans rentre chez ses parents par le dernier bus. Elle est blonde, elle a des yeux d'un bleu qui rappelle la couleur de nos lacs de montagne. Elle est d'ailleurs originaire de province. Elle* *a passé sa soirée à travailler chez une camarade de classe. Elle profite des vacances pour prendre de l'avance. Elle cumule aussi les petits boulots, baby-sitting et – au choix – aide à domicile chez une vieille dame ou soutien scolaire à un enfant handicapé. Elle vient d'une famille dans le besoin. Le père est au chômage. Son petit commerce de produits régionaux n'a pas résisté aux vagues successives de produits importés. Les gouvernements précédents ont trop longtemps laissé nos frontières béantes face à des envahisseurs extra-européens sans foi ni loi…* Mais revenons à nos moutons. *L'adolescente descend du bus. Il est minuit passé. Le quartier est désert. Ses pas résonnent sur le macadam dans la lueur des réverbères. En temps normal, il lui faut moins de dix minutes pour rejoindre l'appartement familial. C'est là, derrière une barre d'immeubles, à peut-être cent mètres de chez elle, qu'elle fait la rencontre fatale. Ce groupe de désœuvrés au teint basané, meublant leurs journées entre petits trafics et rapines de supermarché, va l'entraîner de force dans une cave voisine. Dans les entrailles d'une résidence en partie occupée par un foyer d'immigrés, ils vont lui faire subir le pire, sur un matelas crasseux, durant trois nuits et deux jours, se relayant sans relâche, souillant sa peau blanche de martyre. Du fond de ce deuxième sous-sol mal éclairé, personne ne l'entendra jamais crier.* Cette dernière phrase – ce qu'on appelle, en jargon scénaristique, la *logline* – est tirée d'un très vieux film de science-fiction, une sombre histoire d'extraterrestre assoiffé de sang dans le huis clos d'un vaisseau spatial. C'est moi qui l'ai retrouvée sur un site de cinéphiles et je n'en suis pas peu fier. Audrey a donné son feu vert pour la recycler en conclusion du synopsis. Ce n'est qu'un commencement, bien sûr. Le viol collectif n'est qu'un élément déclencheur. Il va falloir entretenir la rumeur en injectant sur les réseaux, à doses homéopathiques, quelques détails anxiogènes supplémentaires. L'enjeu d'un tel lancement, comme pour une série, c'est de capter l'attention des électeurs, puis de maintenir cette attention captive le plus longtemps possible. Même principe que pour le porno ou le sport. On usera donc de deux mécanismes ayant fait leurs preuves depuis l'invention du bon vieux feuilleton télévisé : l'empathie et l'addiction. Dans le cas de notre adolescente, il convient de bâtir le récit familial en parallèle de la scène de l'enlèvement : comment réagissent les parents de la lycéenne lorsqu'ils comprennent qu'elle n'est pas rentrée de la nuit ? A-t-elle un frère cadet qui serre son ours en peluche contre son petit cœur en attendant le retour de sa grande sœur ? Pareille absence ne lui ressemble guère. C'est une bonne élève, appréciée de ses camarades et de ses professeurs. Elle fait aussi de la danse à la MJC municipale. L'angoisse des parents – en particulier celle de la mère – doit être partagée par chaque lecteur, et quand je dis *partagée*, c'est au sens propre du terme : l'effet boule de neige sur les réseaux est à ce prix. Toutes les lycéennes du pays doivent relayer l'information et l'horreur que leur inspire le fait divers en cours. De même, tous les parents d'une ado doivent avertir leurs relations qu'un drame est en train de se jouer en direct sur les réseaux, et que ce drame aurait aussi bien pu frapper leur propre foyer. *Ce pourrait être ma fille !* Cette cave où se déroule en temps réel un crime atroce, il faut que chaque citoyen de ce pays puisse la visualiser et, mieux encore, la localiser à moins d'un kilomètre de son domicile ou du lycée de ses gosses. L'escalier crasseux qui y descend, l'odeur d'urine et de shit. La porte numérotée couverte de graffs obscènes. L'ampoule nue au plafond. Les cadavres de bières roulant au sol. Et, bien sûr, le matelas dégueulasse autour duquel s'agite la horde sauvage. La police entre en jeu. La rumeur enfle encore. Que va-t-il advenir ? L'enquête avance, on parle de source sûre d'une piste sérieuse. Pourtant la jeune fille aux yeux bleus reste introuvable. On imagine le pire, et c'est le pire qui est en train de se passer. Les sévices les plus atroces, les tortures les plus barbares, les plus exotiques, les plus étrangères. Mais on se garde bien de les formuler. On se contente de décrire le décor. Il faut rester dans la suggestion, laisser l'imaginaire de l'électeur faire sa part, le maintenir dans un état de tension permanente. Du temps du bon vieux cinéma hollywoodien, on sanglait le spectateur à son fauteuil à coups d'effets visuels et sonores. De nos jours, le mécanisme de fidélisation, inspiré des séries qui inondent nos écrans, repose sur le discours verbal ; on se doit d'être compréhensible par la majorité des consommateurs, on puise ses mots dans un seul et unique réservoir : le vocabulaire de la peur. Et qui mieux que les électeurs et spectateurs du drame en cours pour rallumer l'incendie ? Dans l'idéal, la réalité prend alors le relais de la fiction et nous, les trolls de la rue Primo-Levi, nous nous effaçons en toute discrétion. Il suffit d'une simple insinuation au détour d'une conversation en ligne : *Il faut à tout prix la retrouver ! Si la police n'y parvient pas, nous la retrouverons nous-mêmes ! Nous ! Habitants du quartier !* Cette fois les chiens sont lâchés. Aussitôt, des comités se constituent. Des battues sont organisées. L'aller-retour est permanent entre le réel et le virtuel, entre le local et le national, entre le bloc d'immeubles où réside la famille de la victime et l'immense trame des messageries. Tout se fait avec la complicité des grands fournisseurs, Dot.Com en tête. Une bonne rumeur, c'est de la fréquentation, du trafic et du clic hystérique. Une bonne rumeur, c'est la possibilité de récolter un maximum d'informations sur celles et ceux qui se connectent aux serveurs surchauffés. Un véritable trésor de guerre qui trouvera facilement acquéreur en vue des prochaines élections. En moins de vingt-quatre heures, le pays tout entier est au courant : une jeune fille blonde a été enlevée dans un quartier qui compte – *tiens, tiens, comme par hasard…* – un centre pour réfugiés et sans-papiers. La réaction en chaîne est en dehors de tout contrôle. Passé la deuxième nuit, la rumeur gonfle encore, vire au débat de société, au point d'obliger les principaux responsables politiques à prendre position. Le bûcher médiatique s'étend, à la merci des pyromanes, insensible au moindre argument rationnel. *Faut-il tolérer la présence sur notre sol de ces odieux individus venus d'un autre continent, incapables de respecter les lois les plus basiques d'une nation qui leur fournit gîte, couvert et prestations sociales, adeptes d'une religion intolérante et barbare, incapables de maîtriser leurs pulsions sexuelles, bref, faut-il accepter la présence de métèques sanguinaires dans nos centres-villes, là où nos filles vont en classe et où nos femmes font leurs courses ?* Les outrances fusent, dans une surenchère permanente : on parle de *honte*, de *scandale*, de *principe de précaution*, de *prophylaxie*, sans parler des forums non modérés où le langage dérape en toute impunité. Au bout de soixante-douze heures, plus personne n'évoque le sort de l'adolescente séquestrée dans sa cave. Tout le monde s'en branle. Si elle existe, elle peut crever, elle n'avait qu'à rentrer plus tôt chez ses parents, cette petite pute. Le déferlement de haine a tout balayé, le quartier et les réseaux sont en ruine. Le centre social où grouillent les étrangers est le point de mire de toutes les obsessions. Voilà des heures qu'on frôle l'accident, le safari urbain, l'embrasement à coups de cocktails Molotov, le lynchage en place publique, la pendaison aux réverbères de la place de la République. Alors la présidente Pereira n'a plus qu'à s'exprimer. Elle comprend l'inquiétude, elle comprend la colère. Mais elle en appelle au calme et à la responsabilité. La justice suivra son cours et la police ira chercher les responsables de ce crime ignoble *jusque dans leurs toilettes*. Il n'en demeure pas moins que la justice est lente et que la gravité des faits appelle une réponse rapide du législateur. C'est au nom de l'État de droit et de la protection du citoyen qu'un durcissement des lois antimigratoires sera proposé au vote du Parlement dans les plus brefs délais. Plus que jamais, Valentine Pereira et son parti Vox Populi (VP) demeurent les seuls recours face à l'évolution d'un monde plus barbare à chaque heure. Le parti présidentiel enregistre un nouveau pic d'adhésions. Sur les marchés et chez les petits commerçants, dans les crèches et les écoles maternelles, on serre la main et on tape dans le dos des députés de la majorité. Le référendum de fin d'année s'annonce au mieux. Les instituts de sondage baignent dans l'optimisme. Le scrutin du printemps ne sera qu'une simple formalité. Au soir de sa réélection, tout comme il y a cinq ans, Valentine Pereira, éternelle *fiancée de la Nation*, lancera son bouquet de fleurs tricolore à la foule en délire. élargit l'application du Carnet spécial à tous les étrangers à partir de 1933, avant qu'une circulaire du 16 juillet 1938 n'opère une fusion définitive avec le Carnet B. Ce fichier unique intègre dès lors tous les étrangers dangereux pour l'ordre intérieur « par leurs actes, écrits, discours, propagande », ou susceptibles de le devenir « à la faveur d'un incident sérieux ». Par ailleurs, et sous couvert de lutter contre la fabrication de faux papiers, les étrangers sur le territoire se voient contraints de fournir des photographies « de profil côté droit, oreille dégagée et sans chapeau ». On voit donc à quel point la surveillance administrative présage ou va de pair avec la surveillance physique, voire la coercition. Le décret-loi prévoyant l'internement des « étrangers indésirables » est en effet signé moins de quatre mois plus tard (12 novembre 1938) avant d'être élargi au bout d'un an à « tout individu, étranger ou non, considéré comme dangereux pour la défense nationale ou la sécurité publique ». Ce cadre légal une fois posé, les camps d'internement fleurissent à toute vitesse, notamment dans la moitié sud du pays, où des espaces vides ceints dans l'urgence de barbelés – les détenus y dorment souvent à même le sol – sont confiés à la surveillance des troupes coloniales Mon père n'était guère amateur de séries. Il leur préférait la lecture d'ouvrages scientifiques et de textes antiques. Et lorsqu'il touchait à un écran, c'était dans le cadre de son travail, pour mieux répertorier ses trouvailles : l'endroit précis sur le chantier de fouilles, la date et l'heure, la profondeur, l'état de conservation… Un homme enfoui dans ses passions, ancré dans sa réalité, celle de l'eau et du sol, qu'il faut sans cesse brasser et retourner pour mieux y déceler les traces

laissées par les anciens. Pourtant, s'il fallait identifier un nœud dramatique dans son parcours, ce fameux point de bascule dans le scénario, ce serait à coup sûr le jour où Saliers est entré dans sa vie.
CHAMBOULEMENT (subst. masc., fam.) : *(Au fig.) Perturbation profonde, trouble violent. (En parlant d'une pers. ou d'un groupe de pers.) Bouleversement des consciences, des destinées, des idées, des valeurs.*
Mon père, d'habitude si taiseux au moment du dîner, est devenu bavard entre le plat et le dessert. Je m'en souviens comme d'hier. Nous étions à la cabane entre le fleuve et la mer. C'était la fin de l'été – cet été-là où j'avais failli me noyer entre la plage et le rocher. Je devais reprendre l'école moins d'une semaine plus tard. Nous avions commencé à ranger la maison et à préparer nos affaires. Ma mère avait prévu de repartir en ville le lendemain matin, histoire d'acheter les fournitures scolaires. Cahiers. Crayons. Stylos quatre couleurs. C'était vraiment la fin de quelque chose. Des vacances, d'une époque, de je ne sais quoi encore. Il faisait toujours très chaud. Nous avions mangé une salade tofu-haricots verts. Ma mère a débarrassé les assiettes, m'a dit d'aller chercher un Flanby au lait de soja et de lui rapporter une pomme bio. C'est là, pendant que je prenais le frais devant la porte entrouverte du frigo, que mon père a dit : « Je vais rester quelques jours supplémentaires. Rentre avec Simon. Je vous rejoindrai plus tard. » J'ai donné la pomme à ma mère. « Ah bon ? Tu as quelqu'un à voir ? » Il a pris le

temps d'allumer une cigarette. « Non, Laura. Pas quelqu'un. Quelque part. J'ai fait une découverte aux archives départementales. Par hasard. Il faut que je creuse un peu. » Il y a eu un long silence et j'en ai profité pour demander à ma mère, comme chaque soir, si je ne pouvais pas plutôt me faire une tartine de Nutella pour le dessert. C'était un jeu entre nous, depuis toujours. Je lui réclamais du Nutella matin et soir. Matin et soir elle m'expliquait que si je voulais m'encrasser les artères et crever d'un cancer colorectal, alors oui, je n'avais qu'à bouffer de cette merde industrielle. Alors je mangeais les graines et les légumes que ma mère nous préparait chaque jour, j'avalais mon flan au lait de soja en guise de dessert, et mon père poussait un soupir. Ce soir-là, ma mère n'a pas voulu jouer au jeu du Nutella et du cancer, et mon père n'a pas émis le moindre soupir ni même levé les yeux au ciel. Je pourrais t'en parler en long, en large et en travers, lecteur, de cette soirée bizarre et de tout ce qui s'est ensuivi. Je pourrais en remplir les interlignes d'une bonne douzaine de dictionnaires, ici à la Bibliothèque. Sur le moment je n'ai pas compris, bien sûr. J'étais beaucoup trop petit. J'ai retourné le Flanby dans un bol gravé à mon nom, Simon, que mes parents m'avaient acheté à la boutique du musée du Riz. Sous mon nom, il y avait une tête de taureau stylisée. C'était mon bol préféré. J'ai regardé le sirop d'agave dégouliner sur le Flanby. Je ne me suis rendu compte de rien, lecteur. Mais j'ai compris plus tard. Parce que, à partir du moment où j'ai pris la pomme de ma mère dans le réfrigérateur, mon père n'a plus parlé que de ça. Sa découverte. Sa mission. Son obsession. Désormais son seul sujet de conversation. Le point de bascule, je te dis. Le truc dont rêvent la nuit tous les scénaristes, trolls et autres colporteurs de rumeurs en tout genre. **À VAU-L'EAU (loc. adv.)** : *(Au fig.) À l'abandon, à la dérive. Partir, aller à vau-l'eau : aller à sa perte, se dégrader, péricliter.* Ne crois pas, lecteur, qu'un archéologue passe ses journées à remonter des statues des entrailles de la terre, ou à plonger dans le lit des fleuves pour y trouver des galions farcis d'or. Le territoire de mon père, c'étaient les archives municipales et départementales. Il y consacrait tous ses hivers et une bonne partie de ses étés. Pour savoir où fouiller, il faut savoir où ses prédécesseurs ont creusé, et ce qu'ils y ont découvert. L'archéologue, tout comme le romancier de nos jours, n'invente rien, il ne fait que remonter un chemin où d'autres sont déjà passés ; il erre de témoin en témoin, de vieille histoire en vieille histoire, de ouï-dire en on-dit, jusqu'à trouver celui qui, le premier, a planté un pieu dans le sol et décidé de bâtir là sa hutte ou son récit. C'est ainsi que mon père a découvert le camp de Saliers, au milieu d'un monceau de papelards sur je ne sais quelle déesse romaine. Un carton mal classé, qu'un archiviste lui a refilé par erreur et que mon père a ouvert pour notre plus grand malheur. Aujourd'hui encore, je peux te réciter de mémoire, lecteur, le tout premier rapport sur lequel ses yeux sont tombés par hasard ; mon père me l'a si souvent fait lire ; je peux même te donner sa cote, si un jour tu es tenté d'aller vérifier par toi-même (il te faudra alors braver les mesures d'exception et autres restrictions de circulation en vigueur) : *Il y a lieu de ne pas oublier les instructions très précises du ministère de l'Intérieur pour soigner avant tout l'aspect extérieur de ce camp, et en faire une sorte de document vivant pour réfuter la campagne poursuivie par la propagande étrangère contre nos camps d'internement. Il fallait en faire un beau décor. (ADBdR 97W24, correspondance entre le sous-préfet et l'intendant de police.)* Ce paragraphe de rien du tout a fait changer mon père d'époque en un instant. Une vraie machine à voyager dans le temps. Le spécialiste des vestiges gréco-romains s'est mué en obsédé de la Seconde Guerre. Il est resté longtemps le nez dans son carton, mon père. Il a pris des notes, fait des copies d'anciens rapports des ministères. Il ne comprenait pas. Ce camp, il ne le connaissait pas, n'en avait jamais entendu parler, ni par son père, ni par son grand-père – ceux-là mêmes qui lui avaient légué la cabane entre le fleuve et la mer. Alors il a rendu le carton à l'archiviste. Puis il s'est mis en tête de resituer le camp non plus seulement dans l'histoire, mais aussi dans la géographie. Il a délaissé son Land Rover et a ressorti ses chaussures de sport pour battre la campagne de Saliers et ses alentours. Longtemps il n'a trouvé que du riz. Toute trace du camp semblait avoir été effacée, par les années ou par les hommes. Il a marché pendant des jours, de rizière en rizière, notant des choses dans son carnet, à la manière d'un arpenteur, avec l'Aurora noir. Parfois il croisait un passant. Si c'était un jeune, il lui disait bonjour. Si c'était un ancien, il lui disait bonjour aussi, mais il ajoutait aussitôt : « Alors, c'est l'heure de la promenade ? » Aucun de ces vieux ne l'était assez pour avoir connu la dernière guerre, bien sûr, mais la mémoire des lieux se transmet de génération en génération. La mémoire, le silence et la honte. C'est ce que mon père disait toujours. Un homme meurt mais sa mort n'est jamais complète. Quelque chose survit, dans sa maison, chez ses proches. Les habitudes demeurent, elles se sont imprimées chez celles et ceux qui sont toujours là. Un accent, des expressions, une certaine façon de parler, que l'on reproduira pendant des décennies avec un préambule : *Et comme disait toujours ton grand-père…* Les itinéraires de promenades, voilà d'autres routines qui perdurent après la mort. Il y a des coins à promenade comme il y a des coins à champignons, qui se transmettent de père en fils. Et puis il y a les coins à éviter. On ne sait plus trop pourquoi, à cause de quelque chose qui s'y serait passé, il y a longtemps, et dont il ne resterait nulle trace hormis dans les subconscients. Voilà comment mon père a retrouvé l'emplacement du camp au milieu des rizières. En interrogeant les anciens, et en puisant dans ses propres souvenirs d'enfance, dans ses propres itinéraires. Dans son carnet, il a tracé une modeste toile d'araignée de quelques kilomètres carrés, faite de sentiers de terre, de passages à travers champs et de rares sous-bois. En son centre, une zone laissée à l'abandon, une prairie en jachère de toute culture de la mémoire. C'est là, à l'angle d'une départementale et d'un canal d'évacuation des eaux, que mon père a commencé à creuser. D'abord il l'a fait à coups de pioche et de pelle, sur son temps libre et en toute discrétion, les week-ends et jusque tard le soir, en cachette du propriétaire des rizières alentour. Puis, un lundi matin, à force de mesurer la grandeur du terrain à sonder face à la petitesse de ses outils, il est allé demander un bulldozer et du soutien à la mairie. Mon père, cet habitant des temps anciens et du monde du silence, ne s'intéressait à la politique qu'une fois l'an, lorsqu'il montait à la capitale défendre le renouvellement de sa subvention auprès de son ministère de tutelle. L'exercice était à répéter du côté des autorités locales : une simple formalité, car elles considéraient ses fouilles archéologiques du meilleur œil. L'homme mettait en valeur le patrimoine régional, il avait le sens de la mesure, ne coûtait pas trop cher à la collectivité. Ses trouvailles venaient étayer les collections des musées et les discours des élus locaux qui, depuis un certain temps, insistaient sur les racines gréco-romaines des habitants de la région, *les vrais*, par opposition à ceux qui étaient arrivés bien des siècles plus tard et s'étaient incrustés sur nos côtes *comme la moule étrangère sur le rocher national.* À la mairie, on l'a présenté à la directrice de cabinet, à qui il a fait part de sa découverte aux archives départementales et de son intention de sonder la terre et la mémoire locales. Vingt-quatre heures plus tard il était reçu par monsieur le maire. Tu dois te rappeler, lecteur, qu'à cette époque Vox Populi multipliait les alliances électorales. L'entrée de trois ministres au gouvernement avait été précédée d'une percée générale aux élections municipales et régionales. De nombreuses villes avaient servi de laboratoire à ciel ouvert. Le maire a refusé tout net son bulldozer à mon père et lui a signifié l'interdiction formelle de creuser le moindre trou, la moindre taupinière, sans l'autorisation de la municipalité et du propriétaire. Lorsque mon père s'est permis d'insister sur l'importance historique des documents exhumés et sur la nécessité absolue d'entreprendre des fouilles pour confirmer sa trouvaille, monsieur le maire lui a répondu qu'on ne trouverait jamais rien dans cette rizière parce qu'il n'y avait rien de bon à y trouver. C'était une page de notre histoire qui n'avait jamais été écrite et ne le serait jamais. Le projet de camp pour les populations nomades avait dû rester à l'état de paperasse ; à l'évidence il n'avait jamais vu le jour puisque personne ne s'en souvenait. Et dans la foulée, il lui a suggéré, en toute amitié, de cantonner ses exhumations aux bustes d'Apollon s'il souhaitait conserver sa subvention. Tout ça, mon père nous l'a raconté par écran interposé. Ma mère et moi étions rentrés en ville. J'avais repris l'école. Chaque soir il nous appelait pour faire le compte des trous qu'il avait creusés au milieu des rizières, et de ceux qu'il avait voulu combler – en vain – dans la mémoire de monsieur le maire. Ma mère levait les yeux au ciel et coupait court à ses élucubrations. Elle avait toujours un casting le lendemain et devait se lever tôt pour se faire belle et arriver à l'heure. Mon père a renoncé à obtenir le soutien de la ville. Il est allé à l'hôtel départemental. Il y a constaté la même amnésie volontaire. Tout comme à l'hôtel de région. Il n'y avait jamais eu de camp à Saliers, c'était la version officielle. Mon père s'était fait rattraper par la fiction, celle que VP fournissait à la nation matin, midi et soir depuis ses trois ministères : Justice, Éducation, Culture. À force de regarder en arrière, il n'avait pas vu l'avenir lui fondre dessus. La grande vague mensongère était en train de tout engloutir, y compris la façon d'étudier l'histoire. Vox Populi avait rejoint un gouvernement de coalition portant haut les valeurs patriotiques : travail, famille et tradition. À peine nommée, la toute jeune ministre de l'Éducation nationale avait fait un discours sur la manière d'enseigner le passé à nos chères têtes blondes. Il s'agissait de leur raconter l'Histoire comme une histoire, celle qu'on leur ressassait chaque soir pour mieux les endormir. Il fallait leur inculquer un certain nombre de valeurs, une certaine façon de penser et d'aimer leur pays. Il y avait urgence à rassembler la population tout entière derrière une seule et même bannière. Et tant pis pour celles et ceux qui n'étaient pas d'accord, leurs gosses n'auraient pas leur place dans les classes où l'histoire selon la ministre Pereira serait étudiée. Il leur faudrait errer durant toute leur scolarité dans les filières subalternes. C'est à cette époque que mon père a pris conscience de la menace, se résolvant à creuser seul, armé d'une pioche, d'une pelle et de son entêtement méridional, sous la pluie et dans la boue automnales, sous les premières tempêtes hivernales et, bien pire encore, contre une administration tout entière. **COSMOPOLITE (subst. vieilli.)** : *Personne qui, refusant les limites d'une nation, se déclare citoyen du monde. (Anton. : Nationaliste.) En parlant d'une collectivité hum. ou d'une chose créée par l'homme : Qui rassemble des personnes ou des éléments de plusieurs pays du monde. Foule, port, quartier, ville cosmopolite.* En politique comme dans la vie, il est bon de se désigner un ennemi pour mieux mobiliser ses troupes. C'est ce qu'Audrey est venue m'expliquer aujourd'hui. J'étais en train d'écrire les lignes que tu viens de lire, lecteur, je pensais à mon père, les pieds dans la gadoue et sa pelle à la main, quand le cliquètement d'une paire de stilettos s'est détaché dans le silence du rez-de-jardin. Audrey se débrouille toujours pour s'annoncer de loin. Elle a remonté la salle de lecture sur toute sa longueur jusqu'au département d'histoire, martelant le parquet vitrifié de ses Louboutin, livrant un véritable concert de percussions dans cette cathédrale de calme et de béton. Les rares *fact-checkers* de service en ont attrapé un torticolis pour la journée, je peux te le garantir. Quant aux bibliothécaires, ils sont sortis des réserves telles les marmottes de leur terrier pour voir passer la reine haut perchée. J'ai rangé l'Aurora et me suis essuyé vite fait les doigts, le temps qu'Audrey franchisse dans un clic-clac assourdissant la distance qui la séparait de moi. Je l'ai accueillie avec le sourire lisse d'un premier de la classe devant sa maîtresse. Elle s'est postée comme ça, Audrey, pieds à l'écart, mains sur les hanches, entre deux piles de dictionnaires. « Alors, ça avance, ta lecture ? » Dans sa voix, nulle trace de son concert des Abattoirs. Pas le moindre indice de son plongeon de l'autre soir. Pas un raclement de gorge, lecteur, pas un reniflement, rien de rien. « Tu viens, Simon ? On va faire un tour. » Je l'ai suivie hors de la salle de lecture. La bibliothécaire m'a demandé au passage si c'était une sortie définitive ou provisoire. Je n'ai pas répondu. J'avais la tête ailleurs. Elle marchait devant moi, Audrey, plus discrètement cette fois, sur la moquette râpée du déambulatoire. Nous avons longé la « forêt » et gravi le grand Escalator mort. J'ai regardé danser les petites étoiles sur ses chevilles pendant toute l'ascension. Nous avons débouché sur la terrasse extérieure. Il faisait un froid de canard. Nous étions seuls, cernés par une douzaine de chaises rouillées. Elle a allumé une cigarette, ôté un brin de tabac sur sa langue.

« T'as vu les résultats du référendum d'hier ?… C'est passé ric-rac, putain : 51 %. Plus question de faire dans la dentelle pour la présidentielle. Retour aux fondamentaux. *C'est la lutte finale* – qui c'est qui chantait ça, déjà ? » J'ai acquiescé, sans trop savoir à quoi. Je sentais sa colère. Sa colère, sa souffrance, et son besoin urgent de tout défoncer. « *Cosmopolite*, tu trouves que ça ferait une bonne insulte ? » J'ai répondu que ça dépendait contre qui et dans quelles circonstances. On pouvait taxer son ami Caron de cosmopolitisme, par exemple, sans qu'il le prenne mal. Tout dépendait de la consonance de son nom, de la couleur de sa peau ou de sa religion. J'ai dit ça sans arrière-pensée particulière, sans vouloir insister sur la scène du canal. « C'est pas mon ami, Simon. De toute façon il s'appelle pas Caron. Caron c'est son pseudo de dealer. Je sais pas où il est allé chercher un nom pareil. » J'ai bien failli le lui dire, mais le désir de rester à hauteur des étoiles sur ses chevilles a été le plus fort. Elle fixait le fond de la « forêt ». Tout en bas, les moutons rachitiques mâchouillaient un semblant de verdure. « Il faut qu'on se trouve un *public enemy* pour la campagne du printemps. Un mec clivant, qui permettra de monter les gens les uns contre les autres. L'idée serait de l'accuser du grand péché de *cosmopolitisme.* La consigne vient de tout en haut. Ce sera les Blancs contre les métèques en guise de programme. La routine habituelle. On est assurés de gagner. Une simple histoire de statistiques ethniques. Nous sommes encore largement majoritaires dans ce putain de pays. » Le postulat d'Audrey, lecteur, c'est qu'il est beaucoup plus facile de démotiver un électeur que de le motiver, ou, pour faire court : mieux vaut détruire que bâtir. On se concentre ainsi sur son opposant plutôt que d'avoir à vanter son propre programme. L'enjeu consiste donc à se trouver un bouc émissaire dès la fin de l'hiver, et à l'accuser d'une faute que chaque électeur blanc pourra recracher. Un mot. Un simple mot qui aura valeur de poing en l'air, de signe de ralliement. Nul besoin d'en comprendre le sens. Au contraire, plus le slogan sonnera bizarre, plus les militants se l'approprieront. On pourra l'assortir de tout un tas d'adverbes ou d'adjectifs dévalorisants : « votre *cosmopolitisme* obsessionnel », « ce consternant *cosmopolitisme* », « une théorie honteusement *cosmopolite* ». On pourra même lui accoler des termes déjà discrédités dans l'électorat de la présidente Pereira : « le libéral-*cosmopolitisme* », « l'*intelligentsia cosmopolite* », « le *cosmopolitisme* bureaucratique ». Il y a de quoi s'amuser pour une centaine d'élections au moins. L'important étant de ne pas viser le candidat que la présidente risque de retrouver au second tour ; ce serait une erreur grossière, un truc à fabriquer du martyr. Mieux vaut cibler un de ses conseillers qu'on aura tout loisir de présenter comme un marionnettiste tirant les ficelles en coulisses, bref, un morceau de choix pour les complotistes de tout poil. Quelqu'un dont on s'assurera d'un vague lien avec l'adversaire, à qui l'accusation de *cosmopolitisme* ira comme un gant, et qui, surtout, traînera comme un boulet une faute passée – un acte répréhensible, un mot maladroit – qu'il sera facile d'exhumer des historiques en ligne. Les réseaux sociaux, c'est comme le cochon, tout se recycle, rien ne se perd. Dénicher un tel personnage est une véritable bénédiction, c'est le rêve de tout scribouillard un tantinet imaginatif. Audrey a tiré une dernière taffe, accoudée à la rambarde. Elle a jeté le mégot incandescent vers les tréfonds de la « forêt ». En plein mois de décembre, les chances étaient minces d'y mettre le feu. « J'ai songé à Serge Vartanian pour nous servir de *public enemy*. T'en dis quoi, Simon ? » Le froid s'est fait tout à coup plus perçant. La poitrine me brûlait malgré la température glaciale. L'oxygène me manquait. Audrey a posé sa main – celle au serpent – sur ma nuque. « Je sais que c'est ton père, Simon. Je suis au courant depuis le début. C'est pour ça que je t'ai envoyé ici faire un peu de lecture. Je me suis dit que ça te ferait plaisir de faire de lui l'ennemi public numéro un. Où qu'il soit, c'est tout ce qu'il mérite, ce fils de pute, non ? » Elle me caressait les cheveux tout doucement. « Je sais ce qu'il t'a fait, Simon. Je me souviens de son procès. C'était il y a longtemps mais ça ne s'oublie pas, n'est-ce pas, ce genre de choses, ça ne s'oublie jamais. Tout ira bien, Simon. Je t'offre une occasion de tuer le père. Tu vas le traîner dans la boue. Tu vas lui mettre les tripes à l'air et tu l'abandonneras un pieu dans le cul tout au fond d'un cimetière. » Cette main qui massait ma nuque, c'était la chose la plus délicieuse à s'être posée sur moi depuis je ne sais plus quand. Peut-être depuis le temps lointain où ma mère m'embrassait sur chaque paupière avant d'aller dormir. « Au fait, tu sais où est ton père, Simon ? Tu sais où on peut le trouver, Serge Vartanian ? » Nous n'étions plus seuls sur la terrasse. Une chance inespérée. Une bonne excuse pour garder le silence. Un vieillard portant un manteau élimé et un sac de supermarché, un petit papy comme on en croisait par dizaines à l'étage supérieur, avait eu envie de prendre l'air pour mieux dérouiller son arthrose. Dans un moment, il retournerait à l'intérieur, par crainte du chaud et froid, d'autant qu'Audrey le fusillait du regard. Il me faudrait alors répondre à sa question. En attendant, le petit papy nous jetait des coups d'œil gênés, se frottait le nez de son mouchoir, faisait les cent pas, à deux à l'heure. Audrey a allumé une autre cigarette, soudain indifférente à sa présence. Elle attendrait des heures, des jours, elle attendrait l'éternité qu'il débarrasse le plancher, mais elle aurait sa réponse. Où était mon père ? Où était Vartanian le *cosmopolite* ? Si seulement je le savais, Audrey ! Chaque fois que je me pose la question, le temps se fait plus inconsistant. J'ai l'impression de m'enfoncer dans le passé comme au fond d'un abysse. Pas moyen de remonter. Mes souvenirs se diluent dans l'eau salée et le froid me pénètre. Je ne suis plus qu'un petit gamin en slip de bain. J'essaie de me souvenir comment nager la brasse. Mon père, jadis, me l'avait appris. Mais ma mémoire me trahit et j'ignore tout de ce qu'il est devenu. J'ai lorgné le petit papy comme s'il avait eu le pouvoir de figer le défilement des secondes. Nos regards se sont croisés. L'homme était une église vide. Un monument à l'abandon. Vitraux brisés. Toiture envolée. Seuls les murs tenaient encore, un simple jeu de poids et de contrepoids, en équilibre précaire. Un squelette d'os et de pierre qui tôt ou tard s'effondrerait dans un nuage de poussière. Le vieillard a baissé les yeux, a consulté la montre à son poignet – une antique toquante à trotteuse. Il a fini par en défaire le bracelet et a déposé la montre dans le sac plastique. Audrey et moi n'existions plus. Il était seul sur sa terrasse. Voilà maintenant qu'il s'agrippait au garde-fou horizontal surplombant la « forêt ». Il s'y hissait, progressait à quatre pattes au-dessus du vide, à la façon d'un nouveau-né, jusqu'au rebord extrême de la plateforme d'acier, considérant un bref instant la cime des arbres. Ses mains soudain ont lâché prise. Son buste, engoncé dans son gros pardessus, a esquissé un mouvement de balancier. Son corps a chaviré dans le silence. Audrey a écrasé sa cigarette du bout de son escarpin. « Viens, Simon. Bougeons. J'ai froid, putain. » **BUNKÉRISER (verbe trans.)** : *Transformer un bâtiment, un lieu en une sorte de bunker. Par ext., Isoler quelque chose ou quelqu'un pour le préserver des atteintes du monde extérieur.* Il faut croire que c'est une manie chez tous les présidents. Se faire construire un monument à sa gloire. Et je ne parle pas d'un tombeau pour y pourrir après sa mort, mais bien d'une cathédrale inaugurée de son vivant, qui marquera le paysage et les esprits durant des décennies, impressionnante par ses dimensions et les milliards dépensés pour la faire sortir de terre. Il y a eu les châteaux forts et les palais de marbre et d'or, il y a eu les musées et la Grande Bibliothèque. Demain il y aura le Conservatoire de la mémoire nationale. La présidente Pereira l'a annoncé dans une allocution postée sur les réseaux pas plus tard qu'hier. Une sorte de discours du Nouvel An avant l'heure. Il faut gagner la bataille de la mémoire, nous dit la *Petite fiancée de la Nation*. L'idée est d'organiser la célébration des grands héros de notre histoire. Les glorieuses figures du passé seront donc racontées dans ce conservatoire d'un nouveau genre, de salle en salle, page après page, comme dans un grand livre illustré. Ceux qui ont lutté contre la tyrannie et la dictature. Ceux qui se sont dressés contre l'envahisseur. Surtout ceux-là, d'ailleurs, car de tout temps notre pays a dû faire face à des vagues successives d'agresseurs, servant d'inlassable bouclier aux « allochtones hostiles » (je cite ici la présidente). Nos rivages ont subi leurs assauts, siècle après siècle, à coups de cimeterres, de camions béliers ou de bombonnes explosives. Leurs intentions perdurent : bousculer notre civilisation, nous imposer leur barbarie, soumettre nos femmes et nos enfants à leurs pratiques d'un autre âge. Fort heureusement, des hommes et des femmes d'un grand courage ont fait de leur corps un rempart. Armés d'un inoxydable patriotisme, ils ont vaincu le barbare. La nation reconnaissante entend les célébrer. *Nous n'oublierons jamais*, voilà ce que la présidente entend graver au fronton du Conservatoire de la mémoire, qui aura pour principale mission l'éducation des jeunes générations. Dans une société rendue hétérogène par les influences culturelles étrangères, la mondialisation, les vagues successives d'immigration qui se sont abattues sur nos plages et nos frontières, il est fondamental de réunir la nation autour d'un socle commun. C'est la seule façon de lutter contre le processus d'individualisation qui mènera un jour à l'écroulement de notre civilisation. Le futur bâtiment fera l'objet d'un grand concours d'architecture dont seront exclus les cabinets étrangers. Il sera doublé d'un grand parc d'attractions et d'un centre commercial sur les thèmes du souvenir et du patriotisme. Histoire et loisirs iront de pair, afin que l'enseignement y soit à la fois pédagogique et ludique. Un studio de production verra également le jour. Les plus brillants réalisateurs, les plus grands acteurs, les meilleurs historiens mettront nos héros en valeur. Tous travailleront main dans la main afin que la vérité historique soit respectée tout en s'assurant que le résultat final captera l'attention des plus jeunes. Un conservatoire virtuel sera conçu en parallèle, où films, séries et jeux vidéo seront mis en ligne et permettront une immersion totale dans le passé et la mémoire du pays. Le ciment d'une nation et l'éducation de sa jeunesse sont à ce prix. Un coût somme toute modeste – environ un milliard – au regard des bénéfices escomptés. Le nouvel ensemble immobilier, fruit d'un partenariat entre l'État et un groupement d'investisseurs privés, sera bâti au sud-est de la capitale ; il jouxtera l'ancien musée des Colonies devenu musée de l'Immigration. Troisième bâtiment le plus haut de la ville juste devant le Tribunal, le Conservatoire se verra de loin, occupera les esprits, dominera les consciences. L'inauguration aura lieu avant la fin du prochain quinquennat. Et c'est M. Cathrine, enseignant en lycée et historien bien connu, véritable autorité dans le domaine de la préservation et de la transmission de la mémoire, qui pilotera le projet. Selon toute vraisemblance, l'ouverture aux classes et aux visiteurs devrait coïncider avec la fermeture au public de la Bibliothèque. Par conséquent, on ne pourra plus sauter depuis la terrasse du haut-de-jardin pour se réapproprier sa vie. Il y aura un bâtiment flambant neuf à cet effet, le bien nommé Conservatoire de la mémoire, haut d'une quarantaine d'étages. Je viens de faire le calcul sur papier libre : la chute durera quatre secondes de plus. Autant de temps supplémentaire pour revisiter son passé avant de s'écraser sur le trottoir. Tout cela pour le prix d'un trajet en métro. Il faudra simplement changer d'arrondissement. comme frappé d'amnésie après-guerre et qui, loin de se débarrasser de ses addictions, y cède un peu plus avec le développement fulgurant de l'informatique à partir des années soixante-dix. L'ordinateur, réputé infaillible, au fonctionnement fondé sur la logique et les mathématiques, renforce la tendance de notre société à catégoriser les individus, ce qu'ils font et ce qu'ils sont. Ainsi, au fil des décennies suivantes, voit-on fleurir nombre d'acronymes liés à des systèmes de fichage – eux-mêmes liés à des lois sécuritaires –, pour la plupart conçus par des fonctionnaires du ministère de l'Intérieur : SAFARI (Système automatisé pour les fichiers administratifs et le répertoire des individus), CHEOPS (Système de circulation hiérarchisée des enregistrements opérationnels de la police sécurisés), ARIANE (Application de rapprochement, d'identification et d'analyse pour les enquêteurs, regroupant le STIC (Système de traitement des infractions constatées) et le JUDEX (Système judiciaire de documentation et d'exploitation)), FNAEG (Fichier national automatisé des empreintes génétiques), SALVAC (Système d'analyse des liens de la violence associée aux crimes), CRISTINA (Centralisation du renseignement intérieur pour la sécurité du territoire et les intérêts nationaux), EDVIGE (Exploitation documentaire et valorisation de l'information générale), PASP (Prévention des atteintes à la sécurité publique), GIPASP (Gestion de l'information et prévention des atteintes à la sécurité publique), ESAP (Enquêtes administratives liées à la sécurité Son *bâton de pèlerin*, voilà comment mon père avait baptisé l'outil qu'il s'était confectionné pour sonder la terre et le passé. Une simple branche, taillée dans un noisetier, au bout de laquelle il avait fiché une tige métallique, acérée. Il passait ses journées à en darder le sol de sa prairie, comme autant de coups d'épée dans l'eau. Quand il nous appelait ma mère et moi, il avait toujours le visage couvert de terre. La poussière ou la boue, selon qu'il avait fait beau ou qu'il avait plu, emplissait les sillons de ses rides. Soir après soir, je voyais mon père vieillir sur l'écran de ma mère. Il me demandait comment ça se passait à l'école, si j'avais de bonnes notes. Il se désintéressait de mes réponses et revenait au récit de ses fouilles. Ma mère lui parlait de ses castings. Elle lui demandait quand il comptait rentrer. Il y avait des factures à payer. Elle ne s'en sortait pas toute seule. Le salaire de mon père n'avait pas encore été réglé. Il faudrait bien qu'il se décide à contacter l'Institut de recherches sous-marines. Pour seule réponse, mon père montrait ses paumes à la caméra, couvertes de plaies et d'ampoules. Il refusait de porter des gants pour sonder le sol. La tige de fer au bout de son bâton était comme le prolongement de ses doigts sous terre. Bien plus efficace qu'un détecteur de métaux. Il se disait capable de deviner tout ce qu'il touchait :

caillou, souche en décomposition, morceau de plastique ou de ferraille. Et quand je lui demandais, avec mes mots d'enfant, ce qu'il cherchait à longueur de journée, il répondait qu'il me le montrerait dès qu'il l'aurait trouvé. Les semaines passaient. Mon père ne rentrait pas. Il s'était laissé pousser la barbe. Il avait l'air d'un clochard. Il lui arrivait de rater l'appel du soir. Ma mère essayait de le joindre. Sans succès. Il était tard, l'heure de se mettre en pyjama, de se brosser les ratounes et d'aller dormir. C'était ma dernière année d'école primaire. La maîtresse nous avait demandé de faire un exposé sur le métier de nos parents et ce que nous voudrions faire plus tard. Pour ma mère, c'était super-facile : j'allais montrer sa publicité sur le gouda à toute la classe ; je savais d'avance qu'ils se bidonneraient tous. Pour mon père, c'était plus compliqué. Le jour de la présentation est arrivé et je n'avais toujours pas pu lui parler. J'avais bien demandé à ma mère, mais elle m'avait lancé qu'il travaillait à nous enterrer tous, et ça ne m'avait pas semblé suffisant pour faire un exposé d'un quart d'heure. Mes camarades de classe avaient un père comptable, maçon, chauffeur de bus ou vendeur d'assurances ; une mère guide touristique, infirmière, coiffeuse, employée à la Sécurité sociale. Quand mon tour est venu de monter sur l'estrade, je n'ai pas su quoi dire. J'avais tourné la question dans ma tête une bonne partie de la nuit et je ne savais toujours pas expliquer pourquoi mon père passait son temps à retourner la terre. Alors j'ai raconté qu'il était chercheur de trésors. Les copains, intrigués, se sont redressés sur leur chaise. La maîtresse a froncé les sourcils. Déjà on me bombardait de questions. Moi je faisais des grands mystères. Il m'était impossible de rien révéler, bien sûr. Le lieu, l'endroit, tout ça… C'était un secret bien gardé. Il y avait même des policiers pour tout sécuriser. Des policiers, des militaires et des hélicoptères qui tournaient dans le ciel du matin jusqu'au soir. En rentrant à la maison, j'ai tout de suite vu que ma mère n'était pas dans son assiette. Elle regardait en boucle son monologue de Médée sur son ordinateur. Je l'ai regardée à mon tour, ma mère, en train de hurler seule, au beau milieu d'un hangar, sous la lumière des projecteurs. Pour la consoler, j'ai dit que j'avais fait un super exposé à l'école, que mes camarades de classe m'avaient tous applaudi à la fin, mais que la maîtresse m'avait collé un 4 sur 20. Alors ma mère a répondu qu'elle l'appellerait demain à la première heure. Mais elle ne l'a jamais fait, parce que la tête de clodo de mon père est apparue sur l'écran, cachée sous un poncho. C'était bizarre. Il n'appelait pas de la cabane comme les autres soirs. Il avait l'air si misérable et en même temps tellement heureux, illuminé par la seule lueur de sa torche. Là-bas dans la rizière, il venait de pleuvoir très fort. Il était tout couvert de boue, plus encore que d'habitude, et tremblait de tout son corps, de froid ou d'excitation. Il a demandé à me voir. Je suis venu m'asseoir juste à côté de ma mère. J'ai essayé de lui dire qu'on s'était chopé un 4 sur 20 à notre exposé du matin mais il ne m'en a pas laissé le loisir. « J'ai trouvé, fils, j'ai trouvé ce que je cherchais. » Il a montré un truc couvert de terre, l'a essuyé avec soin puis l'a placé tout près de la caméra. Un sifflet. Un petit sifflet tout pourri, piqueté par la rouille, voilà ce que mon père venait de sortir. Pas de quoi faire rêver les copains à l'école. « C'est là, fils, c'est là qu'est le trésor. Regarde bien ici. » Je me suis penché encore et j'ai senti ma mère, juste à côté, qui s'approchait aussi de l'ordinateur. Sur le sifflet, il y avait une espèce de logo, une hache à deux lames au manche garni d'étoiles. Et sous la hache on pouvait lire trois mots, gravés dans l'acier, en tout petit : *Travail, Famille, Patrie.* Avec ce que mon père venait de découvrir, on ne pourrait plus lui refuser une campagne de fouilles. Les rizières n'allaient pas tarder à être inondées. Il faudrait attendre la fin du printemps pour réunir une équipe d'excavateurs et déblayer une couche de quarante centimètres de terre. D'ici là, il lui faudrait retourner aux archives, convaincre le ministère, trouver des financements. Désormais cette prairie était un lieu de mémoire et un véritable sanctuaire. Rien ni personne ne pourrait y changer quoi que ce soit. Mon père avait dans la main la preuve incontestable de l'existence du camp de Saliers. Il ne restait plus qu'à le sortir de terre. Il y a eu un éclair derrière lui, suivi d'un coup de tonnerre. C'est à ce moment que ma mère a dit qu'elle avait appelé l'Institut de recherches sous-marines puisque lui ne voulait pas le faire. Elle avait joint la secrétaire. On lui avait répondu qu'octobre et novembre ne risquaient pas d'être payés puisque M. Vartanian s'était fait licencier, pour faute grave, absentéisme, et pour avoir usé du matériel de l'institut à des fins personnelles. Mon père est resté silencieux. Je me suis mis à pleurer doucement. Je repensais à mon exposé. Je trouvais injuste de me prendre une sale note parce que mon père n'était pas même fichu de dénicher deux ou trois lingots d'or dans la terre. Ses histoires de sifflet, qui ça pouvait intéresser ? J'avais bien fait de mentir, de dire qu'il était chercheur de trésors et millionnaire. Mieux valait un 4 sur 20 pour avoir raconté des salades que de se choper la honte devant la classe entière. **HISTORICITÉ (subst. fém.)** : *Caractère d'un fait, d'une personne qui appartient à l'histoire, dont la réalité est attestée par elle. Psychol. Ensemble des facteurs qui constituent l'histoire d'une personne et qui conditionnent son comportement dans une situation donnée.* J'ai dit à Audrey que j'allais réfléchir à sa proposition de faire de mon père l'ennemi public numéro un. Elle s'est éloignée en direction des anciens Frigos sans prendre le chemin antidérapant, m'offrant sa silhouette gracile et ses cheveux violets, comme si le parvis, la Grande Bibliothèque et les gratte-ciel alentour n'avaient été bâtis que pour accueillir son défilé improvisé. Je suis redescendu au rez-de-jardin. Au premier regard, rien n'avait bougé à ma place numérotée, ni le livre de mon père, ni l'Aurora dissimulé sous le dictionnaire. C'est en voulant replacer ce dernier sur la pile que je l'ai vu, posé comme par un fait exprès à hauteur de mon regard : *Faune et flore des milieux lagunaires de Méditerranée.* Le livre de mon enfance, celui que je connaissais par cœur pour l'avoir ressassé d'un bout à l'autre des vacances, avec ses gravures à l'ancienne et ses noms en latin. Certes, sa présence dans la bibliothèque n'avait rien de surprenant, puisque chaque livre publié ces cinq derniers siècles s'y trouvait quelque part. Mais qu'est-ce que *Faune et flore* pouvait bien faire sur ma muraille de dictionnaires ? Une erreur de classement ? Quelqu'un l'avait peut-être rangé par mégarde parmi les usuels et autres encyclopédies en tout genre ? Et ce matin, à l'ouverture, je m'en étais servi comme d'une brique supplémentaire pour monter mon rempart, sans m'en apercevoir. Soit une chance sur quinze millions – le nombre de livres contenus entre les quatre murs de cette bibliothèque… À peu près la même probabilité que de gagner le gros lot au Loto. Après tout, un tas de gens vivent dans l'espoir de devenir millionnaires… Et si quelqu'un m'avait glissé en douce le livre de mon enfance ? J'ai regardé autour de moi. Tout était calme et tranquille. La routine habituelle. Une poignée de *fact-checkers* le nez plongé dans leur bouquin et quelques fonctionnaires derrière leur comptoir. De l'autre côté de la baie vitrée, dans la « forêt », une équipe d'intervention spécialisée rassemblait sur un brancard ce qui restait du petit papy. Sa chute à travers la canopée l'avait métamorphosé en pantin disloqué. Alors je me suis levé, soudain poussé par une espèce d'instinct de survie. Dans ma main *Faune et flore des milieux lagunaires*. Je me suis présenté au comptoir du rayon d'histoire. La vieille chouette a levé vers moi des yeux rougis. Son teint blafard, sa mine défaite lui donnaient plus encore que d'habitude l'air d'une momie centenaire. Je lui ai tendu le livre de mon enfance. C'était bien pire que de jouer au Loto. J'avais l'impression de jouer mon avenir à pile ou face. « Je viens vous signaler une erreur. Je l'ai trouvé avec les livres de conjugaison et de grammaire mais je pense qu'il n'a rien à y faire. » Elle a considéré le titre et la couverture, le ragondin de Méditerranée et son poil en pétard. « Vous n'en avez pas besoin ? Vous êtes sûr ? » Un filet de sueur a glissé sous mes aisselles. Au bout de mon bras *Faune et flore* pesait une tonne. « Puisque je vous dis que c'est une erreur. Moi je m'intéresse à l'histoire. Ça, c'est pour le rayon *Sciences de la vie et de la Terre*. » Elle a pris le bouquin sans rien dire et une larme a coulé sous ses lunettes. Elle vieillissait à vue d'œil, ma vieille chouette. « Vous avez vu ? Encore un sauteur. Je n'arriverai jamais à m'y faire. Désormais nous en avons presque un par jour. » Je ne trouvais rien à lui répondre, alors nous avons regardé tous les deux dehors. Les secouristes venaient de recouvrir le corps. Les pieds dépassaient de sous la couverture. Le petit papy avait perdu une chaussure dans sa chute. Les pompiers ont évacué le brancard par l'ascenseur extérieur et la bibliothécaire a posé *Faune et flore* sur son chariot. « Vous avez raison, jeune homme, c'était sûrement une erreur. Je le renverrai là-haut par la prochaine nacelle. Merci, et désolée pour le dérangement. » J'ai fait un pas en arrière, puis deux, puis trois, m'autorisant enfin à respirer à pleins poumons. J'ai regagné ma place et rouvert le livre de mon père, soudain heureux, léger, soulagé, un peu comme si je venais de gagner cent millions au Loto. **DÉNÉGATION (subst. fém.)** : *Action ou fait de dénier formellement les choses.* Ma mère a laissé quinze jours à mon père pour trouver du boulot, n'importe lequel, de quoi payer le loyer et remplir le frigo. Elle n'avait pas précisé ce qui se passerait si mon père ne rentrait pas avec une promesse d'embauche. Il n'avait pas protesté contre son licenciement. Il le jugeait justifié. D'autant que cette période de chômage lui libérerait du temps pour poursuivre ses recherches aux archives. Ils s'adressaient à peine la parole, mes parents, en général pour se disputer le vieux Land Rover. Moi je comptais les points et les regards de travers. J'étais l'arbitre d'un match permanent. Il m'aurait fallu le vieux sifflet pour les envoyer au vestiaire un quart d'heure mais mon père l'avait planqué quelque part. Chacun d'eux s'enfermait dans son propre monologue. Ma mère répétait sa prochaine audition ; mon père maudissait la pluie, le vent, l'hiver, l'administration et les riziculteurs. Un soir – nous n'étions plus qu'à quelques heures de l'expiration de l'ultimatum –, mon père est revenu, vêtu d'une parka noire marquée d'un aigle sur la poitrine. Dans sa main il serrait une laisse. Au bout de la laisse il y avait un berger allemand. Le chien s'appelait Chronos ; mon père et lui feraient équipe au *Shopping Promenade* qui venait d'ouvrir près de la rocade. Vigile cynophile entre dix heures du soir et sept heures du mat'. Ma mère pourrait garder la voiture en journée. Le chien resterait à la maison pendant ce temps. Aux archives, les animaux n'étaient pas admis. Ma mère est partie s'enfermer dans la chambre, mon père s'est préparé un café, Chronos s'est couché au pied du canapé. Et moi j'ai fait semblant de me remettre à mes devoirs. Il n'était pas méchant, Chronos, juste un peu méfiant. Après tout c'était son métier, choper les chapardeurs ; on ne l'avait jamais dressé à jouer à la baballe avec un gosse de dix ans. Il était noir comme la nuit, avec une tache blanche sur le poitrail. Mon père se l'était procuré pour se faire embaucher. Chronos avait accepté mon père pour seul maître. Ma mère lui était insignifiante et elle le lui rendait bien. Il ne la tolérait que trois fois par jour, lorsqu'elle lui remplissait sa gamelle et le sortait faire ses besoins. Quant à moi, je n'ai pu m'en approcher qu'une seule fois, pour toucher la douceur de son poil. Il m'a laissé faire sans me quitter des yeux, le temps pour moi de descendre vers la pièce de monnaie blanche qu'il portait à hauteur du cœur. Si j'avais eu un couteau, je le lui aurais plongé à cet endroit. Pour condamner mon père à marcher, solitaire, à travers des parkings vides et des boutiques désertes sur fond de musique d'ascenseur. Pour qu'il comprenne dans quelle tristesse il nous laissait chaque soir, moi et ma mère. Un grondement sourd est monté dans la poitrine du chien. Plus mes doigts descendaient vers la tache et plus le grognement s'amplifiait. Alors un éclair blanc a jailli d'entre ses babines. Mon père a dit « Chronos ! Sage ! », et je me suis demandé, à voir sa tignasse noire et la dureté de son regard, s'il avait lui aussi une tache blanche à hauteur du cœur. **PARRICIDE (subst. masc.)** : *Personne qui tue son père ou sa mère ou un de ses ascendants selon la nature ou le droit.* Je rentrais de l'école en fin d'après-midi pour trouver ma mère sur son lit et Chronos dans le salon. Je faisais mes devoirs jusqu'au dîner que nous partagions elle et moi sous le regard détaché du chien. Les légumes et le tofu n'étaient pas à son goût. Ensuite j'allais m'habiller pour la nuit. Ma mère m'achetait toujours des pyjamas avec des animaux marins imprimés dessus. Je m'éveillais le lendemain pour le retour du père suivi de son chien. Sous les yeux du premier il y avait des cernes aussi noirs que le pelage du second. Mon père se faisait un café fort sous le regard excédé de ma mère. Elle lui demandait où il avait garé la voiture. Elle s'en allait, habillée, maquillée comme une star, dans l'espoir de séduire un réalisateur ou une directrice de casting, tandis que mon père, épuisé, allait dormir une demi-heure en attendant que le café secoue son corps. Un peu plus tard, il me laissait devant l'école et reprenait, empli d'une nouvelle vigueur, le chemin des archives pour y éplucher quelques cartons supplémentaires. Et ainsi de suite, jour après jour. Tout un hiver, lecteur. **ANTAGONISTE (adj. et subst.)** : *En parlant d'une pers., d'un groupe de pers. Personne qui s'oppose à une autre dans un combat d'athlètes, un jeu compétitif, dans un conflit d'ordre moral, idéologique, etc.* Un soir, pourtant, ma mère est rentrée de bonne humeur. « J'ai un cadeau pour toi, chéri. Aujourd'hui, tu sais, maman a très bien travaillé. » Elle a posé du Nutella devant moi. Le gros pot d'un kilo, format familial. J'ai compris que quelque chose ne tournait pas rond. Elle s'est mise à la fenêtre et a allumé une cigarette pendant que j'allais me chercher une cuiller à soupe dans le tiroir. C'était la première fois que je la voyais une cigarette entre les doigts – sauf sur les vieilles photos d'avant ma naissance. Elle inhalait en regardant au loin. Elle souriait toute seule. Je me demandais à quoi elle pouvait bien penser tout en m'empiffrant de pâte à tartiner. Chronos s'est vautré sur le sofa. Ma mère l'a laissé faire. Elle a plongé son doigt dans le pot, m'a dessiné une moustache en chocolat et a éclaté de rire. Un rire que je ne lui connaissais pas, un rire rauque de vieille clopeuse, qui lui revenait d'un coup, comme ça. C'était vraiment bizarre. J'avais tant mangé de Nutella que j'avais envie de vomir. Je me demandais si ma mère ne m'en avait pas fourni tout un pot pour mieux m'en écœurer. J'avais peur qu'elle me le retire. Alors j'ai continué à me gaver jusqu'au retour de mon père. Sitôt rentré, il a viré Chronos du canapé avant d'aller se préparer un café. Ma mère s'est mise à parler au chien pendant que le liquide noir gouttait dans la cafetière. Chronos l'écoutait avec attention, oreilles dressées, comme si sa mission du jour avait été non plus de patrouiller dans les allées d'un centre commercial, mais de transmettre un message à mon père, là-bas, dans la cuisine, perdu dans son lointain passé. Le casting du jour s'était merveilleusement bien déroulé, merci, en présence de la directrice mais aussi, chose plus rare, du producteur et de la réalisatrice, une vioque avec une coupe au bol qui devait peser son quintal et fumait des cigares. Tout ce beau monde était spécialement descendu de la capitale pour voir ma mère. Ils avaient vu sa pub pour le gouda entre le journal de vingt heures et le film du soir. Comme à chaque fois, on lui avait demandé de se présenter à la caméra, face et profil, cheveux en arrière, nom complet et mensurations – taille, poids, couleur d'yeux, pointure, tour de hanches et de poitrine. Puis on lui avait collé un mégaphone dans la main. Il s'agissait d'une série policière. L'héroïne, commandante à la brigade anticriminalité, était spécialiste des situations de crise et des interventions musclées. Elle devait s'adresser à un pauvre type qui s'était enfermé chez lui avec son gosse et sa femme. On ne connaissait ni ses raisons ni ses revendications. Les voisins le décrivaient comme quelqu'un d'un peu bizarre, obsessionnel. On le savait collectionneur d'objets et d'armes de la Seconde Guerre. Il avait même tiré un coup en l'air avec un vieux Luger. Mon père buvait son café dans la cuisine. Ma mère s'était lancée dans son improvisation. Le mégaphone l'avait beaucoup aidée. Il n'était pas nécessaire de crier. Juste de s'exprimer avec sincérité. De faire preuve d'un peu de psychologie. Le mari devait libérer sa femme et son fils. Il fallait le faire tant qu'il était encore temps. Sinon il allait détruire leurs vies à tous les trois. Le monde ne l'écouterait jamais parce que le monde était sourd et aveugle à ses revendications. Entraîner sa famille vers le fond ne changerait rien à sa situation. Il fallait leur rendre leur liberté. C'était le seul geste d'amour à faire pour pouvoir s'en sortir. Un mec en survêt Adidas, du genre armoire à glace, était entré dans le champ de la caméra. Il n'arrêtait pas de sautiller sur place. À côté de lui, ma mère avait l'air d'une brindille. La réalisatrice, qui fumait toujours son cigare, lui avait dit de mettre le cascadeur hors service. Il ne fallait pas avoir peur de lui faire mal, c'était un professionnel. Il n'y avait pas à s'y connaître en arts martiaux pour décrocher le rôle. Il y aurait six semaines de formation accélérée avant le tournage. La réalisatrice, avec sa coupe au bol, n'arrêtait pas de parler et le cascadeur, avec son survêt Adidas, de sautiller. Ça en devenait agaçant. Alors ma mère lui avait décoché un coup de genou dans les couilles. Comme ça. Sans réfléchir. De toutes ses forces. L'armoire à glace s'était écroulée en hurlant. Elle était désolée, ma mère. Elle n'avait fait que suivre les consignes. Elle ne comprenait pas ce qui lui avait pris, d'où lui était venu cet accès de colère. Alors la réalisatrice avait écrasé son cigare dans un grand rire et elle avait glissé au producteur : « On la tient. » L'essentiel était dit. Le tournage commencerait en septembre, mais il fallait se mettre à disposition de la production dès que possible pour répéter les scènes et suivre les formations au tir et au close-combat. Mon père était enfin sorti de la cuisine. « Mais ça se passe où, ton tournage, et combien de temps ça va durer ? » La commandante faisait partie d'une unité d'élite de la capitale ; tout se tournerait là-haut, avec des scènes de nuit en banlieue, au milieu de la racaille et des HLM. Il fallait y monter dès la fin de l'année scolaire. Seule. « C'est-à-dire sans toi, Serge. Moi et Simon. Toi tu gardes le chien et ton boulot à la con. De toute façon tu ne voudras pas quitter ton camp de concentration, n'est-ce pas ? » La production comptait dix-huit semaines pour tourner les douze premiers épisodes. Et si le programme rencontrait son public, il y aurait une autre saison, et peut-être même une troisième. On ne sait jamais, avec le succès. Certains personnages récurrents peuvent durer une vie entière. La commandante vieillit avec l'actrice. L'actrice vieillit sous les yeux des spectateurs. Et puis un jour, la série s'arrête parce que l'actrice meurt d'un cancer, d'une overdose ou d'Alzheimer. Il n'y a plus qu'à inventer une autre histoire pour à nouveau fidéliser les spectateurs. Mon père avait l'air encore plus fatigué que les autres soirs. Il a dit qu'il devait se préparer pour sa nuit au *Shopping Promenade*. Était-il possible d'en rediscuter le lendemain matin ? Pour tout dire, ils n'en ont jamais reparlé. Mon père a gardé Chronos et le vieux Land Rover. Moi j'ai suivi ma mère. Et c'est comme ça que mes parents se sont séparés, lecteur, pendant que moi je vomissais à n'en plus finir. la montée de comportements hostiles dès la seconde moitié du XVIIe siècle, accompagnée d'une volonté des autorités de sédentariser des populations perçues comme dangereuses puisque incapables d'intégrer les us et coutumes de la nation. Cette obsession, constante à travers les siècles, de « fixer » les nomades en les poussant à prendre domicile, emploi, et à porter papiers d'identité, trouve donc son paroxysme aux abords et durant la Seconde Guerre mondiale, où les mesures prises par les gouvernements successifs vont peu à peu se rapprocher des exigences de l'occupant, puis se fondre Je me suis surpris à sentir le livre de mon père. Sentir, lecteur. Humer, renifler, flairer, si tu préfères – je peux te trouver tout un tas de synonymes dans le dictionnaire. J'ai dû le faire en douce, bien sûr, histoire de ne pas me faire repérer par la bibliothécaire qui doit me croire en train de préparer un rapport pour je ne sais quel ministère. Comment l'envie m'en est venue, je ne saurais l'expliquer ; j'ai simplement senti monter le besoin de plonger le nez dans le papier. Il dégageait de multiples odeurs qu'il m'a fallu du temps pour distinguer : celle du papier lui-même, bien sûr, et de la colle. L'encre aussi, celle dont s'est servi l'imprimeur il y a bien des années pour reproduire la longue série de caractères noirs imaginée par mon père. Lettres, mots, phrases, paragraphes, pages entières. Tout ce qui donne un sens à la pensée et permet de la transmettre. Et puis il y a le relent d'encre rouge – la mienne, cette fois. Une odeur âcre, acide et même désagréable quand on la sniffe directement à la sortie de l'Aurora. Mais l'encre et le papier se mêlent dès que l'une imprègne l'autre, et une alliance olfactive se conclut ; l'odeur s'apaise, se fait moins agressive, plus sucrée. J'ai eu la tentation de glisser ma langue sur le papier, mais je n'ai pas osé, de peur d'attirer l'attention. Je ne saurais trop dire ce que je cherche à faire en excitant ainsi mes sens. Stimuler ma mémoire ? Retrouver, au-delà de l'encre et du papier, la trace de mon père, puisque ce livre représente à peu près tout ce qu'il me reste de lui ? À quoi pouvait bien ressembler son odeur ? C'est si loin. Était-ce le Néoprène de sa combinaison ? Le sel de mer sur sa peau, l'acidité de la sueur ? Ai-je, une fois au moins, passé la main dans sa tignasse noire ? Me suis-je jamais réfugié dans ses bras ? M'a-t-il jamais serré contre lui ? M'a-t-il même embrassé ? Je ne m'en souviens pas, lecteur. Je ne me souviens plus du parfum de mon père. J'aurais été capable de me noyer sous ses yeux dans la mer pour qu'il m'emporte avec lui vers le rivage, pour qu'il me touche, pour qu'il m'enserre. Mais il n'est jamais venu me sauver. Sauf une fois, plus tard. Il m'a tiré d'un mauvais pas en détruisant ce qu'il venait de bâtir. Je te raconterai ça, lecteur. En attendant, j'ai oublié de te dire : le livre sent le vieux, l'humidité. Là-haut dans les tours, qui peut savoir comment sont conservées les dernières pages de notre mémoire ? Tout fout le camp, de nos jours, lecteur, tout fout le camp. Jusqu'au souvenir de l'odeur de mon père. J'ai dû l'égarer quand nous sommes arrivés dans la capitale, ma mère et moi, entre la pollution et les ordures. On pourrait penser que la pluie, qui tombe ici six jours sur sept, rince l'atmosphère de toute cette puanteur. Au contraire, tout pourrit, tout macère. Surtout durant l'été caniculaire. En revanche, quelle lumière ! Jamais un recoin sombre où se réfugier pour rêvasser, faire une pause, somnoler. Partout des écrans allumés, des filles en bikini en train de vendre un hamburger, une assurance ou une voiture. Dans les centres commerciaux, bien sûr, mais aussi dans le métro, les bars, les restaurants, les rues et les boulevards, aux arrêts de bus et dans les gares. Ça donne un de ces tournis, quand on arrive de son petit coin de Méditerranée ! Et puis, comme pour tout, on finit par s'habituer. On se laisse éblouir par la lumière, hypnotiser par les images ; on absorbe sans rechigner. On est immunisé. **MITHRIDATISATION (subst. fém.)** : *Immunisation lente vis-à-vis d'un produit toxique par ingestion répétée de doses croissantes de ce produit. Au fig., littér. Insensibilisation à quelque chose par la force de l'habitude.* La production avait tout organisé. Ma mère et moi avons emménagé dans un duplex de star qui donnait sur le boulevard. Elle m'a offert un écran avec son premier salaire. Pendant longtemps, elle avait refusé de m'en acheter un, mais tout avait changé. L'écran occupait désormais mes journées, il me dissuadait de sortir seul dans la grande ville. Ma mère était rassurée. Tous les matins, une grosse Mercedes avec chauffeur passait la chercher. C'était la classe, la Mercedes. Je lui disais au revoir depuis la fenêtre de ma chambre et je me connectais dans la foulée. J'ai commencé comme ça, par les jeux en ligne, les réseaux sociaux et les tutos d'amateur. Très vite je me suis retrouvé sur les forums de *gamers*. Je pouvais y passer des heures à discuter de tout et de n'importe quoi. Du dernier Disney comme du classement NPL des meilleures actrices pornos de la terre, de la protection des girafes en Afrique à l'invasion programmée de l'Europe par les métèques. J'y étais encore quand ma mère rentrait tard le soir. Elle avait l'air crevé.

Elle éteignait mon écran et disait : « Viens, Simon, on va faire un tour. » Alors on remontait le boulevard, on passait devant les brasseries et les cinémas, on prenait à gauche en direction de la gare, et puis on finissait par faire le tour du grand cimetière. Ma mère en profitait pour me raconter sa journée. D'abord la berline l'amenait au dojo où on lui faisait suivre une formation accélérée en kick boxing. C'était le cascadeur à qui elle avait explosé les couilles qui la coachait. Il n'avait pas l'air de lui en vouloir. Il lui avait même proposé d'aller boire un verre. Ensuite on la conduisait au stand de la police nationale où elle tirait à balles réelles sous le regard d'un instructeur. Lui aussi, ce couillon, voulait l'inviter à boire un verre. On en riait comme deux andouilles en faisant le tour du cimetière. On transpirait beaucoup à cause de la canicule. Elle m'offrait un Tropico glacé et une gaufre au Nutella qu'un petit bridé aux yeux cernés me préparait dans sa cahute plantée sur le trottoir. Je la dévorais en une minute chrono. Je m'empiffrais d'autant plus vite qu'une fois rentrés, ma mère m'escortait jusqu'aux waters et me forçait à vomir. Dans l'intérêt de mes artères, bien sûr. Elle n'en mangeait jamais, du Nutella. L'armoire à glace veillait : ma mère prenait du muscle mais jamais de gras. Le gras était proscrit. Elle prenait de l'assurance aussi. Le début du tournage était fixé à la fin août. D'abord le pilote, disponible sur Dot.Com dès l'automne, puis les onze épisodes suivants, écoulés semaine après semaine comme autant de doses de la meilleure des cames. Ma mère s'en sortait drôlement bien. La vioque avec sa coupe au bol l'avait à la bonne. Souvent elles finissaient la journée de répétitions par des essayages costumes, ensuite elles allaient boire des verres. Elles parlaient de tout et de rien, de la série, du personnage de policière que devait jouer ma mère. Elles parlaient cadrage et technique, elles parlaient scénario, elles parlaient politique. Coupe au bol disait que cette série changerait la façon de voir des gens, leur rapport au réel, parce qu'elle était plus proche du documentaire que de la fiction. Alors ma mère travaillait deux fois plus dur. Elle rentrait de plus en plus tard le soir. Et ça ne faisait que commencer, parce que ensuite il y aurait la promo : les interviews, les autographes, les festivals, les dîners avec les fans, les levées de fonds pour les ours blancs et les myopathes, tout ça faisait partie du métier. À la fin du mois d'août, j'étais devenu incollable sur la façon dont se tournait une série. Je partageais mes infos sur les forums, parlais des cascades, des tirs à balles réelles, des effets spéciaux et des bidons d'hémoglobine factice. Je parlais de ma mère et de Coupe au bol. Je faisais mon intéressant. C'était bien mieux que de se faire griller comme un toast sur une plage ou de se faire suer dans la cabane de mon père. Septembre est arrivé. Ma mère, qui avait pris six kilos de muscles en un été à force de s'enfiler des pilules protéinées, a commencé le tournage. Elle travaillait souvent la nuit. La production avait pris soin de m'inscrire dans un collège de garçons très réputé, à proximité du boulevard où nous habitions. Il y avait une liste d'attente longue comme le bras pour y être admis. Il fallait croire que la production avait le bras long. On m'a collé en internat, dans un six-mètres carrés avec les gogues et la douche au bout du couloir, pour que ma mère puisse se consacrer à son personnage nuit et jour. Elle avait l'air d'accord, elle avait l'air heureuse. On m'offrait la chance d'intégrer un des meilleurs établissements de la capitale, il fallait que je la saisisse. **STOÏCISME (subst. masc.)** *: Philos. Philosophie de Zénon de Cition et de ses disciples. Par ext. Attitude morale caractérisée par une grande fermeté d'âme dans la douleur ou le malheur ; attitude, caractère d'une personne stoïque. « Elle avait tant souffert sans se plaindre, d'abord [...] ! Puis l'orgueil s'était révolté. Alors elle s'était tue, avalant sa rage dans un stoïcisme muet, qu'elle garda jusqu'à sa mort » (Gustave Flaubert).* En réalité, le collège formatait la jeunesse de l'école primaire à la classe préparatoire en lui inculquant ce que la direction et le corps professoral appelaient *l'esprit de corps*. Dans la pratique, cela consistait à réveiller les bizuts dès trois heures du matin pour les envoyer faire six séries de pompes dans la cour. Le petit chanceux du jour (ou plutôt de la nuit), celui qui s'effondrait le premier, finissait dans une bouche d'égout. Les aînés lui refermaient la grille de fonte sur la tête et tous les internes étaient invités à lui passer dessus en chaussettes, l'obligeant à renifler les plantes de pied de ses tortionnaires. Une longue file d'enfants propres sur eux, aux visages angéliques, amenés à endosser un jour de hautes responsabilités, à se marier, à éduquer des gosses, à diriger des équipes. L'avenir de la nation. Tous tortionnaires d'un soir, emplis pour le restant de leur vie de ce fameux *esprit de corps*. À la fin du défilé, le bizut renifleur était autorisé à quitter son trou, non sans avoir auparavant désigné la paire de chaussettes qui puait le plus fort, avec obligation de la porter autour du cou durant quarante-huit heures. J'avoue être passé dans cet égout, lecteur, plus que de raison. La faute, sans doute, à mon allure chétive, à mon teint pâlichon, à mes yeux sans cesse baissés en signe de soumission. La faute à mon incapacité chronique de suivre mon père dans ses compétitions, de toucher le rocher le premier, de nager la brasse coulée entre lui et ma mère. J'avoue m'être vomi dessus, lecteur, à force de jouer les bizuts renifleurs. En matière de torture et d'humiliation, l'imaginaire de l'adolescent est sans limite. C'est une question de survie au sein du groupe. Exclure ou bien se faire exclure. Tuer ou être tué. J'ai survécu, lecteur. J'ai même atteint le bout du tunnel : la cérémonie d'intégration. Celle-ci consistait à boire une louche de la fameuse *soupe*, en réalité un gros baquet en plastique rempli de pisse, de vomi et d'huile de friture où flottait, entre autres friandises, une tête de cochon récupérée chez le charcutier. Pendant que chacun buvait, les camarades dans la file imitaient le cri du cochon qu'on mène à l'abattoir. On se voyait enfin offrir un calot d'inspiration militaire, que les plus fiers d'avoir bu la soupe jusqu'à la lie arboreraient durant des jours. Il faut bien ravaler l'humiliation. Chacun sa petite recette, sa façon de compenser. En ce qui me concerne, le bizutage n'a pas vraiment pris fin avec ladite cérémonie d'intégration. Photos et vidéos du petit Simon dans son égout ont continué de circuler sur les réseaux sociaux. J'évitais de quitter ma chambre en dehors des heures de cours. Sitôt dehors, je m'entendais interpellé, sifflé, charrié – « Vartanian, *Tête de Turc* ! » ; c'était mon sobriquet qui résonnait d'un bout à l'autre de la cour. Je n'en ai jamais touché le moindre mot à ma mère. Lorsqu'elle m'a demandé comment se passait la rentrée scolaire, j'ai eu ce mot – « Super ! » – dont elle a largement paru se satisfaire. **RETRANCHEMENT (subst. masc. Au fig.)** : *Fait d'être exclu, de s'exclure d'un ensemble de personnes, d'un milieu. Synon. Retraite. Retranchement du monde, de la société ; retranchement intérieur.* Au début, les sciences de la vie expliquées par des curés centenaires en soutane noire, ça faisait un peu bizarre. Mais après tout, quelle importance ? Ce qui comptait pour moi, c'était d'avoir la paix pendant les cours. La cloche sonnant la récréation ruinait tous mes espoirs. C'était à celui qui cognerait le plus fort. Jusqu'à ce jour béni de la première leçon d'histoire. M. Cathrine était l'un de nos rares professeurs à se présenter en costume de ville, agrémenté d'une écharpe blanche. Il s'asseyait toujours d'une fesse sur son bureau pour nous causer de nos glorieux ancêtres. La géographie, elle, n'était que le prolongement de sa passion pour l'histoire, qu'il appelait tantôt la matière reine, tantôt la mère de toutes les matières. L'histoire permettait de dresser le portrait d'une nation. Nous en étions l'élite. *Le dessus du panier*, c'était son expression favorite. Il nous l'a rabâchée dès le premier jour, je m'en souviens encore. Il est entré en sifflotant, Cathrine. Les *Vartanian Tête de Turc* venaient de s'éteindre, je commençais tout juste à me détendre. La cantine et son lot d'humiliations, c'était pour plus tard, pas avant une heure. Il a fait le tour de la pièce, une main dans sa poche et l'autre enserrant son manuel. Puis il est ressorti aussi sec, sans avoir prononcé le moindre mot. Quelqu'un a dit : « C'est quoi ce film, putain ? » et la tête de Cathrine est apparue dans l'embrasure. « Merci de ne pas jurer pendant mon cours… Bon, les jeunes, vous arrivez ou quoi ? » Et toute la classe s'est levée comme un seul homme. Nous sommes descendus dans la cour, autour de la statue de chevalier en armure qui occupait la grande pelouse le long de la grille d'enceinte. Cathrine a posé une fesse sur le socle et a montré la devise qui ornait le bouclier du chevalier. « Qui veut bien nous la lire ? » Il y a eu des gloussements dans l'assistance. Le doigt du professeur a quitté la statue, hésité un instant avant de se pointer dans ma direction. Mon visage a pris feu. J'ai lu, sans bégayer, sans trébucher, même si les lettres dansaient devant mes yeux : *Patriote sans peur, Chrétien sans reproche*. Et aussitôt quelqu'un a murmuré : « Ça sent la vieille chaussette, ici, pas vrai, Vartanian ? » La classe entière a rigolé. Cathrine a poursuivi comme si de rien n'était. Il m'a remercié pour ma lecture et nous a raconté comment ce chevalier s'était battu contre l'envahisseur en tenant tête à une armée entière. Car pour nous envahir, l'ennemi devait franchir un pont si étroit qu'il ne laissait passer qu'un seul homme à la fois. Alors le chevalier sans peur avait affronté la horde barbare. À la fin, il s'était trouvé seul sur le pont débordant de ferraille et de tripes, tremblant, épuisé, son armure rouge de sang. Pourtant ce sang n'était pas le sien mais bien celui de l'étranger… Chaque chapitre de notre histoire devait nous nourrir, nous unir en tant que communauté, nous, grands et petits, riches ou pauvres, bruns ou blonds, tous éléments d'une même nation. C'était le seul sens de l'histoire à retenir. Un passé commun, un même destin… Il y a eu un grand silence. La cloche de midi a sonné mais personne n'a bougé. Trente statues de pierre, voilà ce que M. Cathrine avait fait de nous en moins d'une heure. Le professeur a refermé son livre. Il a fait mine de nous laisser partir, puis il a ajouté un peu plus fort, de sorte que tout le monde entende, même ceux qui avaient pris la direction du réfectoire : « Au fait, le premier que je surprends encore en train de se moquer d'un de ses camarades, c'est trois jours d'exclusion. J'espère avoir été clair. » Et à compter de ce jour, plus personne ne m'a appelé *Tête de Turc.* **ALLÉLUIA (interj. et subst. masc.)** *: Relig. Cri, chant d'allégresse, particulièrement présent dans la liturgie pascale. Par ext. Expression verbale de joie. « Je suis arrivé hier à Paris avec mon manuscrit complet. Mon livre est enfin terminé, terminé définitivement ; alléluia ! » (Alexis de Tocqueville).* Un second événement a changé le regard que les autres pensionnaires de l'internat portaient sur moi : la diffusion, au début de l'hiver, de la série de ma mère. Le succès a été immédiat, foudroyant, à l'échelle nationale. Dot.Com y avait investi de lourds moyens promotionnels. Trois semaines avant la mise en ligne officielle, ma mère est apparue sur tous les écrans publicitaires de la capitale, dans les gares et les centres commerciaux, les rues et les couloirs du métro. Elle était partout ; son nom, ses yeux bleus, son joli minois, son corps musclé et ses cheveux blonds, toujours armée, parfois d'un bazooka ou d'un fusil d'assaut. *Laura Kaas est le commandant Valeira.* En dessous, le titre de la série – *La Loi et l'ordre* –, et la *punch-line*, aussi : *Fin de partie pour les fumiers.* L'épisode pilote contenait une première dose survitaminée, injectée de force, à grand renfort de bons mots, de fusillades et de courses-poursuites. Plusieurs jeunes femmes s'étaient fait agresser le soir du réveillon de Noël. Dans les ruelles, les recoins sombres, les passages sous voie et les tunnels. Signalements sur les réseaux sociaux, dépôts de plaintes au commissariat, de la main aux fesses au viol avec arme blanche. Une multitude de crimes, un seul et même profil. Les portraits-robots étaient formels : des types au regard noir, mal rasés, baragouinant leurs menaces dans un fort accent étranger. L'enquête était confiée au commandant Valeira. Elle remontait la piste d'une bande de cancrelats débarqués depuis peu, grouillant, se multipliant à toute vitesse depuis les tréfonds de la banlieue nord, franchissant le périphérique, fondant sur le centre-ville pour y semer le chaos et la désolation. La scène finale faisait office de grand défouloir : ma mère pénétrait de nuit dans un campement malfamé sous une bretelle autoroutière. Elle se faisait surprendre avant l'arrivée des renforts. On l'attaquait de toutes parts, à coups de machette, de batte, de hache et de barre de fer. Il fallait bien qu'elle se défende, seule contre tous, ma mère. Alors elle sortait le Sig-Sauer de sa ceinture, tirait dans le tas, enchaînait les chargeurs, mettait les envahisseurs hors d'état de nuire. On la retrouvait au point du jour, sous l'échangeur, entourée de ferraille et de tripes, tremblante, épuisée, le gilet pare-balles rouge de sang. Pourtant ce sang n'était pas le sien mais bien celui de l'étranger… Ironie du sort, c'est l'un de mes plus fidèles tortionnaires – je le revois encore me refermant la grille d'égout sur la figure – qui, le premier, a fait circuler une version piratée de *La Loi et l'ordre* dans l'internat. En moins d'une semaine mes camarades avaient perdu le sommeil. Leurs mines ravagées dès la première heure de cours, les cernes noirs aux allures de tranchées de la Première Guerre témoignaient de la nuit agitée qu'ils venaient de passer. Chacun n'avait qu'une seule hâte : y retourner le soir pour revoir l'héroïne, en l'occurrence ma mère, faire gicler le sang impur tandis que sous les draps la semence blanche souillerait leur pyjama. C'est fou l'effet que peut faire une actrice sur un imaginaire adolescent. Ma mère avait conquis les villes et les campagnes. Tous dingues de Laura Kaas. Tous séduits. Tous obsédés. Tous intoxiqués. Tous sauf son fils. Moi je dormais comme un bébé. Je n'avais aucune difficulté à suivre en cours. J'étais premier de la classe les doigts dans le nez. Je surnageais au-dessus de la nasse des appétits adolescents pris au piège des beaux yeux de ma mère, de son petit cul, de sa blondeur. À la question « Elle t'intéresse, Laura Kaas ? », je répondais invariablement non. « Non, elle ne m'intéresse pas comme elle vous intéresse, les gars. Non, je ne ressens pas le besoin d'inonder mon écran cinq ou six fois par nuit. Non, je ne pense pas à Laura Kaas durant les cours de biologie. » À tel point qu'une rumeur s'était formée à mon sujet. Un soir que j'étais allé pisser au bout du couloir, tout l'étage s'est réuni autour de l'urinoir comme pour me regarder faire. J'ai remonté mon pyjama, coupé dans mon envie, et l'un de mes camarades aux yeux cernés a dit : « C'est quoi ton problème, Vartanian ? Pourquoi tu l'aimes pas, Laura Kaas ? T'es pédé ou quoi ? » Je sortais à peine de ma période *Tête de Turc*. Je n'avais guère besoin d'un nouveau sobriquet. J'ai répondu, avec le plus de détachement possible : « Bien sûr que je l'aime, Laura Kaas. Même que je l'adore. Puisque c'est ma mère. » Je m'en souviens comme si c'était hier : le silence qui a suivi, l'ébahissement général, teinté d'incrédulité. J'ai tiré mon portable de ma poche de pyjama, fait défiler les albums, par date, par thème, les bisous que m'envoyait l'officier Valeira sur le plateau de tournage, les essayages costumes, en tenue d'intervention de la police nationale, gilet pare-balles, *holster* en cuir et tout le toutim. Je ménageais mes effets, enchaînant sur des images de l'appartement au-dessus du boulevard. Ma mère au petit déjeuner. Ma mère en train de charger le lave-vaisselle. Ma mère endormie sur le canapé, épuisée, en short et marcel. Le cercle de curieux se resserrait à mesure que les photos défilaient, j'étais acculé contre l'urinoir, je baignais dans les odeurs de pisse et de javel. J'avais gardé le meilleur pour la fin, des images de l'été précédent, non loin de l'embouchure du fleuve, face à la mer : ma mère allongée sur le sable, en bikini turquoise, sur sa serviette à fleurs. Et aussitôt quelqu'un a lancé : « Tu peux nous la faire voir à poil, ta mère ? » Et moi, rangeant mon portable dans mon pyjama. « Donnez-moi trois jours et je vous montre ça. » **MYSTIFICATION (subst. fém.)** : *Action d'abuser (une personne ou une collectivité) en embellissant la réalité. Synon. : duperie, falsification, tromperie.* Message reçu juste avant la fermeture de la Bibliothèque : *T'en es où, Simon ? Tu nous as oubliés, ton papounet et moi ou quoi ?* Elle a raison, Audrey. Il faut que je prenne une décision. Je ne peux pas la faire attendre plus longtemps. Organiser une campagne de lynchage en ligne demande des moyens et du temps. Il faut d'abord déterminer si la cible choisie est bien le coupable idéal. Dans le cas de mon père, on ne peut rêver mieux : atteinte sexuelle sur mineur, c'est du pain bénit pour n'importe quel troll amateur. Entre les mains expertes d'Audrey, un tel casier judiciaire relève de l'arme de destruction massive. Ensuite on tisse sa toile : Serge Vartanian, l'obscur archéologue, chantre du cosmopolitisme et délinquant notoire, mène à une bande de vieux schnocks de la fac d'histoire, ceux-là mêmes qui répandent des thèses nauséabondes et antidémocratiques sur les réseaux sociaux. L'un de ces universitaires a d'ailleurs eu maille à partir avec la commission disciplinaire de la faculté pour avoir quelque peu enjolivé la liste des diplômes sur son CV. Qui se ressemble s'assemble, le pervers et le mythomane. Il suffit de connecter la bande d'Alzheimer au candidat d'opposition qui, selon les sondeurs, a le plus de chances d'affronter la présidente au second tour et le tour est joué. C'est lui qui héritera de l'encombrant conseiller historique Serge Vartanian et fera l'objet des pires racontars : l'opposition serait gangrénée par les pédophiles et les pervers. *Paraît qu'ils violeraient les enfants à la pelle dans la cave d'un kebab du XIXe arrondissement… Et on voudrait nous donner des leçons de morale et d'histoire ? À nous qui gérons le pouvoir en bons pères de famille ? Allons, allons ! Commencez, chers membres de l'opposition, par vous regarder dans un miroir, vous et vos éminences grises cosmopolites, avant d'accuser la présidente de conduire le pays vers une soi-disant dictature…* Le reste n'est qu'une partie de plaisir aux effets dévastateurs : les réseaux sociaux sont inondés de photos bidon mettant en scène le leader de l'opposition plongé dans la lecture d'un exemplaire du *Camp de nomades de Saliers*. On retrouve opportunément une vieille photo de vacances où Vartanian, en chemise à fleurs, fait l'accolade au futur adversaire du second tour, en tee-shirt à rayures. Ensuite on lâche l'affaire. On se contente de regarder l'opposition s'enfoncer dans les sables mouvants de la rumeur. L'ignorer, c'est refuser de la contester, autant dire la confirmer. S'en défendre, hurler à la calomnie, c'est associer son nom, un peu plus à chaque démenti, à celui d'un délinquant sexuel. Les jeux sont faits. Les sondages d'opinion sont formels. Valentine Pereira s'apprête à rempiler pour cinq ans, et le pays tout entier avec elle. Tout ça pour dire, lecteur, qu'il faut que je me dépêche d'écrire et toi de lire. Car tant que je n'aurai pas mis de l'ordre dans tout ce qui gicle de ma mémoire en mode geyser, il me sera difficile de satisfaire Audrey et son désir de tout détruire. contradictoire entre un discours lénifiant et humanitaire d'une part, et un système d'internement répressif d'autre part. En réalité, le gouvernement fait face depuis l'hiver 1940-1941 à une campagne de presse, notamment suisse et américaine, faisant état de dizaines de milliers d'hommes, de femmes et d'enfants internés dans des camps situés en zone libre, c'est-à-dire sous la responsabilité directe des autorités nationales et sans que l'occupant y soit pour quoi que ce soit. L'établissement du camp de Saliers a donc une double vocation sécuritaire et propagandiste. Les archives fournissent des informations on ne peut plus claires : la « colonie de nomades » voulue par les autorités sera construite à la manière d'un décor de cinéma destiné à séduire visiteurs et passants. On lira en ce sens le rapport de l'architecte des Monuments historiques daté du 8 octobre 1942 : « Avant tout, le camp de Saliers doit être un argument de propagande gouvernementale. Cet argument a consisté à donner à un camp de concentration l'aspect d'un village et d'y permettre la vie familiale et le respect des coutumes et croyances des internés. » (ADBdR 142W76) M. Cathrine aimait les monuments aux morts. Il leur vouait même un véritable culte. Souvent, il nous embarquait dans un jeu de piste dont il avait le secret, à travers les rues du quartier, parfois au-delà. Les audaces de notre professeur ne se limitaient pas à la seule cour de récréation. La capitale entière se révélait riche de signes. Il était de son devoir d'enseignant de nous apprendre à les lire et, surtout, à les interpréter. L'histoire était une discipline de terrain et un sport de combat. Il était bon, en dehors des heures de classe, de se sortir la tête de nos écrans et de partir à l'aventure, tels des explorateurs, à la découverte des plaques commémoratives et autres cénotaphes ornant nos places et nos squares. Il ne se passait pas une semaine sans inauguration. Si bien que le samedi était notre journée la plus chargée de la semaine, à nous autres, élèves de sixième du professeur Cathrine. Il y avait tant à célébrer qu'il nous arrivait parfois de débaptiser un endroit pour le renommer aussitôt. Question de place et de priorité. Menés par l'homme à l'écharpe blanche, nous volions de cérémonie du souvenir en inauguration, nos calots militaires fièrement vissés sur le crâne. Et quand sonnait la fanfare, Cathrine montait sur l'estrade à la suite des politiciens pour leur fournir sa caution d'historien. Il avait de ces discours à vous donner le frisson, comme si le mort du jour s'était soudain trouvé parmi nous, au garde-à-vous, les armes à la main et l'uniforme souillé du sang de l'envahisseur. Le mort mis à l'honneur nous donnait des leçons de vie, de fierté et d'espoir. C'était beau à entendre et c'était beau à voir. Les uniformes repassés et les chaussures cirées des militaires, les blasons colorés des régiments, les écussons clinquants, les cuivres astiqués de la fanfare et les drapeaux tricolores qui s'agitaient au vent. Nous n'étions pas peu fiers, nous, ses élèves, d'être associés au devoir de mémoire. Je me souviens d'une cérémonie du 11-Novembre. Nous devions nous retrouver dans un square pour y dévoiler le buste d'un militaire, à deux pas du duplex que nous louait la production ; je passais devant chaque dimanche soir pour réintégrer l'internat. C'était si près de tout, du collège, de chez ma mère : un simple square pour le 11-Novembre, ça manquait d'envergure ! M. Cathrine nous avait rassurés. La cérémonie du jour aurait de l'allure ; peut-être même y aurait-il un peu de sport… N'empêche qu'en arrivant sur place, j'ai été sacrément refroidi. On aurait dit que la célébration se tenait en catimini. Trois pelés du collège et deux tondus en uniforme de l'armée de terre. Le ministre des Anciens Combattants s'était fait porter pâle. J'avais beau croire en mon prof d'histoire, je ne comprenais toujours pas ce qu'on fichait dans ce square. Certes, M. Cathrine a fait un beau discours. Peut-être un peu plus sobre que d'habitude, moins lyrique. Il a causé du militaire du jour, un courageux général, aimé de ses hommes et qui les aimait en retour. L'un des grands vainqueurs de la Grande Guerre, dont le sens de la stratégie avait triomphé de l'ennemi quand beaucoup lui promettaient l'humiliation de la défaite. Ce n'était tout de même pas par hasard s'il avait reçu le bâton de maréchal sitôt les hostilités terminées, non ? Certes, il y avait eu des polémiques par la suite. Mais le valeureux maréchal s'était posé en bouclier de la nation, il avait à coup sûr protégé ses compatriotes, même s'il avait fallu consentir à des choix difficiles. Le destin, lui aussi, pouvait se montrer ingrat, cruel, et le regard de ses contemporains injuste. Au final l'Histoire rendait toujours leur part de gloire aux hommes d'honneur. C'est ce que M. Cathrine a dit dans le micro. Alors l'un des militaires a tiré sur le drap en velours tandis que l'autre soufflait dans un clairon, et le buste en bronze du général – ou du maréchal, avec les copains on n'était plus trop sûrs – est apparu à la lumière du jour. Il avait l'air d'un vieux briscard avec sa grosse moustache et son allure sévère. Nous nous sommes mis à applaudir. Les deux képis ont replié la couverture avec un soin maniaque. C'en était fini pour aujourd'hui. Tout ça pour ça, tandis qu'une autre cérémonie, la vraie, la belle, devant la flamme du Soldat inconnu, se déroulait sans nous. On avait bien perdu notre samedi. Autant rester à la maison faire ses devoirs. Seulement voilà, au tout dernier moment, une grosse berline s'est garée au coin du boulevard, précédée par deux motards et suivie d'un essaim de scooters. Une jeune femme blonde avec des lunettes noires en est descendue. Elle a marché sur le trottoir sous les flashs des photographes. Son chauffeur, le cheveu ras, suivait avec une grosse couronne de fleurs. Elle est entrée dans le square et des types en manteau de cuir noir ont maintenu les journalistes à l'extérieur. Elle s'est approchée du buste en bronze et a déposé les fleurs au pied du socle en pierre. La couronne était ceinte d'un ruban tricolore. *Au Maréchal, la Nation reconnaissante.* Au moins, maintenant, on était fixés sur le grade du vieux militaire. Les photographes l'ont mitraillée encore puis elle a repris la direction de sa voiture. C'était comme une apparition. Une espèce de sainte ou, mieux encore, une actrice débarquée de Hollywood. À la sortie du square, une vieille avec un cabas rempli de poireaux lui a crié dessus en disant que c'était une honte, et elle a répété *une honte* trois fois de suite, mais la blonde aux lunettes noires n'a pas dû entendre parce qu'elle s'est engouffrée dans sa voiture sans un regard. Elle a eu l'air un peu con, la mamie, avec ses poireaux dans une main et sa colère dans l'autre. Un de mes camarades de classe a demandé qui c'était l'actrice, même qu'on aurait dit Laura Kaas. C'est vrai qu'elle ressemblait à ma mère, mais c'était pas ma mère, j'en étais sûr à cent pour cent. M. Cathrine est parti dans un grand rire. « Ce n'est pas une actrice, les garçons. C'est notre nouvelle ministre de l'Éducation. Elle s'appelle Valentine Pereira. Retenez bien son nom. Dans moins de cinq ans elle sera présidente de la République. J'en mets ma main au feu. » **NARCISSISME (subst. masc.)** : *Psychol. Amour excessif (de l'image) de soi, associant survalorisation de soi et dévalorisation de l'autre, habituel chez l'enfant, courant chez l'adolescent, compensatoire chez l'adulte. « On peut critiquer les écrivains de profession, dénoncer leur narcissisme » (François Mauriac).* *La Loi et l'ordre* devenait, mieux qu'un succès, un véritable phénomène de société. Ma mère avait été catapultée au rang de superstar. Des forums de discussion s'ouvraient chaque semaine par dizaines. On y parlait du dernier épisode en ligne, du sens à donner à l'histoire, aux dialogues, aux moindres gestes de l'actrice principale. Je suivais ça de près. J'étais très fier de ma mère. Je me souviens notamment d'un débat qui s'est éternisé jusqu'au printemps, au sujet d'une réplique en apparence anodine en conclusion d'une scène. Le commandant Valeira entrait dans un café, s'accoudait au comptoir et demandait *un petit noir bien serré* en posant son Sig-Sauer sur le zinc à l'ancienne. Certains soutenaient qu'il y avait un sens caché à ce bref dialogue avec le cafetier, tandis que d'autres, minoritaires, défendaient le contraire. Entre ces deux possibilités, une infinité d'hypothèses. Et si Laura Kaas avait commandé un café au lait, est-ce que le sens de la réplique en aurait été changé ? Certains poussaient le vice jusqu'à vérifier si le morceau de sucre qu'elle y plongeait était blanc ou brun. Multiplie le nombre d'hypothèses par le nombre de scènes et d'épisodes, lecteur, puis par le nombre de spectateurs (qui se comptait déjà en millions), et tu obtiendras la mesure de l'obsession dont ma mère faisait l'objet au cours de ce premier hiver. C'était tout simplement le plus gros *blockbuster* jamais sorti par Dot.Com en Europe. Une gigantesque boule de neige qui grossissait à mesure que le froid s'installait. Début décembre, Laura Kaas arrivait en tête de tous les moteurs de recherche, une courte tête devant la jeune et non moins médiatique ministre de l'Éducation nationale. Je ne voyais plus ma mère. La production la tenait à sa disposition vingt-quatre heures sur vingt-quatre. Il lui fallait fouler les tapis rouges des conventions de fans, vêtue de robes de créateur plus ou moins transparentes, monter des marches sous le feu nourri des smartphones, sourire à des milliers de personnes, donner des interviews, exhiber son corps, sourire encore. En dehors du sacro-saint petit déjeuner du dimanche matin, j'en étais réduit à suivre la vie de ma mère sur les réseaux. D'une certaine façon, ma propre vie s'y étalait aussi. Ça faisait d'ailleurs partie du contrat signé par Laura Kaas, dans la partie *Obligations de promotion.* Je devais apparaître sur ses divers comptes officiels. Si l'officier de police Valeira se consacrait tout entière à son travail et à la sécurité de la nation, l'actrice qui l'incarnait devait quant à elle porter certaines valeurs traditionnelles, notamment familiales. Une grande actrice est nécessairement une bonne mère. Elle parvient à tout faire. Nos rares moments communs consistaient donc à nous prendre en *selfie*, aussitôt mis sur les réseaux. Je me suis vu grandir en ligne. Plus besoin de se regarder dans une glace. Cette soudaine visibilité ne m'était d'aucune utilité auprès de mes camarades d'internat. Ma mère floutait mon visage sur ses publications. J'étais l'adorable préadolescent qu'elle célébrait à coups de petits cœurs de toutes les couleurs, mais il me manquait une tête, une identité, pour pouvoir dire à mes camarades de chambrée : « Vous avez vu, là c'est moi, dans le lit de ma mère… » L'hiver était déjà bien entamé et je n'avais toujours pas fourni d'image des fesses de Laura Kaas aux garçons de ma classe. Au bout du couloir, la pression se faisait de nouveau sentir. La ceinture d'adolescents en rut m'enserrait dès que je m'approchais de l'urinoir. Je voyais resurgir le spectre menaçant des moqueries, des brimades, de la mise au ban. J'en perdais le sommeil. La nuit, je fixais le plafond en me demandant comment je pourrais me débrouiller pour saisir ma mère sur le vif. Je me disais qu'une capture d'écran en tee-shirt et culotte – la tenue dans laquelle elle dormait – suffirait pour un temps. La situation était d'autant plus absurde que les photos de ma mère se multipliaient sur tous les sites pornos de la terre. Des photos bidonnées, bien sûr, dont certaines étaient d'un réalisme criant, dans des postures – comment dire ? – vraiment particulières. Et moi qui ne parvenais pas à la filmer en train de se brosser les dents ! Jusqu'à ce mémorable voyage de classe… Notre professeur avait eu l'idée de nous emmener visiter le Parlement européen pour éveiller en nous le sens de la citoyenneté. Les élections européennes approchaient et seraient à coup sûr une étape supplémentaire dans le grand changement que le continent entier espérait. Nous, les élections, on s'en foutait ; c'était un truc pour les parents. En revanche, prendre le train avec notre prof préféré, l'entendre nous raconter ses histoires de guerre, d'envahisseurs, de résistants, deux heures aller, deux heures retour, c'était la perspective d'une sacrée belle journée. Ce matin-là, l'internat s'est trouvé tiré du lit sur les coups de six heures. Quelqu'un jouait du clairon dans le couloir. Je suis sorti de ma chambre pour voir. Et qui crois-tu que c'était, lecteur ? M. Cathrine en personne, son écharpe blanche en bandoulière, s'époumonant dans une espèce de cor de chasse dont sortait une averse de postillons et de fausses notes. Il arborait un de ces calots aux armes de l'école. Il a baissé son instrument, hilare, prenant le temps de nous observer tous. « Messieurs, je suis ravi de cette journée qui s'annonce. Vous avez vingt minutes pour vous nettoyer le museau. Rendez-vous au réfectoire à 6 h 25 pétantes pour un chocolat chaud. Puis direction la gare. Et n'oubliez pas vos calots ! » C'est en arrivant sur le quai que j'ai vu ma mère. Elle était là, avec son manteau rouge d'hiver et ses lunettes noires de star. J'ai couru vers elle. « Mais qu'est-ce que tu fais là, maman ? » Alors elle a ri très fort, presque trop, comme si ç'avait été pour toute la gare. Le professeur d'histoire avait trouvé son nom sur la liste des parents d'élèves. Il cherchait des accompagnatrices, elle avait dit oui. Parce qu'elle avait envie de passer du temps avec son fils. Il lui avait fallu négocier avec la production, bien sûr. Celle-ci avait fini par donner son accord, à condition de prendre des photos et de les mettre sur les réseaux. Je me suis tourné vers les copains. Ils nous regardaient tous, ma mère et moi, les yeux ronds comme des phares. Je ne crois pas avoir jamais été plus fier de toute ma vie. Chacun se relayait pour voir la superstar de près, centre de toutes les attentions, bombardée de questions dès que le wagon s'est mis en mouvement. *Est-ce que les scènes de combat étaient réelles ? Est-ce qu'elle se faisait doubler par une cascadeuse ? Est-ce qu'elle avait déjà tiré à balles réelles ? Est-ce qu'elle avait peur pendant les scènes dangereuses ? Et les méchants, c'étaient des acteurs ou bien des étrangers réels ? Et qu'est-ce que ça faisait de tirer à l'arme automatique sur une bande de métèques ?* Elle répondait qu'elle avait oublié son Sig-Sauer et qu'elle comptait sur ses trente chevaliers servants pour la défendre en cas d'attaque terroriste. Tout le monde riait de bon cœur. J'étais assis près de ma mère. M. Cathrine, juste en face, souriait lui aussi. Avec son calot sur la tête, il avait l'air d'un élève trop vite grandi, fixant l'actrice avec les mêmes grands yeux émerveillés que le restant de sa classe, attendant la fin du jeu de questions-réponses pour commencer sa leçon sur les institutions européennes. Il n'y en avait que pour l'officier de police Valeira, sans cesse sollicitée pour des bisous et des *selfies* aussitôt mis en ligne. Passé l'heure de voyage, la galaxie de comptes et de forums consacrés à *L&O* savait que Laura Kaas s'était faite accompagnatrice d'un jour au service de la sixième de son fils. À mi-parcours, cependant, notre bien-aimé professeur d'histoire a rajusté son couvre-chef. Si Mlle Kaas le permettait, il souhaitait dire quelques mots sur notre objectif du jour. Ma mère a baissé les yeux en rougissant. « Oui, bien sûr, excusez-moi, monsieur le professeur », et M. Cathrine s'est lancé dans une petite leçon d'histoire en extérieur dont il avait le secret. L'Europe d'aujourd'hui ressemblait à l'ancien Empire romain. Ses frontières étaient si vastes qu'il était devenu impossible de les défendre. Un jour, une nouvelle armée s'était formée, là-bas, très loin vers l'est. Les Huns étaient très méchants, capables de se déplacer très rapidement en massacrant tout le monde sur leur passage – surtout les femmes et les enfants. Ils étaient si rapides qu'ils mangeaient à cheval en faisant cuire leur viande sous leur selle ! Ils étaient passés à l'attaque, terrorisant tout un tas de peuples, les repoussant jusqu'aux frontières de l'Empire. Alors Rome avait choisi de laisser entrer sur son territoire un demi-million de ces barbares, espérant pouvoir les contrôler, en faire des soldats, des artisans ou des agriculteurs. Mais Rome s'était trompée. Elle s'était retrouvée face à une bande de brutes épaisses incapables de s'intégrer. Personne ne réussissait à s'entendre parmi les gens qui dirigeaient l'Empire. Personne ne savait plus quoi faire face aux hordes d'envahisseurs. Et c'est ainsi que l'Empire avait explosé en deux grands morceaux, et que la capitale romaine avait été mise à sac par une bande de métèques assoiffés de sang.

D'après notre professeur, il y avait beaucoup de parallèles à faire entre l'Europe d'aujourd'hui et la fin de l'Empire. Nous subissions aussi l'assaut de hordes barbares. Les dirigeants de l'Union se montraient incapables de trouver ensemble les moyens de défendre nos frontières. Certains politiciens, naïfs, irresponsables, avaient laissé entrer des millions d'étrangers dans notre pays. Et ces gens ne partageaient ni notre histoire, ni notre religion, ni nos valeurs. Un jour ou l'autre la nation en paierait le prix. Or il y avait un endroit très précis qui illustrait cette impuissance à agir, à s'entendre, à protéger les intérêts des citoyens et à défendre les frontières. Un endroit où régnaient la désunion et la cacophonie, devenu le symbole du règne de l'argent, de la corruption et des tout-puissants. Cet endroit-là, c'était précisément le Parlement européen vers lequel notre train fonçait à plus de trois cents kilomètres à l'heure. **BABEL (subst. masc. fig. et péj.)** : *Lieu rempli d'orgueil p. allus. à la tour de Babel, ou rempli de confusion.* Nos calots militaires vissés sur la tête, nous avons commencé par visiter une espèce de musée qui s'appelait l'Espace Simone-Veil. Il y avait plein d'écrans tactiles pour expliquer à quoi servait le Parlement, qui étaient les députés élus par la population, et ce qu'ils faisaient à longueur de journée – prendre le train, déménager, faire des discours, classer des papiers –, mais les trois quarts des écrans buggaient. Il y avait aussi un espace de simulation avec une table ronde et des fauteuils à roulettes pour jouer au député européen. On proposait un projet de loi en blablatant longtemps dans un micro. Ensuite on procédait au vote. C'était très ennuyeux. Finalement nous avons voté à une écrasante majorité pour l'avancement de l'heure du pique-nique, et nous avons déballé nos chips et nos sandwichs au beau milieu de l'Espace Simone-Veil. Pendant qu'on saucissonnait, M. Cathrine nous a raconté une vieille histoire du temps des Grecs anciens, comment tout avait commencé et comment, un beau jour, la princesse Europa cueillait des fleurs au bord de la mer en compagnie de ses amies les nymphes, et comment Zeus, le roi des dieux, l'avait trouvée si jolie qu'il s'était déguisé en taureau pour pouvoir l'approcher, et comment il s'était couché aux pieds d'Europa pour qu'elle puisse lui caresser le museau, et comment il avait fait semblant de dormir, et comment elle était montée sur son dos pour sentir la chaleur de son corps, et comment le taureau s'était brusquement redressé pour courir vers la mer, et comment toutes les nymphes s'étaient mises à hurler « Mais où vas-tu, Europa ! Pauvre Europa ! », et comment il avait nagé plus vite qu'un hors-bord pour s'enfuir, loin, très loin sur une île. Le taureau avait fini par monter à son tour sur le dos d'Europa, et pas qu'une fois, mais trois, pour la labourer dur et fort à la manière d'une terre fertile. Tous on écoutait notre professeur en avalant nos chips. Ma mère aussi l'écoutait. Parfois elle riait fort, faisait de grands sourires. J'avais l'impression qu'elle commençait à en avoir marre des *selfies* et des réseaux sociaux, que son métier de star lui pesait lourd, qu'elle aurait préféré rentrer dormir. M. Cathrine est reparti pour un tour pendant qu'on gobait nos œufs durs ou qu'on attaquait le dessert. Il nous a raconté comment les métèques avaient voulu nous envahir, et comment un valeureux chef de guerre les avait arrêtés net en 732, et comment un religieux et chroniqueur, quelques années plus tard, avait pour la toute première fois de l'histoire utilisé le mot *européens* pour désigner l'armée chrétienne qui avait bouté les barbares hors de nos frontières. On a remballé nos pique-niques, pleins de chips et d'histoires, puis on est passés aux toilettes en quittant l'Espace Simone-Veil. Quelqu'un y a organisé un concours de quéquettes. Un autre a dessiné une croix gammée sur la porte, juste pour rigoler. Il y a eu aussi des commentaires sur les nichons de ma mère, rien de bien méchant. Et pour la première fois depuis longtemps, j'ai pu m'approcher d'un urinoir sans que personne me réclame des photos de Laura Kaas nue. Plus tard, un eurodéputé nous a expliqué en quoi consistait son boulot. Il fallait voter « non » à toutes les propositions et essayer de se faire des copains parmi les députés des autres pays qui votaient « non » aussi. Et quand ceux qui votaient « non » seraient tous devenus copains, ils formeraient ce qu'on appelait une coalition en vue de former une majorité parlementaire, et à ce moment-là ils pourraient enfin voter « oui ». C'était ce qu'on appelait la démocratie. Tout se passait dans une immense salle ronde, avec des sièges numérotés et des micros aux airs de gros Coton-Tige noirs. C'était ici que le destin de l'Europe allait se décider une fois passées les prochaines élections. Et il a eu cette phrase un peu bizarre : « L'Europe n'est plus votre avenir mais vous êtes l'avenir de l'Europe » ; puis il a ajouté dans la foulée : « Vox Populi, ça veut dire *la voix du peuple*, n'oubliez jamais ça, les garçons. C'est votre voix à vous que nous représentons. » Alors M. Cathrine nous a demandé de remercier chaleureusement le député et tout le monde a applaudi. Dans le train du retour, on nous a donné une brique de lait chocolaté et de la brioche industrielle aux pépites de caramel. L'ambiance était plus calme et la fatigue se faisait sentir. Ma mère aussi a fini par s'endormir. Sous ses paupières il y avait de grands cernes noirs que son maquillage de star ne suffisait plus à recouvrir. Elle avait oublié ses lunettes de soleil quelque part, ce qui n'était pas si grave parce que c'était l'hiver. M. Cathrine l'a regardée tout du long sans rien dire. Le train a fini par ralentir et le contrôleur s'est mis à causer dans les haut-parleurs. Il espérait que nous avions fait bon voyage et nous rappelait de ne rien oublier à bord, faute de quoi il faudrait faire intervenir les démineurs et les chiens renifleurs. Ma mère a rouvert les yeux et mon prof d'histoire a murmuré que le ciel était d'un beau bleu azur. J'ai regardé dehors : il faisait déjà nuit. Le train est entré en gare. Ce n'est que le dimanche suivant que j'ai compris ce que Cathrine avait voulu dire avec ses histoires de ciel azur. Je m'étais levé pour préparer le sacro-saint petit déjeuner avec ma mère. J'aimais bien lui préparer son thé vert et la regarder s'éveiller tout doucement. Or ce n'est pas ma mère que j'ai trouvée dans la cuisine, mais bien mon professeur en train de se faire couler un café noir. Et je me rappelle très bien l'avoir entendu dire : « Ne fais pas de bruit, Simon, ta mère dort encore. » **SUICIDE (subst. masc. ou adj.)** *: Fait de se tuer volontairement. « Un livre est un suicide différé » (Emil Cioran). Au fig., p. exagér. Action de se nuire, de se détruire, d'anéantir quelque chose en soi. Suicide d'une nation, d'un peuple. « Le suicide ! mais c'est la force de ceux qui n'en ont plus, c'est l'espoir de ceux qui ne croient plus, c'est le sublime courage des vaincus ! » (Guy de Maupassant).* Il pleut des corps, ces temps. Une véritable averse de gens. Ce matin c'est une femme blonde qui a sauté au milieu des moutons, stoïques, blasés, ruminant leur gazon. Je l'ai vue rebondir sur les branches basses d'un pin parasol ; sa colonne vertébrale n'y aura pas résisté. J'espère que le film de sa vie n'en aura pas été trop écourté. Deux secondes de chute libre, en comptant depuis le parvis, c'est chiche. Peut-on refaire un si long chemin en si peu de temps ? Remonter loin, loin en arrière, jusqu'à l'instant du premier cri ? Peut-on rassembler les parfums de son enfance en une poignée de secondes ? L'odeur des fruits mûrs en été. Le goût si doux des confitures. Le poil duveteux du petit chat offert pour son anniversaire. Et les sensations de l'adolescence ? Les premières fois ? La première caresse. Le premier baiser. Cette allégresse qui fait courir à s'en exploser le cœur. Et le premier chagrin d'amour, l'impression, encore et toujours, que le cœur va lâcher, mais cette fois de tristesse. Et puis cet autre amour, celui qu'on offre, désintéressé, à un enfant. Que l'on regarde grandir tandis que l'on vieillit. Que l'on regarde s'éloigner pendant que l'on s'en va aussi… Quelle horreur ! Mais quelle niaiserie ! J'invente, lecteur. J'invente ! J'écris n'importe quoi. Du haut de mes presque vingt ans, je n'ai rien connu de tout ça. Je suis censé te raconter ma propre trajectoire et me voilà en train de fuir dans d'autres vies imaginaires. Faut-il vraiment fantasmer l'existence de cette blondasse qui vient de se fracasser par terre ? Est-ce bien nécessaire ? Comme si l'Aurora du père m'attirait hors de moi-même. N'est-ce pas ce qu'on appelait jadis faire de la littérature ? Écrire sa propre histoire et s'apercevoir que les mots vous ont porté ailleurs ? La bibliothécaire s'est pointée dans le quart d'heure qui a suivi la mort de la suicidaire. Est-ce qu'elle va m'interrompre chaque fois qu'un de ses anciens abonnés bascule par-dessus la rambarde ? Qu'est-ce que j'y peux, moi, si les gens, de nos jours, ont des pulsions destructrices ? « Vous la connaissiez ? », lui ai-je demandé, par pure politesse. Elle la connaissait, oui. Une habitante du quartier qui fréquentait la Bibliothèque depuis son ouverture au siècle dernier. Une enseignante à la retraite, flûtiste amateur.

Et la bibliothécaire de préciser qu'elle jouait de la flûte traversière. « Et vous ? Vous travaillez ici depuis longtemps ? » J'avais mis le doigt dans un terrible engrenage, lecteur, celui de la conversation. Elle en a esquissé un sourire, ma bibliothécaire ; elle n'attendait que ça. « Depuis longtemps, oui. Trente-cinq ans. » Son seul et unique employeur. La Grande Bibliothèque, elle y avait fait toute sa carrière. Et le 1er janvier prochain elle prendrait sa retraite. La fin d'une aventure. Enfin ce n'était peut-être pas le bon mot. Plutôt une longue et lente dégringolade. De la plus moderne bibliothèque du monde à ce monstre de béton à la moquette mitée, aux Escalators grippés. « Comme le temps passe », j'ai dit. Elle a compris qu'il valait mieux s'éclipser. C'est dur à voir, la solitude des bibliothécaires, de nos jours. Espérons qu'elle ne sera pas tentée par le grand saut, une fois la retraite entamée. Je commence presque à m'attacher, vois-tu, lecteur. Elle l'a bien senti, d'ailleurs, et n'a pas pu s'empêcher d'étirer le fil de la conversation tout en regagnant son poste à reculons : « Tout de même, vous en avez, de l'imagination… » C'est comme si elle les avait prononcés aussi, ces trois points de suspension. Comme si elle les avait dessinés dans l'air du bout de son doigt déformé par l'arthrose. De quoi elle se mêle, la bibliothécaire, avec ses histoires d'imaginaire ? Là-bas dans la « forêt », de l'autre côté du déambulatoire où la pesanteur se fait le plus sentir, on évacue le brancard de l'amatrice de flûte traversière. On y devine, sous la couverture de survie argentée, un corps désassemblé qui a dû, il y a longtemps, être harmonieux. Une fois à l'Institut médico-légal, il faudra, autant que faire se peut, le reconstituer avant de s'en débarrasser, probablement du côté du carré des indigents. Je n'y suis jamais allé. C'est un cimetière banlieusard. On dit qu'il s'étend désormais à perte de vue et rogne sur les espaces verts de la capitale. Depuis que la présidente Pereira a pris le pouvoir il y a bientôt cinq ans, il aurait même triplé de surface – la faute au nombre exponentiel de dépressifs à mettre en terre. Ils viennent d'évacuer le brancard par l'ascenseur. Tant mieux, ça devenait pénible à voir. D'autant que les mèches blondes qui dépassaient de la couverture m'induisaient en erreur. J'avais les pires difficultés du monde à en détourner le regard. Quand je l'ai vue transpercer la canopée tout à l'heure, j'ai bien cru, l'espace d'un instant, qu'il s'agissait de ma mère. J'ai pensé qu'elle avait voulu revivre sa vie d'avant, son existence de star. J'ai pensé qu'il ne lui était resté que le grand saut pour le faire, puisque les antidépresseurs et les somnifères ne parviennent plus à rafistoler son visage vieillissant dans le miroir. Peut-on décemment avoir la nostalgie d'une telle période ? De ces quelques mois, disons cette grosse année – jusqu'à l'attentat du Tricastin – où tout a déraillé. Peut-on vraiment vouloir y retourner ? Pour y faire quoi ? Les mêmes erreurs ? La même addiction aux bobards, le même abrutissement collectif ? Ma mère, oui. Ma mère, comme elle voudrait redevenir une célébrité, à n'importe quel prix ; l'égérie du peuple blanc en colère, l'incarnation sur terre du parti Vox Populi. Faire des *selfies* cent fois par jour, mettre sa vie sur les réseaux, porter des lunettes noires, même en pleine nuit, même en hiver. Après tout, pourquoi pas. Il y a tout un tas de gens qui rêveraient de revenir en arrière, de revivre le passé. Mais la machine à voyager dans le temps s'est cassée. Ou plutôt, il faut demander la permission à Dot.Com pour y accéder. Un abonnement mensuel est obligatoire pour visionner les vieux épisodes de *L&O*. Je suis sûr qu'il lui arrive de le faire, à ma mère. Elle était si belle, si lumineuse ! Le maquillage comblait les tranchées noires sous ses yeux bleus. Et les médicaments, déjà, l'aidaient à tenir. Un ange tombé du ciel avec un Sig-Sauer à la ceinture, voilà ce qu'était Laura Kaas. Pas sûr, en revanche, qu'elle revisite les images du couple qu'elle formait avec M. Cathrine. J'imagine qu'elle aura pris soin de tout effacer de sa mémoire, celle qui s'affiche sur son écran, je veux dire. Quant à moi, lecteur, je peux te le garantir, j'ai eu du rab de leçons jusqu'à la fin de l'année scolaire. Après le voyage de classe au Parlement de Strasbourg, il y a eu, en plus des heures de cours réglementaires, les sermons du dimanche matin. L'immuable rituel du café noir. Le ronronnement de la Nespresso, le gargouillis du liquide chaud qui s'écoulait dans la tasse.

La gêne. Le silence. Et ma mère qui dormait à côté, fracassée de fatigue et de célébrité, après une nuit entière à s'être fait monter dessus par mon professeur d'histoire tel le taureau défonçant Europa. Je dansais d'un pied sur l'autre sur le carrelage de la cuisine, sous le regard de Cathrine en chaussettes et caleçon. Ça le faisait un peu tomber de son piédestal. J'aurais préféré être ailleurs, à l'internat, au réfectoire. J'attendais la question censée briser la glace, emplir le fossé qui nous séparait. « Que veux-tu faire plus tard ? T'intéresses-tu aux armes à feu de collection ? », ou bien encore : « Êtes-vous pratiquants, ta mère et toi ? » S'ensuivait une homélie plus ou moins longue sur la nécessaire édification morale des adolescents de cette nation. C'est là, en général, que ma mère débarquait dans la cuisine. Cathrine lui collait la main aux fesses. Je faisais semblant de ne pas voir, plongeais le nez dans mon chocolat chaud qui ne l'était plus vraiment, tout dépendait de la longueur du sermon. Parfois j'esquissais un sourire. Comment savoir ce qu'on attend d'un gosse de onze ans en de telles circonstances ? Est-ce qu'il y aurait une interro écrite sur le sujet du jour ? *Du péril imminent d'une grande invasion... Du choc des civilisations... Des bienfaits de la colonisation... Des dangers du communautarisme... Vous prendrez soin d'argumenter en usant d'exemples concrets piochés dans la réalité historique ou contemporaine. Les réseaux sociaux constitueront une précieuse mine d'informations. Et les sites conspirationnistes. Et les forums en ligne faisant office de défouloir. Vous avez deux heures.* Et ma mère écoutait religieusement, observait le prof d'histoire prêcher et faire office de beau-père, de bon matin, un beau dimanche d'hiver, après une nuit à s'être fait prendre par-devant et par-derrière. Comment aurais-je pu comprendre à quel point ma mère était dépassée par sa soudaine célébrité, son existence solitaire, son image de justicière, par le symbole qu'elle incarnait, la somme de travail qu'on lui imposait et la violence qu'on lui infligeait, par l'espoir et l'attente insensés qu'elle suscitait chez celles et ceux qui voyaient en elle une espèce de déesse ? Comment saisir, à peine entré dans l'adolescence, que ma propre mère n'était plus qu'un mannequin de polypropylène vêtu d'un uniforme de policière, à la merci du premier beau parleur ? Je me souviens de ma mère en train de se maquiller devant la glace. Elle écarquille un peu les yeux, les souligne d'un trait noir. Elle doit se rendre à une soirée. Dans sa chambre, sur son lit, une robe longue ajourée de dentelle, d'un beau bleu roi. Il y aura un tapis rouge, des photographes, des marches à gravir. Il faudra penser à la faire ressortir, cette longue jambe blanche fendant la soie, perchée sur un talon sans fin. Le professeur d'histoire s'approche par-derrière, l'enlace, la fixe par l'intermédiaire du miroir. Ils sont tous deux dans la salle de bains. Il la caresse. La colle. Lui glisse des mots poisseux à l'oreille. Elle glousse. Frétille. Il a laissé la porte entrouverte. J'entends ce qu'il lui dit. Qu'elle est sublime. Une véritable statue grecque. Elle sera la star de la soirée. Il lui tripote toujours les fesses. « Attends, non, pas devant le gosse. » Je fais semblant de ne rien voir, de ne pas entendre. Je suis devenu un élément gênant dans la vie de ma mère. Je lui suis juste utile sur les réseaux. Elle a un fils. C'est une mère accomplie en plus d'être une magnifique actrice. Il faut simplement veiller à me flouter la gueule. C'est dans mon propre intérêt, déclare la production. Et pour que je reste à ma place. Je suis un préadolescent sans visage. Une image passant sur des écrans. Je me réduis à ma fonction d'enfant de star. Mon professeur d'histoire malaxe toujours ma mère comme une pâte à croissant. Elle le repousse, d'abord doucement, ensuite plus fermement. Cathrine soupire. La fixe encore dans le miroir. « Tu as une ride ici. – Ah bon ? Où ça ? – Ici, là, c'est une ride d'expression, il n'y a rien à faire, d'ici deux ans tu seras devenue une véritable antiquité, ma chère. Et je m'y connais en la matière. » Ma mère soupire, essaie d'en rire sans y parvenir, retourne à son eye-liner. Le voilà qui sort de la salle de bains. Le prof d'histoire me lance un regard qui se voudrait complice. J'aimerais mieux être à l'internat, retrouver les autres autour de l'urinoir. Ces bombonnes à hormones, qui me parlent sans cesse de ma mère, de ses seins, de son berlingot blond. Bien entendu la star et le professeur se sont fait repérer dans la rue par les paparazzis amateurs. Les lunettes noires de ma mère ne font qu'attirer davantage les regards, c'est à se demander si ce n'est pas volontaire. Désormais, quand on pose la question *Laura Kaas, compagnon ?* à l'assistant vocal, c'est la photo de Cathrine qui sort – mon père n'apparaît nulle part –, accompagnée d'informations, d'abord clairsemées, puis de plus en plus denses au fil des mois qui passent : *Enseignant et essayiste spécialisé dans la vulgarisation historique et les événements du* XX*e siècle. Professeur en collège, il se fait connaître par ses méthodes d'apprentissage audacieuses tout en publiant des ouvrages à l'intention de la jeunesse. Il adopte par la suite des positions plus polémiques dans les médias, critiquant les programmes scolaires et plus précisément l'enseignement de l'histoire dans le secondaire. Il dénonce les visions culpabilisantes du passé et ce qu'il appelle « la criminalisation de l'histoire nationale ». […] Il devient le compagnon de l'actrice Laura Kaas, qui incarne durant une saison le commandant Valeira dans la série* La Loi et l'ordre. *Occupant par la suite le poste de chroniqueur historique sur diverses chaînes appartenant au groupe Dot.Com, il devient conseiller spécial de la ministre de l'Éducation nationale Valentine Pereira. Il contribue à la réforme des programmes scolaires d'histoire au collège et au lycée. C'est également lui qui met en place les modules d'introduction à l'histoire nationale dès l'école primaire. Il est soutien officiel de Valentine*

Pereira lors de la campagne présidentielle aboutissant à sa victoire. Je sais, lecteur, je prends un peu d'avance sur mon histoire. Je me mélange les pinceaux entre les temps et les conjugaisons. Attends un peu que je revienne en arrière. Je me souviens aussi d'un cours, ce devait être celui du mardi après la récréation de dix heures. M. Cathrine nous racontait l'histoire de notre premier roi chrétien, et comment il avait fendu le crâne à un soldat qui voulait lui piquer un super vase en or. Le professeur avait dessiné au tableau l'arme dont le souverain s'était servi pour trucider le voleur. Il en avait même inscrit le nom à la craie rouge : *FRANCISQUE !* Moi j'avais levé le doigt, un peu pour faire mon intéressant, et expliqué comment mon père avait découvert un camp de la dernière guerre entre le fleuve et la mer, et comment il s'était mis à faire des trous dans la terre avec son *bâton de pèlerin*, et comment il y avait trouvé un sifflet avec la même hache à deux lames gravée dessus. La même, lecteur. Avec les petites étoiles sur le manche. Cathrine m'avait demandé si je me souvenais de l'endroit où mon père menait ses fouilles. Bien sûr que je m'en souvenais, c'était un tout petit bled du nom de Saliers, même que mon père y avait une cabane de gardian pour partir en *villégiature*, comme disait toujours ma mère avec un petit sourire. Alors M. Cathrine avait noté quelque chose sur son carnet. Mon anecdote était intéressante, avait-il dit, mais hors sujet. Il était passé au chapitre suivant. Moi j'avais baissé la main. Et pour la première fois depuis le début de l'année scolaire, je m'étais désintéressé du cours d'histoire, laissant ma pensée vagabonder hors de la classe. Est-ce vraiment ce jour-là, à cet instant précis, que m'est venue l'idée de tout foutre en l'air ? Encore aujourd'hui, je ne saurais t'expliquer ce qui m'a pris, lecteur. C'est un peu l'histoire de ma vie, celle d'un ado aux traits floutés qui ne pense jamais aux conséquences. Malgré mon air de ouistiti, je dois avoir la fibre destructrice, l'obsession du saccage, à grands coups de hache à deux tranchants. Audrey et moi, nous nous sommes bien trouvés ; nous formons un réservoir de colère hautement explosif. Une fois en ligne, nous ne sommes bons qu'à déclencher des réactions en chaîne et à attiser la haine. Il faudra que je lui raconte, un jour – mais elle est au courant, c'est sûr – mes grands débuts chez les trolls et le mauvais tour que je leur ai joué, à M. Cathrine et à ma mère. J'avais onze ans, j'étais en sixième. À force de fréquenter Laura Kaas, de l'accompagner dans les soirées, de se faire photographier au bras de la blonde incendiaire, il s'était fait repérer, le petit professeur. Dès qu'il fallait causer histoire devant une caméra, relier l'actualité à des événements passés, c'était toujours lui qu'on finissait par inviter. L'Antiquité grecque, les cathédrales, la Première Guerre mondiale ou la Révolution nationale, Cathrine avait toujours son mot à dire, en donnant l'impression de nous lire un bon roman. Tout à coup les gens s'intéressaient à l'histoire, comme s'il avait fait classe devant la nation entière. Et quand, chaque vendredi soir, je rentrais dormir chez ma mère, c'était pour y retrouver non plus une seule mais deux petites stars. Qu'est-ce que tu aurais fait, toi, lecteur ? Ayant lu tout ce que je viens d'écrire, planqué derrière ma pile de dictionnaires, sous le regard de cette vieille chouette de bibliothécaire, sachant tout ce qu'il faut savoir sur mon père, sur ma mère, sur mon prof d'histoire, mes camarades de classe et ma situation particulière lorsque j'allais pisser au bout du couloir, je te le demande en toute sincérité, lecteur : à ma place, qu'est-ce que tu aurais fait ? Personne ne peut résister à l'appel des réseaux. Tôt ou tard, ils vous transforment en disque dur, en mémoire vive, en capteur haute définition. J'ai commis la chose un dimanche de bonne heure. Je me suis levé pour préparer le petit déjeuner. Je me demandais quel serait le sujet du sermon du jour, s'il porterait sur l'histoire, la morale, la religion, ou sur les fusils semi-automatiques utilisés au siècle dernier par nos parachutistes durant les événements d'Afrique du Nord. J'ai branché la Nespresso pour Cathrine, rempli la bouilloire pour ma mère ; j'ai inséré la capsule de *ristretto* dans la machine, saupoudré le fond de la tasse de thé vert ; j'ai sorti les confitures du frigidaire et les biscottes bio du placard, disposé sur la table trois assiettes et trois paires de couverts. Ensuite je me suis dirigé vers la chambre de ma mère. Des petits coups secs se répercutaient contre les murs, de plus en plus rapides, de plus en plus forts. J'ai entrouvert la porte. Deux centimètres à peine, juste de quoi passer l'objectif du portable dans l'embrasure. **VOYEUR, -EUSE (subst.)** : *Personne qui aime regarder, observer les choses, les gens. Péj. Personne qui se plaît à découvrir des choses intimes, cachées, qui est d'une curiosité malsaine. Personne, généralement un homme, qui tire son plaisir de la vue de la nudité, des fonctions excrétoires, des rapports sexuels d'autrui. « Il m'a montré son système pour regarder par les gogues, pour voir les gonzesses pisser, sur notre palier même, deux trous dans le montant de la porte [...]. Il était voyeur par instinct » (Louis-Ferdinand Céline). Par ext. Voyeurisme, subst. masc. : Voyeurisme moderne. Qualification donnée au monde contemporain qui se complaît dans la représentation graphique dans toutes ses formes [...] et donne ainsi priorité à l'expression imagée sur l'expression écrite, qui fait plus appel à l'impression superficielle passive et dépersonnalisante qu'à la réflexion profonde et active.* J'ai lâché ça sur les réseaux, lecteur. Laura Kaas et M. Cathrine. Ils sont sortis de la chambre une heure plus tard, imbibés des odeurs de l'amour, encore inconscients des dégâts que ma bombe à fragmentation commençait à faire. Nous avons pris le petit déjeuner dans la bonne humeur. J'ai eu droit au laïus du jour : ironie du sort, il s'agissait des méfaits de la pornographie sur la jeunesse. Et, tandis que ma mère buvait son thé vert, du sperme plein les fesses, et que mon professeur sirotait son *ristretto*, je me répétais en douce, comme une ritournelle : « Si tu savais, Cathrine ; Cathrine, si tu savais… » **SEXTAPE (anglic.)** : *Vidéo érotique ou pornographique amateure destinée à un visionnage privé et souvent faite par des célébrités qui en sont les protagonistes.* Le lendemain matin, de retour au collège, j'ai constaté les effets d'une longue nuit d'insomnie sur mes camarades de classe. Yeux cernés, paupières papillotantes, absences répétées, troubles de la concentration, agitation, nervosité, excitation, irritabilité, agressivité… Évidemment je me suis fait coincer dans les toilettes. Toujours les mêmes interrogations posées par des garçons aux sexes endoloris par la masturbation. Est-ce que c'était vraiment Laura Kaas et M. Cathrine ? Et l'auteur de la vidéo, c'était qui ? Réponds, Simon. Réponds à la question. Voici enfin venue ton heure de gloire. Est-ce que c'est vraiment toi derrière ce pseudo à la con : *Blurry Face* ? Oui c'est bien moi, les gars. Voyez. La vidéo est là, au creux de ma main. C'est ce petit écran, cette petite caméra, qui a filmé leurs ébats. N'est-ce pas ce que vous me demandiez depuis des mois ? Le con de ma mère, avec en prime la queue du prof d'histoire. Un long silence a suivi ma réponse. Un robinet gouttait quelque part. La plomberie de l'internat date du siècle dernier. Et soudain, venues du fond de la pièce, deux mains ont battu la cadence, bientôt suivies d'une autre paire, là-bas dehors, dans le couloir, puis une autre, et une autre encore… Le bruit se répandait comme une averse, inondait les murs, dégoulinait sur le carrelage. Longue, intense, délicieuse salve d'applaudissements. Ils étaient cinquante, cent, qui sait, peut-être même mille adolescents aux yeux cernés qui me remerciaient pour tout le plaisir que je leur avais donné. Voilà comment on gagne le respect de tout un établissement scolaire, lecteur : il suffit de mettre à disposition de la terre entière une vidéo porno de sa mère. La terre entière, oui. Parce que, bien entendu, les répercussions de mon petit film amateur n'en sont pas restées aux étroites frontières de l'internat. Étant donné la célébrité de ma mère et la réputation naissante de mon prof d'histoire, leur partie de jambes en l'air s'est mise à ricocher sans fin parmi la vaste communauté d'accros à *L&O*. C'est drôle, parfois, l'écrasante supériorité de la vérité sur le mensonge. Un jour il faudra que j'en discute avec Audrey. Parce que des vidéos cochonnes de ma mère, il y en avait partout, depuis des mois. Des trucs plus ou moins bien fichus. Son visage et sa blondeur plus ou moins bien incrustés sur le corps nu d'une starlette aux seins farcis de silicone, en pleine partouze, cernée par une armée de bites au garde-à-vous, noires pour la plupart. Succès garanti. Même si tout le monde savait qu'il s'agissait de *fakes* grossiers. Puis, par un beau dimanche matin, une vidéo paraît, postée par un certain *Blurry Face* (inconnu au bataillon), mal filmée, mal cadrée, mal éclairée, où l'on devine les deux protagonistes plus qu'on ne les voit, et cette vidéo-là d'à peine quarante-huit secondes se répand comme le plus foudroyant des virus. En moins de deux jours, plus de huit millions de vues. Et qu'est-ce qui fait la différence ? L'authenticité. C'est elle, à n'en point douter, c'est Laura Kaas. Et même s'il n'y a pas grand-chose à regarder, l'essentiel n'est pas là. Ce qui rend fou d'excitation, ce n'est pas la chair mise à nu ou les cris d'animaux, c'est le parfum de scandale. Elle est bien là, la véritable obscénité. J'ai passé ma semaine à guetter les multiples répliques du séisme dominical. Les fans de la série hurlaient au blasphème. Leur déesse Laura Kaas, garante de l'ordre, de la moralité publique et de la pureté de la race, s'affichait à poil et en pleine action. Chacun y allait de son petit prêche, de son petit sermon. Pour la première fois je comprenais que le succès de ma mère avait fait d'elle une marchandise qu'on s'échangeait de main en main, de cerveau en cerveau ; qu'elle était la propriété de tous. Elle ne pouvait se donner à un seul homme. L'idée même était inconcevable, puisque Laura Kaas était un objet de fantasme collectif. Elle se faisait traiter de sale pute à nègres dans une bonne part des commentaires. Et pendant ce temps, Cathrine, imperturbable, continuait de nous farcir la tête d'histoires guerrières, feignant d'ignorer les murmures, les gloussements, les regards de travers. Il nous faisait la classe, le professeur, sans un regard pour moi. J'étais devenu transparent, ce qui, me soufflait mon instinct, n'annonçait rien de bon. Je suis retourné chez ma mère le vendredi suivant vers dix-huit heures. Elle m'attendait dans la cuisine en compagnie du professeur, son amant, mon beau-père. Aussitôt Cathrine me demande de m'asseoir. C'est donc là, entre le lave-vaisselle et le réfrigérateur, tandis que Laura Kaas, absente, regarde par la fenêtre, que se tiendra le procès. Il se résume à l'acte d'accusation et à la sentence, puisque ma culpabilité ne fait pas le moindre doute. Je fixe les lacets de mes chaussures. Que dire ? Je suis d'accord avec tout ce qu'assène le procureur. Je me suis mal conduit. J'ai péché. J'ai trahi. Je me suis comporté comme Judas. Le pire, c'est que je n'ai rien à déclarer pour ma défense. Surtout, je redoute qu'on me pose la question : *pourquoi as-tu fait ça, Simon ?* Bien malin qui saurait répondre. Je ne le sais pas moi-même. Je n'ai pas la moindre explication. La faute à mes camarades de classe ? À la pression exercée pendant des mois dans ces satanés gogues pour leur livrer le corps de Laura Kaas ? Non, ce n'est pas ça, monsieur le procureur. Quoi alors ? La vengeance d'un fils qui se sent délaissé par sa mère ? Non plus, non. Quoi encore ? L'irruption du prof d'histoire dans le lit de sa mère ? Une forme de jalousie ? Une tentative désespérée pour défendre l'honneur du père, coincé là-bas dans sa folie, entre le fleuve et la mer ? Non, non, toujours pas. Alors quoi, Simon ? Pourquoi avoir filmé ta mère en train de s'envoyer en l'air ? Je l'ignore, monsieur le procureur. C'était plus fort que moi, comme si quelqu'un m'avait pris par la main. Une question de vie ou de mort. Il me fallait tout partager. Voir ce qui allait se passer. Par curiosité. Par envie de tout casser, de broyer, de détruire. De l'autre côté de la table, Laura Kaas pleure. Elle fixe un point à l'extérieur, je me demande bien quoi. C'est comme si je la regardais à travers une vitre blindée. Si je me précipite vers elle pour la serrer très fort, je me fracasserai dessus. Le sang coulera, de mon front, de ma lèvre, de mon nez, tous les endroits où ma mère, jadis, à l'heure du coucher, aimait m'embrasser. Alors je reste assis, paralysé. J'écoute le procureur décider de mon sort, asséner sa sentence. Des bribes me parviennent. L'année scolaire s'achève dans quelques semaines. Cet été, je pars en camp – ai-je bien entendu ? – *de redressement*. M. Cathrine connaît une bonne adresse. Il y aura du soleil et de la chaleur à coup sûr. Beaucoup d'activités physiques aussi. Tout se passera dans le Sud, en bord de mer. Tu n'auras pas à te plaindre, Simon, de tes conditions – ai-je bien compris ? – *de détention*. Tu verras, tu y prendras goût. Tu en ressortiras plus fort, physiquement, moralement. C'est un service que nous te rendons, moi et ta mère. Tu n'es pas entièrement responsable de ce qui se passe. Avec un père pareil il fallait s'y attendre. Mais il n'est jamais trop tard pour parfaire une éducation. La jeunesse a cette belle qualité : la malléabilité. Et toi, Simon, tu possèdes cette qualité. Et à la fin, fils, tu viendras nous remercier. Je fixe toujours ma mère derrière sa vitre de verre. Les larmes coulent sur ses joues. Je me demande ce qu'elle a pu éprouver en se voyant ainsi exhibée. Vendue. Trahie par son fils. Son silence est une forteresse. Elle veut allumer une cigarette mais le professeur l'en dissuade. Ce n'est pas bon pour sa santé. Cathrine lui prend la main, la lui caresse. « Laura et moi pensons qu'à partir de maintenant tu pourrais m'appeler papa. Qu'est-ce que tu en penses, Simon ? Veux-tu y réfléchir ? » **MILICE (subst. fém.)** *: Du Moyen Âge au XVIIIe, troupe levée dans les villes ou les paroisses pour renforcer l'armée régulière. Dans son acception moderne, organisation paramilitaire constituant l'élément de base de certains partis totalitaires ou de certaines dictatures.* Tu peux me croire, lecteur, cet été-là, je ne suis pas près de l'oublier. L'idée de mon beau-père était de me faire expier cette faute qui resterait à jamais gravée dans l'imaginaire des spectateurs, consultable à l'envi ; il suffisait de chercher sur les moteurs. Ma mère avait payé très cher un spécialiste des historiques en ligne pour tout effacer. C'était de l'argent foutu en l'air. La mémoire n'oublie jamais. La sextape de Laura Kaas resurgissait toujours des profondeurs. Au moins pouvait-on s'assurer que son auteur *Blurry Face* s'en tienne à son coup d'essai. L'association chargée par M. Cathrine de cette mission s'appelait la SNHM : la Société nationale d'histoire militaire. Son but, inscrit dans ses statuts, au *Journal officiel* et sur l'écusson que ses membres arboraient fièrement à la poitrine, était de restaurer la fierté nationale et notre foi à tous dans le glorieux passé. Dans les faits, la SNHM organisait durant ses camps d'été un tas d'activités autour de la notion de mémoire. Plusieurs expéditions avaient été lancées depuis la création de l'association pour retrouver les traces de soldats morts pour la nation. Leurs dépouilles et leurs affaires – vêtements, chaussures, morceaux d'armure ou d'uniforme, lames d'épées, canons de fusils bouffés par la rouille –, tout était bon à excaver. L'essentiel était de pouvoir convertir le trou pratiqué dans la terre en cénotaphe d'un patriote mort à la guerre. L'association organisait des festivals mémoriels au cours desquels des reconstitutions de grandes batailles mobilisaient des centaines de figurants en uniforme. Un programme baptisé *Nous n'oublierons jamais* transbahutait des classes entières, accompagnées de leur professeur d'histoire, sur les traces de ces aînés qui s'étaient sacrifiés pour rejeter l'envahisseur à la mer. Un autre grand projet, intitulé *Lieux de mémoire*, recensait tous les sites mis au jour et fouillés par la SNHM. La page d'accueil du site représentait une immense carte constellée de points rouges ; chacun de ces points désignait une zone d'excavation, c'est-à-dire un ou plusieurs morts, témoins d'une nation fière de son passé, irréprochable, exemplaire. Mais la principale activité de la société restait l'inauguration de monuments à la mémoire de nos anciens. J'avais moi-même pris part à des rassemblements de la SNHM sans le savoir, tout au long de l'année scolaire, en compagnie de mes camarades de sixième, sous la houlette de notre professeur. M. Cathrine en était l'un des membres fondateurs. Sous son impulsion, la SNHM posait des plaques mémorielles en quantités industrielles, fixant ainsi sur nos murs son interprétation de l'histoire. Elle dépensait presque autant de temps, de moyens et d'énergie à dévisser, desceller, déboulonner les visions alternatives du passé. Et quand le saccage d'un monument concurrent se faisait sous les yeux de celles et ceux qui venaient de le dévoiler, l'échange d'opinions et d'idées pouvait tourner à la confrontation musclée. D'où la nécessité, pour chaque adolescent membre de la SNHM, de se former à la castagne. Imagine ma terreur, lecteur, en arrivant au camp d'été. La terreur, je te dis. Celle qui m'a pris en constatant que j'étais le plus gringalet, le plus freluquet d'entre tous. L'avorton de service, le bouc émissaire idéal. Nous logions dans un village-vacances, une dizaine de bungalows couplés à un bâtiment central faisant office de réfectoire et de salle de jeux pour le soir. La nuit, je dormais coincé entre les lits de quatre individus ronflant comme pas possible, surnommés *Dragon Noir*, *Barbarossa*, *Ludwig Van* et *l'As des As*. Nous avions l'âge des poses arrogantes et des fiertés imbéciles, accompagnées du désir effréné d'asservir et d'humilier. En somme, c'était le grand retour du bizutage de rentrée. Très vite, je me suis vu rebaptisé. Je n'étais plus Simon mais *La Tapette*, du lever au coucher. Le réveil se faisait au son du clairon cher à Cathrine, suivi d'un bref footing à jeun entrecoupé d'exercices de renfort musculaire. Ensuite il fallait profiter de la fraîcheur matinale pour creuser la terre. Tu as bien lu, lecteur : *creuser la terre*, oui, comme mon père. Près d'un siècle plus tôt, une escouade de militaires avait eu l'idée bizarre de débarquer sur une plage voisine pour libérer le pays. Alors on nous forçait à trifouiller le sable à l'aide de sondes artisanales pour y trouver tantôt une vieille godasse, tantôt un lambeau de cartouchière. Ces trésors de guerre feraient l'objet d'une grande exposition dans un lycée du coin. En début d'après-midi, on nous faisait revisiter les programmes d'histoire. Pour ma part, j'avais été à bonne école. Le chevalier sans peur et sans reproche du professeur Cathrine avait donné le ton dès le premier jour. À seize heures on ressortait faire du sport. C'est là que ça se compliquait. On nous formait aux techniques commando comme on peut voir dans les films de guerre. Ramper, sauter, courir. Mes camarades se battaient littéralement pour m'avoir comme partenaire. J'étais la preuve vivante qu'il ne faut jamais désespérer, qu'on trouve toujours un plus fragile, un plus petit que soi pour le piétiner avec délectation. Ensuite, nous disposions d'une heure pour aller piquer une tête dans la mer. Au programme, compétitions de natation, d'apnée et autres jeux virils. Je préférais me mettre en retrait sur le sable brûlant. J'en attrapais des insolations à répétition. Souvent mes compagnons finissaient par rejouer le débarquement dans un bunker de la Seconde Guerre situé en bout de plage, un gros morceau de béton tout tagué qui empestait l'urine et la bière. Je jugeais plus prudent de m'éclipser, histoire de ne pas servir d'otage, d'ennemi ou d'envahisseur. Retour aux bungalows pour la douche. J'attendais sur mon lit, à l'écart, qu'ils en aient terminé tous. Il ne restait plus une goutte d'eau chaude quand mon tour arrivait, mais c'était sans importance. Sous ces chaleurs caniculaires, l'eau glacée apaisait les douleurs, diluait les hématomes virant enfin du noir au marron clair. Après le dîner, nous nous rendions dans la salle de cinéma jouxtant le réfectoire, avec ses sièges pliants en bois et ses tentures de velours décolorées par la poussière. Nous nous y retrouvions pour y scander en chœur « Si tu crois en ton destin », « La prière du para » ou « Adieu vieille Europe ». Il ne manquait qu'un peu de place dans l'allée centrale pour défiler au pas cadencé. Les voix fluettes des plus jeunes se mêlaient aux voix de stentor des garçons plus âgés. Alors, sur l'écran gris tombé du plafond, déchiré par endroits, paraissait une vieillerie du siècle dernier, un film de guerre fatigué à force d'avoir été passé et repassé ; l'histoire d'un soldat un peu paumé qui devait assassiner un général aux méthodes trop musclées. L'histoire se déroulait chez les métèques aux yeux bridés, au bout d'une rivière sauvage, au fin fond d'une jungle. La scène centrale mettait mes collègues de régiment en ébullition. Après s'être chauffé la voix en braillant « Le boudin » ou « »Debout les paras », ils n'avaient plus aucune difficulté à entonner Wagner pendant la fameuse charge d'hélicoptères suivie d'un tas d'explosions spectaculaires. Et quand, à la fin, le soldat mal dans sa peau finissait par égorger son propre général, il se faisait insulter par toute la salle. Parce que le vrai héros du film, à l'évidence, c'était l'officier à la tête en boule de billard, que certains accusaient d'être fou mais qui avait tout compris à l'art de faire la guerre. Pas de quartier pour l'ennemi, voilà à quoi se résumait sa philosophie. Dans la vie, il faut savoir se faire respecter. C'était le message que nos encadrants de la SNHM cherchaient à nous inculquer en nous repassant le film en boucle. Nous en connaissions les répliques par cœur. Comme, par exemple, quand le colonel au Stetson, torse nu sur la plage, disait que ce qu'il préférait dans la vie, c'était « l'odeur du napalm au petit matin ». Moi je profitais du noir pour me terrer quelque part, au dernier rang ou ailleurs, et me faire oublier pendant deux ou trois heures. La lumière revenait vers minuit ; je sentais que le film avait chargé mes camarades d'une agressivité nouvelle. J'allais encore servir de défouloir. Ils me traiteraient de tous les noms dégradants glanés au fil des dialogues mal doublés, comme d'autres vident leurs ordures à la nuit tombée. C'était comme ça tous les soirs, sauf le samedi. Car le samedi marquait le grand retour de François et ses Françettes. Un type entre deux âges, en pantalon pattes d'eph et col pelle à tarte, chantait en play-back sur une bande-son datant d'un demi-siècle. Le plus intéressant n'était pas le clown peroxydé qui se trémoussait sur scène, mais les trois filles en talons aiguilles et bikinis argentés qui se faisaient traiter de putes à métèque par trois douzaines d'apprentis soldats déchaînés. Le grand défouloir du week-end sur fond de « Magnolias», d'« Alexandrie Alexandra». Sitôt le spectacle terminé et le silence revenu dans la salle se posait la question de l'évacuation des hormones mâles. Chacun – que ce soit Ludwig Van, l'As des As, Dragon Noir ou Barbarossa – était pressé d'aller se soulager sous ses draps en pensant aux Françettes. Qu'est-ce qui peut bien expliquer, alors, la flambée du dernier soir ? Je me le demande encore. Je le perçois d'emblée quand François et ses danseuses s'éclipsent en coulisses : la tension est inhabituelle, un cran au-dessus de tous les autres soirs. Ils sortent à la file et en silence, les apprentis guerriers. Je suis, quelques pas en arrière. Il est minuit passé. Ils marchent, poings serrés dans les poches, sur le chemin qui les ramène aux bungalows. Les nuques sont raides, les dos durs comme la pierre. Ils sont perdus dans leurs pensées. En rentrant, chacun évite d'allumer la lumière, histoire de ne pas attirer les moustiques qui pullulent à cette heure. Lequel des quatre a l'idée saugrenue ? Je ne me souviens plus. C'est comme s'ils se confondaient dans l'obscurité. Ludwig Van, Dragon Noir, l'As des As et Barbarossa. Leurs voix et leurs odeurs, mélange de transpiration et de déodorant bon marché. « Tu vas danser pour nous, la Tapette. Tu vas monter sur la table et tu vas te trémousser comme une petite salope à nègre. » Rire nerveux de ma part. Sinon, quoi leur opposer ? Quelle défense ? Je suis si pauvre en la matière ! Je me glisse sous les draps brûlants. La silhouette ne lâche pas l'affaire, fouille la poche de son treillis. « Debout la Tapette. Tiens. Enfile ça. » Deux morceaux de tissu atterrissent sur mon lit. Le bikini d'une des Françettes. Les paillettes scintillent dans la pénombre. Les trois autres ont mordu à l'hameçon. L'un d'eux vient flairer le sous-vêtement comme un chien de chasse. « Ça sent la moule pas fraîche, les gars. » Gloussements de dindons. Le fétichiste de service explique qu'il s'est glissé en douce dans les coulisses pendant que les filles dansaient. Il l'a trouvé dans un sac, le bikini de rechange. Nouveaux gloussements. Je pourrais presque me joindre à eux, feindre de rire moi aussi, si ce n'était cette idée fixe qu'ils partagent désormais : « Allez la Tapette, tu nous enfiles ça et tu nous fais une petite danse. Faut qu'on s'amuse un peu. Demain on part à la guerre. » Alors je m'exécute. Tu as bien lu, lecteur : *je m'exécute*. Nulle fuite, nulle résistance possibles. Ils sont quatre et je suis seul. Et quand bien même il n'y aurait qu'un bourreau solitaire pour violenter mon corps, je le lui livrerais aussi sûrement qu'à une armée entière. À quoi bon se raconter des histoires ? Toute ma vie j'ai été un loser. Je n'ai jamais rien gagné, pas le moindre prix, pas la moindre victoire, pas même l'estime de mon père durant nos courses en mer. Tendre l'autre joue, faire profil bas en attendant que ça passe ; crois-moi, lecteur, dans un moment pareil il n'y a rien d'autre à faire. Je sors de sous les draps, quitte mon pyjama, enfile le maillot argenté qui, ironie du sort, me va comme un gant. Les autres ne rient plus. Ils me regardent, bouche bée. L'un d'eux m'aide à monter sur la table. Il y met presque de la galanterie. Ils se mettent à chanter, doucement, pour ne pas attirer l'attention des encadrants. *Les commandos partent pour l'aventure. Soleil couchant les salue. Chez l'ennemi la nuit sera très dure. Pour ceux qui pillent et qui tuent.* Je me trémousse comme je peux dans la lueur des torches de téléphone. Je suis un jouet à la merci de quatre garçons dont les dernières barrières morales sont en train de lâcher. Ils ont fini de chanter. Je prends l'initiative de regagner le carrelage chauffé à blanc. Jusqu'ici je n'ai commis aucune erreur. Je vois leurs yeux briller dans l'obscurité. J'esquisse un geste pour ôter le soutien-gorge argenté – il faut défaire l'agrafe située dans le dos, ce qui implique quelques contorsions supplémentaires. Soudain ils sortent de leur torpeur. Je ne suis pas une Françette, ils viennent de s'en apercevoir et ils m'en veulent à mort. Ou bien, autre possibilité, ma petite danse les a émoustillés, ce qui leur est insupportable. Ils me tombent à quatre dessus, me jettent à plat ventre sur le lit. Impossible de savoir qui tient quoi et qui cogne où. Les claques, les coups, je connais ça par cœur. Quelques hématomes de plus ou de moins… Alors je me laisse faire. Je deviens sac de sable. J'encaisse. Jusqu'au moment où intervient la nouveauté. Des mains maladroites, affairées, tirent le slip argenté vers le bas. Ils ne savent pas comment faire, déchiffrent un mode d'emploi rédigé dans une langue étrangère. Puis la douleur immense, comme un éclair de feu qui me déchire les fesses. L'objet est froid et dur. Je cède à la panique et la douleur redouble d'intensité. Jusqu'au cri suraigu qui perce l'obscurité et le silence. Est-il vraiment sorti de mon corps ? Suis-je, moi, Simon, capable d'une telle puissance ? Dragon Noir, Ludwig Van, Barbarossa et l'As des As désertent aussitôt le lit de l'agression, se réfugient sur leur matelas. Quelques instants plus tard, le halo d'une torche balaie la pièce. « Qu'est-ce qui se passe, ici ? Qui c'est qui gueule comme un pourceau ? » Silence. Je me recroqueville en position fœtale. Le halo m'atteint en pleine face. « C'est toi qui beugles comme ça, Vartanian ? » Je fixe la lumière blanche, impossible d'en détourner les yeux. L'animal pris dans les phares. « Allez au dodo, les garçons. Demain réveil à six heures. On a de la route à faire. » Je porte toujours le soutien-gorge argenté. Aucune importance. Mon corps ne m'appartient plus. Je dois lui dire de respirer. Inspiration, expiration, je dois lui donner l'ordre de le faire, sinon je meurs. **RÉVISIONNISME (subst. masc.)** *: Remise en question de faits appartenant à l'histoire.* Réveil à l'aube au son du clairon. Mes voisins de chambrée ont sauté du lit. Leurs regards m'ont transpercé sans me voir. Je me suis retrouvé seul dans le bungalow après leur départ pour le réfectoire. Mon corps ne voulait pas m'obéir : *Lève-toi, Simon. Fais, toi aussi, comme si de rien n'était. Pour toi non plus il ne s'est rien passé. Cette douleur entre tes fesses n'existe pas. Il ne t'est rien arrivé la nuit dernière, tu as dormi comme une masse.* Était-ce le même encadrant qu'hier soir dans l'embrasure ? « La Tapette refuse de se lever », c'est ce que les autres lui avaient dit. « Allez debout, feignasse ! Tire-au-flanc ! Trouillard ! » Le voilà qui soulevait mes draps, qui s'arrêtait un instant sur le matelas souillé de merde et de sang, qui détournait le regard. « Allez hop, à la douche ! » Un quart d'heure plus tard, l'encadrant me fourrait, le ventre vide, dans l'un des trois minibus garés devant le village-vacances. La troupe était sur le départ, vêtue de treillis noirs, coiffée de casquettes noires. J'avais du mal à m'asseoir. J'essayais de repérer Dragon Noir, Barbarossa, Ludwig Van, l'As des As. Ils étaient nécessairement du voyage, peut-être dans un autre minibus ? Nous avons longé la côte vers l'ouest. Je me concentrais sur le paysage. La mer couleur émeraude. Il était encore très tôt mais il faisait déjà chaud. Les plages étaient vides. Ils seraient là dans une grosse heure, les estivants, avec leur canot pneumatique, leur parasol et leur maillot à rayures ou à fleurs. Ils se tartineraient de crème solaire, liraient la presse populaire, tripoteraient leur smartphone, déballeraient leur jambon-beurre sur les coups de onze heures. Dans le temps, je m'étais baigné dans la Grande Bleue, moi aussi, et pas très loin d'ici. J'avais failli m'y noyer sous les yeux de mes parents. Depuis, j'évitais l'eau salée. Il n'y avait rien de bon à y trouver, sinon la sensation de froid et d'étouffement. Nous avons quitté la côte et obliqué vers l'intérieur, suivant une succession de longues lignes droites autoroutières. Nous roulions en silence. Mes compagnons de voyage, le regard dur, fixaient le bitume encore chaud de la veille, comptaient les lignes blanches discontinues qui défilaient sous nos roues. À l'évidence, ils connaissaient notre destination, savaient ce que nous allions y faire. Moi je n'en avais pas la moindre idée. Depuis trois semaines j'arrivais en retard à tous les repas, à tous les cours, à toutes les réunions du soir. La seule chose que je savais, c'était que les coffres des minibus débordaient de barres de fer, de marteaux, de battes de base-ball. Nous sommes passés au-dessus d'un long serpent d'eau. Une fois redescendu du pont, c'est la platitude absolue du pays qui m'a alerté. La succession de champs, de canaux d'irrigation et de bosquets insignifiants. Le monde n'était plus qu'une immense planche déclinant en pente douce vers la mer, incapable d'accrocher les souvenirs ou le regard. Cette constance insensée à ne pas laisser le moindre relief, le moindre monticule jaillir de terre, je la connaissais par cœur. Il n'y avait qu'un seul endroit au monde pour s'offrir tout entier au pilon du soleil et au souffle du vent, c'était le pays de mon père, entre le fleuve et la mer. La route, en revanche, ne faisait que rétrécir, d'autoroute en nationale, de nationale en départementale. Au sortir d'un hameau, après avoir roulé entre les rizières, les minibus se sont garés à hauteur d'un canal d'évacuation des eaux. Je suis descendu le dernier. Là-bas devant, j'ai repéré mes quatre tortionnaires. La douleur s'est réveillée. On nous a distribué à chacun tantôt une batte, tantôt un manche de pioche. J'ai hérité d'une masse beaucoup trop lourde pour moi. Je savais où nous nous trouvions. L'endroit précis, je l'avais vu, l'année dernière, sur l'écran de ma mère. Nos encadrants ont pris la tête du groupe. Ç'aurait pu être des lycéens en classe de mer, s'il n'y avait eu les treillis noirs et les barres de fer. Nous avons longé le champ, jouant au commando de légionnaires. Nous étions les héros d'une série de guerre. Ici et là, de larges carrés de terre avaient été nettoyés de toute végétation. Des tranchées d'environ un mètre de profondeur, hérissées de petits drapeaux rouges ou jaunes, recouvertes de barnums en toile blanche, y étaient ouvertes à intervalles réguliers. « Vous avez vu ? Ils ont déjà creusé leurs tombes », a plaisanté l'un des garçons. Plus loin, un encadrant nous a imposé le silence. De l'autre côté du champ se trouvaient cinq hommes et six femmes, et au milieu, la main posée sur une espèce de stèle, la tignasse noire de mon père. Il y avait aussi un chien à ses pieds, l'oreille dressée et le poil hérissé, reconnaissable entre tous. Sur son poitrail, une tache blanche de la taille d'une grosse pièce. **PRÉTÉRITION (subst. fém.)** : *Action de taire, de passer sous silence, omission volontaire. Rhét., styl. Figure de rhétorique consistant à déclarer qu'on ne parle pas d'une chose alors qu'on le fait.* Ce serait mentir de dire que je l'avais oublié. Admettons que je l'avais rangé dans un coin. De mes souvenirs ou de mon récit, c'est tout comme, tu l'auras bien compris, lecteur. Nous nous étions éloignés l'un de l'autre, dans l'espace et le temps. J'étais monté à la capitale avec ma mère y partager sa vie de star ; lui s'était perdu dans ses obsessions. Chacun son chemin. Chacun sa vie. Chacun sa façon de s'égarer, aussi. Mais peut-on vraiment rayer son père de sa mémoire ? Je ne saurais dire s'il m'a manqué ces jours-ci, occupé que j'étais à écrire sans jamais lever le nez ni reprendre mon souffle, les mains souillées par l'encre rouge coulant à flots de l'Aurora. Le voici de nouveau en face de moi. Je le revois avec les yeux de l'enfance. La grosse trentaine d'adolescents vêtus de noir, qui me dominent d'au moins deux têtes, me servent de rempart, de citadelle. Je peux ainsi l'observer tout mon soûl, mon père, m'emplir de lui en toute discrétion. Bien sûr qu'il m'a manqué. Mon récit progressait en infirme, comme amputé d'une jambe (je te demande platement de me pardonner, lecteur). Le voici désormais bien d'aplomb, ses deux pieds dans la terre dure de la rizière craquelée par l'été. À force d'y creuser des trous, c'est comme s'il s'y était planté lui-même, qu'il y avait poussé, sans nourriture et sans eau, sec et noueux, indéracinable. Comme il a maigri, mon père ! Et comme sa barbe et ses cheveux ont poussé. Elle lui caresse désormais la poitrine qu'habille un tee-shirt informe. Un pantalon à motif camouflage complète l'accoutrement de cet individu, mi-homme mi-végétal. Il se tient droit et immobile dans son champ éventré aux allures de cimetière. Le soleil rasant creuse ses traits. Mon père s'est oublié dans le passé au point de ne plus avoir figure contemporaine. Il appartient désormais à l'histoire, autant que ces objets (ou bien sont-ce des cadavres ?) qu'il exhume en usant de ses outils habituels – pioche, pelle – auxquels sont venus s'ajouter une bétonneuse et des sacs de mortier. La stèle vient d'être décoffrée. Lui et ses acolytes ont dû la couler deux ou trois jours auparavant. La cérémonie d'inauguration se résume à quelques instants de silence et de recueillement. Il n'y a pas meilleure manière de rendre hommage aux morts. Une liste de noms s'étire sur une plaque d'aluminium vissée au monument. Je ne parviens pas à en lire le détail, caché derrière mon régiment d'adolescents, mais j'arrive à les compter : vingt-six. Un encadrant s'avance, obscène, accuse mon père et ses disciples de dangereux délire, de falsification de l'histoire. Cette stèle imbécile qui souille le roman national, ils auraient pu la couler dans n'importe quel champ pris au hasard. Il n'y a, ici comme ailleurs, que des cailloux et des racines fossilisées à exhumer. Et pas le commencement d'une preuve. Mon père et ses compagnons ont l'immobilité pour seule réponse. Figés eux aussi, comme autant d'édifices aux vingt-six morts de Saliers. Alors la jeunesse noire se déploie autour du monument. Un grondement sourd sort de la poitrine de Chronos. Mon père le fait rasseoir dans un murmure. Je me retrouve en face de lui, à découvert, vêtu moi aussi de cet absurde treillis noir. Je n'ai pas assez de mes deux bras pour tenir la grosse masse d'acier. Il me regarde sans comprendre, mon père. Le chien, lui, m'a flairé depuis longtemps. L'encadrant m'ordonne de détruire la stèle. Les autres brandissent les manches de pioche. « Montre, Simon, comme tu as profité de tes vacances… Montre à ton père comme tu es devenu fort. » Le monument et moi sommes à peu près de la même taille. Je m'en approche jusqu'à pouvoir y lire les vingt-six noms. Plusieurs patronymes se répètent. Seuls les prénoms varient. Ce sont des familles entières dont mon père et ses compagnons ont retrouvé la trace, dans les dossiers, les paperasses de la guerre, peut-être même ici en remuant la terre. Je ne sens plus mon corps. Je lève la masse en l'air au prix d'un gigantesque effort. Chronos aboie mais ne bouge guère. Il ne me reste plus qu'à abattre l'outil sur cette stèle dont le ciment n'est pas encore tout à fait sec. Le poids du bloc d'acier m'entraîne en arrière. Le monde vacille et mon regard s'envole vers le ciel. La masse me précède d'un instant sur le sol, dur comme la pierre. Je tombe sur le derrière et la douleur me fait hurler à n'en plus finir. Autour de moi j'entends les rires. Je reconnais l'un d'eux, mais lequel est-ce d'entre Barbarossa et l'As des As ? Les aboiements du chien redoublent d'intensité. Comme si les moqueries lui étaient plus insupportables que les tentatives d'intimidation. Mon père s'avance, ramasse la masse. Il est si grand au-dessus de moi. Immense. « Ne t'inquiète pas, fils. Laisse-moi faire. » Et, faisant rouler ses épaules noueuses, lançant soudain la masse haut vers le soleil, il assène un premier choc sur la stèle. L'arrête supérieure vole en éclats. Le monument est décapité mais cela ne lui suffit pas. Ses bras soudain sont deux battants qui s'abaissent avec violence. Il lui faut moins de trois coups pour que la structure de ferraille apparaisse. Mon père retourne sa force contre son propre édifice, il n'a de cesse de le pilonner jusqu'à l'abattre à terre. Ses onze disciples le regardent faire. Il lui faut moins d'une minute pour démolir son monument aux morts. Alors, la masse d'acier en main, il s'avance vers l'encadrant, la lui applique sur la poitrine. L'autre s'en saisit, interdit. On sent qu'il cherche à répliquer mais rien ne sort hormis un ordre de repli timide. Ils ne s'attendaient pas à ça, les treillis noirs. La déception se lit dans leurs postures. Une si longue préparation, des litres de transpiration, un véritable trésor d'agressivité fichu en l'air ! Pas un seul corps-à-corps, pas même une petite bousculade. Juste un type aux allures de clodo qui tend l'autre joue avant même d'avoir reçu le premier coup. Le commando d'adolescents finit par repartir. Ils entonnent sur le tard, tandis qu'ils quittent le champ de mon père, un air guerrier tiré de leur répertoire. J'entends à peine le claquement des portes coulissantes, les moteurs des minibus, le bref crissement des pneus sur le gravier. Chronos s'est approché, tout près, je peux sentir son halètement sur mon visage. Je tends une main vers sa poitrine, vers la tache blanche. Il se laisse caresser, les oreilles dressées et sa tête un peu de travers. Les autres, les onze, m'observent en silence. Puis mon père m'apparaît. Il n'est qu'un visage à contre-jour, entouré d'une auréole de cheveux et de lumière. Ses mains sont couvertes de coupures sanguinolentes, de crasse noirâtre et de poussière. Il les tient le long de son corps, inertes, comme mortes. Le temps passe. Chronos s'est rassis, toute langue dehors. Qu'est-ce qu'il attend, mon père ? Mais qu'est-ce qu'il attend pour me serrer très fort ? hostilité, comme en témoigne le registre des délibérations du conseil municipal : « Il est incontestable que le hameau de Saliers, un des plus prospères de la région, deviendrait pratiquement inhabitable si le camp projeté était réalisé ; que les cultures, les animaux d'élevage, le cheptel et les récoltes des propriétés voisines seraient soumis à une menace permanente de la part des indésirables que sont les Bohémiens, qu'aucune surveillance ne pourra empêcher de se livrer aux vols et aux destructions dont ils sont coutumiers. » (ADBdR142W76 Et qu'est-ce qui s'est passé ensuite ? Je te le donne en mille, lecteur : je suis tombé dans les pommes ! Je me suis mis à transpirer toute la sueur de mon corps, et des millions de moucherons sont venus me danser devant les yeux. Les tables et les lampes de la salle de lecture ont commencé à flotter bizarrement dans les airs. Je me suis senti basculer sans rien pouvoir y faire. L'instant d'après tout était noir. J'entendais des voix autour. J'avais vaguement conscience d'être allongé par terre. Quelqu'un disait qu'il fallait me surélever les pieds. Un autre répétait qu'il valait mieux avertir la police. Je n'avais aucune envie de rouvrir les yeux. Pour quoi faire ? J'étais bien mieux comme ça. Absent. Pas là. J'étais devenu, moi aussi, l'espace d'un bref instant, un corps qui tombe. Et même si ce n'avait été que de la hauteur de ma chaise, Dieu que ça m'avait fait du bien ! Prendre soudain conscience qu'on ne contrôle plus rien. Avoir la sensation de l'instabilité du monde, le sentir tournoyer autour de soi, jusqu'à l'ivresse. C'est peut-être ce qui se passe quand on saute depuis la terrasse. Le calme. L'immobilité. Le temps suspendu. Ce sont les choses à la périphérie qui défilent à toute vitesse, qui s'enfuient vers le haut, qui se vaporisent dans l'atmosphère. Une main fraîche s'est posée sur mon front. Un parfum un peu vieillot a gagné mes narines. Comme le parfum que portait ma mère, et qu'on aurait laissé s'éventer. J'ai fini par rouvrir les paupières. Au-dessus de moi, agenouillée, se tenait la bibliothécaire. Elle avait un verre d'eau à la main et, de l'autre, me caressait le front. C'était pas très joli à voir mais c'était tout de même délicieux. « Debout, mon garçon. Il faut manger quelque chose et prendre l'air. » Je me suis accroché à son bras. Nous avons fait quelques pas sur la moquette mitée. La bibliothèque continuait de tanguer à la façon d'un navire en pleine mer. Nous avons rejoint le déambulatoire. Elle a sorti un badge magnétique de son gilet aux allures de serpillière. Nous nous trouvions sous un panneau *Sortie de secours* puis, l'instant d'après, au beau milieu de la « forêt ». J'ai levé les yeux mais ce n'était pas pour prévenir la chute d'un lecteur suicidaire. Je cherchais simplement un coin d'azur. Les nuages défilaient paresseusement au-dessus de la canopée, poursuivaient leur trajet à la surface des quatre immenses miroirs qui nous emmuraient. Leur reflet mouvant se multipliait à l'infini, passant d'une face à l'autre du bâtiment. Mes vertiges ne voulaient pas cesser. J'ai lâché le bras de la bibliothécaire pour m'asseoir sur une souche. Elle m'a tendu une pomme. Je l'ai prise sans remercier. Un mouton rachitique nous fixait avec insistance. Les seuls humains qu'il avait loisir d'observer lui tombaient du ciel. En dehors de ces intrusions régulières, les ruminants de la Grande Bibliothèque vieillissaient désespérément seuls. « Je vous observe depuis l'ouverture. Vous n'avez pas levé le nez de votre livre. Vous n'êtes pas même sorti boire un verre ou manger un morceau. Pas étonnant que vous fassiez un malaise. Qui veut voyager loin ménage sa monture, Simon. » J'ai croqué dans la pomme, le temps de réfléchir. Son jus sucré s'est répandu sur mes papilles. C'était bon. Comme un parfum d'enfance au coin du réfrigérateur. Je lui ai demandé comment elle connaissait mon prénom. Mon nom (Kaas, Simon) apparaissait tous les matins sur son écran lorsque je commandais *Le Camp de nomades de Saliers* pour consultation. Elle me fixait derrière ses épaisses lunettes où se reflétaient tour à tour nuages et éclaircies. Le mouton a fait quelques pas dans notre direction, comme pour mendier une caresse ou, peut-être, pour mieux entendre notre conversation. J'ai essayé de me lever mais la bibliothèque s'est aussitôt remise à tanguer. Alors la vieille chouette m'a fait rasseoir. « Vous connaissez Kafka ? – L'écrivain ? – Vous avez lu *Le Terrier* ? – Non. – Normal. Très difficile à se procurer de nos jours. Vous devriez tout de même le lire. Ça pourrait vous servir. – Ah bon ? Pourquoi ? De quoi ça parle ? – C'est un conte animalier. Kafka l'a écrit dans les derniers mois de sa vie. Il l'a d'ailleurs, comme souvent avec lui, laissé inachevé. L'histoire d'une créature qui vit sous terre et passe ses journées à bâtir un labyrinthe de galeries, une espèce de chef-d'œuvre troglodyte. C'est l'un des plus prodigieux documents jamais écrits sur la condition d'écrivain. – Quel rapport entre une taupe et un écrivain ? – Toute la question est là, Simon. Disons que dans les deux cas l'animal et l'artiste passent leurs journées à creuser des tunnels dans le noir. C'est une question d'instinct, d'obsession et, à la longue, de savoir-faire. Il s'agit de se construire un monde intérieur, à quelques centimètres à peine sous la surface du monde extérieur. Les deux ne peuvent communiquer que par le biais de quelques rares trappes ou écoutilles, faisant de l'œuvre souterraine une véritable forteresse. Pourtant ces ouvertures sont vitales et nécessaires, ne serait-ce que pour sortir chercher sa nourriture. Il faut alors faire preuve de la plus grande prudence, et savoir faire le tri, car le monde du dehors peut être rempli d'amis, mais aussi d'ennemis en tout genre. – Des ennemis ? – Des ennemis, oui. Le doute. Le bruit. Les préjugés. Et, par-dessus tout, le conformisme. – Franchement, madame, tout ça pour moi c'est du charabia. – Ne faites pas l'innocent, Simon. Tôt ou tard il faut sortir la tête de son terrier, ou de son livre, pour se nourrir un peu et prendre la lumière du jour. Sans ouverture, sans curiosité, vous ne pourrez jamais achever le travail que vous avez commencé. Il vous faudra, un jour ou l'autre, accepter de faire confiance à quelqu'un. Recevoir un avis, un retour sur votre travail en cours. Et ce quelqu'un, ce pourrait être moi. Qu'en pensez-vous ? Après tout, c'est mon métier depuis bientôt quarante ans. Lire et faire lire. – Je ne vois pas de quoi vous voulez parler, madame. – Mais si, voyons, mais si. Je vous le ferai descendre à l'occasion, mais il ne faudra pas le dire. – Quoi donc ? – Mais *Le Terrier*, voyons, ça vous fera le plus grand bien de le découvrir. Il est stocké tout là-haut, lui aussi, au rayon des écrits licencieux. Une première édition annotée par le traducteur. – Un bouquin sur une taupe ? Classé licencieux ? – La puissance évocatrice de la littérature est sans limite, vous savez, Simon. De même que la paranoïa du pouvoir. – Je pourrais vous dénoncer auprès du ministère de l'Intérieur pour ce que vous venez de dire, madame la bibliothécaire. – Mais c'est l'hôpital qui se moque de la charité, dites-moi, mon garçon ! » Cette conversation quelque peu surréaliste commençait à me perturber. Le grand édifice s'est remis à vaciller. Le mouton continuait de nous fixer en mâchonnant son brin de verdure. Je n'avais pas l'habitude des longs dialogues, c'était sûrement la cause de mes vertiges. Mais qu'est-ce qui lui prenait, aussi, à la vieille chouette ? Je n'étais tout de même pas venu ici pour lui faire passer le temps, non ? Et depuis quand une bibliothécaire se permettait-elle de distribuer des conseils de lecture ? Elle a fait trois pas en arrière. « Je vous commanderai aussi la *Lettre au père*, du même auteur. Je vous la ferai descendre de la tour. À plus tard, Simon. Vous n'aurez qu'à jeter le trognon dans la nature. » Moins de cinq minutes plus tard, me voici donc de retour à ma place numérotée. Rien n'a bougé, ni l'Aurora, ni le livre de mon père, encore ouvert au point précis où j'avais laissé mon récit. Cette fois nulle trace de *Faune et flore des milieux lagunaires* parmi mes piles de dictionnaires. Je me sens rassuré. Les vertiges ont cessé. Je peux m'y remettre sans craindre un nouvel évanouissement. Il est vrai – je m'en souviens maintenant – que je n'avais pas pris de petit déjeuner, ce jour-là. J'étais resté au lit, prostré, pendant que les autres s'empiffraient au réfectoire en prévision de leur expédition guerrière. J'étais en train de tourner de l'œil sous le soleil. Mon père m'a mis à l'ombre. Ses compagnons nous ont rejoints, étrangement silencieux. Leur guide aux cheveux longs venait de détruire leur stèle mémorielle. Pourtant ils s'asseyaient comme si de rien n'était, déballaient des casse-croûte à la manière de randonneurs, des œufs durs, des Tupperware, débattaient du meilleur jour pour rebâtir, selon l'humidité et la température. Mon père tirait de son sac une miche ronde et dorée, la découpait en tranches, la distribuait à ses disciples en disant : « Ils reviendront de toute façon. Maintenant qu'ils sont au courant. Eux ou une autre milice. L'important, c'est qu'ils n'aient pas volé la plaque avec les noms gravés dessus. » Il me tendait à moi aussi un morceau de pain. J'hésitais à mordre dedans. Je ne me sentais pas digne de partager ce maigre repas. Personne ne me posait la moindre question, ni sur ma présence dans cette rizière, ni sur mon accoutrement paramilitaire. Pas même mon père. De toute façon, je n'aurais pas su quoi dire. J'étais là parce que j'avais filmé ma mère en train de faire l'amour avec mon prof d'histoire. J'étais là parce que j'étais le plus petit, le plus chétif, le plus minable d'entre tous. Parce que mon père m'avait laissé tomber pour farfouiller la terre et exhumer vingt-six cadavres et un sifflet. J'étais là parce que je ne trouvais pas ma place en ce monde, jamais, nulle part. Je gardais le silence et mangeais mon pain noir sous le regard de Chronos. Mon père était le seul à ne pas se nourrir. Il avait tiré de son sac un énorme thermos rempli d'une drôle de décoction. Il buvait sans se presser, les yeux tournés vers son monument réduit en poussière. Il n'y avait plus dans sa vie d'autre place que pour les nomades oubliés de Saliers. Il serait toujours temps, plus tard, de faire un certain nombre de concessions aux jours présents et aux nécessités du corps : se laver, se raser, se couper les cheveux, se nourrir et même dormir quelques heures. « Viens, fils, je veux te montrer quelque chose. C'est important que tu voies ça. » Il a rangé la plaque dans son sac avec le gros thermos, a salué ses compagnons d'un mouvement du menton. Déjà les autres s'affairaient au pied du monument anéanti, ramassant les gravats, les rangeant avec soin dans une caisse en bois, comme autant de vestiges archéologiques de la sauvagerie d'une époque. Nous avons longé la rizière éventrée de toutes parts. Le chien noir nous suivait pas à pas. « Difficile de savoir ce qu'ils ont fait des morts. Après la guerre, ils ont utilisé le camp comme décor pour un film, *Le Salaire de la peur*. Dans la foulée, ils ont rasé le site à coups de bulldozer. Les bâtiments, les miradors, tout a été détruit. Nous n'avons retrouvé que des objets du quotidien. Suffisamment nombreux et parlants pour confirmer ce que je pensais depuis le début. Les documents, eux, étaient aux archives départementales. Tu suis, fils ? » Nous longions les tranchées coiffées d'un barnum blanc. Chronos y plongeait le museau, reniflait, passait à la suivante. « Il nous reste encore beaucoup à fouiller. Ici c'était la *soi-disant* infirmerie. Nous n'y avons pas retrouvé le moindre ustensile médical. Aux archives, il n'y a pas trace d'une seule commande de matériel. Ils les ont laissés se débrouiller seuls. Pas étonnant qu'il y ait eu des malades et des morts. » Mon père s'était changé en animal excavateur. Sa vie consistait à forer des galeries dans l'histoire nationale, à sonder la mémoire ensevelie du pays. Nous avions atteint la départementale qui bordait la rizière. Son vieux Land Rover y était échoué, assailli par la rouille. Mon père s'est retourné pour contempler son œuvre. Des trous. Des trous partout dans le sol. Il a haussé les épaules et nous sommes montés dans la voiture. Des caisses et des outils emplissaient le coffre et la banquette arrière. Un sac de couchage et des habits de rechange laissaient deviner les nuits de mauvais sommeil que mon père y passait, attendant l'aube en ressassant ses obsessions. Je me suis assis sur le siège passager. Pour moi c'était la première fois. L'année précédente encore je me mettais à l'arrière. Chronos occupait désormais la place, coincé entre deux caisses. « Tu as faim, fiston ? On va filer se préparer une bonne omelette au jambon, d'accord ? Une omelette et un grand verre de lait. Comme quand tu étais gosse, tu te souviens ? C'était notre secret à tous les deux, tu te souviens ? Personne ne devait savoir, et surtout pas ta mère, tu te souviens, fiston ? » C'était la première fois, à ma connaissance, qu'il m'appelait fiston. Il avait l'air content à l'idée de me nourrir, il y mettait comme une urgence. Nous avons pris la départementale à travers les rizières. Mon père conduisait à tombeau ouvert, mâchoires serrées, comme si l'omelette promise risquait à tout moment de s'évanouir dans la nature. Le chien sur la banquette arrière devait se pencher dans les virages. Moi je m'accrochais à la portière. Le hurlement du moteur nous dissuadait de parler, du moins c'était l'histoire que je me racontais pour combler les silences entre un fils et son père. J'ai aperçu le petit fleuve, à sa surface mille diamants scintillaient sous la lumière, et puis mon père a donné un brusque coup de volant et le Land Rover a bifurqué vers le village. Nous l'avons traversé à toute allure avant de nous engager sur un chemin de terre. C'est là, au bout de la ligne droite, qu'il a fini par ralentir. Derrière nous, un long serpent de poussière s'élevait dans les airs. Et devant, coiffée de son épaisse couche de roseaux, il y avait la cabane en fer à cheval, blanchie à la chaux, où j'avais passé mes étés, du temps où mes parents et moi formions encore un semblant de famille. En descendant de la voiture, mon père a dû peser contre la porte de sa cabane, comme si quelque chose de très lourd lui avait résisté depuis l'intérieur. Il a disparu par l'embrasure. J'ai tout de suite compris pourquoi il dormait désormais dans sa voiture. **INCUNABLE (adj. et subst. masc.)** : *Ouvrage qui date des premiers temps de l'imprimerie (avant 1500). P. ext. Lithographie, photographie, copie de film rare ou datant des premières réalisations de cette technique.* Il avait fait de la maisonnette une sorte de musée et, par la même occasion, déconstruit l'ordre instauré par ma mère avant son départ. Le coin cuisine avait été reconverti en stockage où s'empilaient les caisses. Elles occupaient aussi l'espace repas. La table était toujours là, surchargée d'objets à ce point décatis qu'ils en devenaient difficiles à identifier. Je distinguais une fourchette tordue, une galoche esseulée, dévorées par le sol imbibé de sel. Derrière le rideau, là où jadis nous dormions tous les trois, s'étalaient des monceaux de paperasse. Des caisses encore, cette fois remplies de dossiers, portaient le sceau des Archives départementales. Le lit de mes parents s'était volatilisé. Il ne restait qu'une chaise, couplée à la table de nuit qui servait de bureau à mon père. Il y a posé son ordinateur et ouvert le tiroir, en tirant une épaisse liasse tenue par deux gros élastiques. Ses mains tremblaient. « Ce sont les épreuves de mon livre, fils. Les épreuves, Simon. Tu sais ce que c'est ? » On parlait de l'*épreuve* du marathon aux Jeux olympiques. Une fois, j'avais entendu le mot dans une émission : une dame témoignait au sujet du suicide de son fils ; elle répétait tout le temps cette expression, *les épreuves de la vie*. Dans tous les cas je ne voyais pas le rapport avec le tas de papier que me tendait mon père : *Le Camp de nomades de Saliers, 1942-1944*. En dessous du titre apparaissait son nom en lettres capitales. Mon père avait eu les pires difficultés à trouver un éditeur. Un jour, il avait reçu l'appel d'une éditrice indépendante, qui publiait très peu. Elle passait son temps à jongler avec les factures et à défendre bec et ongles sa vision des sciences humaines. Elle se moquait de plaire, ou de savoir si sa façon de faire correspondait à l'opinion majoritaire. Elle ne publiait pas pour gagner de l'argent mais pour donner un sens à l'Histoire. Tout comme mon père, elle avait de grands cheveux noirs qui commençaient à prendre la couleur de ses nuits blanches. Quelques semaines plus tard, elle lui avait envoyé un premier jeu d'épreuves, qu'il avait fallu relire pour se mettre d'accord sur chaque mot, sur chaque phrase, parce que ce n'est jamais anodin d'envoyer un texte chez l'imprimeur. Il y avait eu un deuxième jeu, puis un troisième. En entendant les explications de mon père, je me souviens m'être dit, peut-être à tort, que publier un livre, même à quelques centaines d'exemplaires, se rapprochait du marathon plutôt que d'une émission de télévision. « Un jour, tu le liras, disait-il. Un jour tu comprendras pourquoi j'ai fait tout ça. » Il semblait croire en moi et en l'avenir, ce qui, à l'évidence, était une colossale erreur. Il a replacé la liasse dans la table de nuit et levé les yeux en l'air. « Viens, fils, suis-moi. » Tour à tour, nous avons gravi l'échelle qui menait à la mezzanine. C'était comme de revenir un ou deux étés en arrière. Mon lit avait survécu au tsunami de vieilleries qui avait déferlé au rez-de-chaussée. Mon père a ouvert le grand tiroir sous le matelas. C'était comme de fouiller dans ma propre mémoire. Tout était là, cette fois ; il n'avait pas touché à mes affaires : les morceaux de bois flotté que je rapportais de la plage avec ma mère, un pistolet à eau dont le ressort était cassé, un lapin en peluche que j'avais fini par délaisser, d'autres babioles encore. Et parmi tout ce bazar, un bouquin dont la couverture fatiguée affichait un dessin, celui d'un ragondin bâtissant son terrier : *Faune et flore des milieux lagunaires de Méditerranée.* Mon père a tiré la plaque métallique de son sac. « Nous allons la cacher ici, Simon, entre les pages de ton livre, si tu en es d'accord. » J'ai acquiescé, sans trop savoir pourquoi il me demandait la permission. J'ai choisi moi-même l'endroit précis où glisser les noms des vingt-six morts du camp de Saliers : un chapitre intitulé « Les animaux fouisseurs », page 84. « Très bon choix, fils. » Et pour la première fois depuis bien des années, j'ai vu sourire mon père. Il m'a transmis la plaque et m'a regardé faire. Je l'ai coincée à l'intérieur du volume avant de le replacer dans le tiroir. Mon père a eu l'air soulagé. « Maintenant tu vas enlever ces absurdes vêtements noirs et tu vas te reposer. Pendant ce temps, je nous préparerai à déjeuner. Il faut qu'on reprenne des forces, toi et moi. Nous avons du travail sur la planche, fils. Nous deux et les bénévoles de l'association. Il reste tant à creuser, tu sais. » Chronos, la langue pendante, le museau en l'air, nous regardait depuis le rez-de-chaussée. Sa queue battait doucement la mesure et la poussière. Le père, le chien et les morts du passé d'un côté ; de l'autre, la mère et son amant prof d'histoire. Voilà ce qu'était ma famille en cet instant précis de ma vie. J'ai ôté le treillis de la SNHM et enfilé un vieux pyjama trop juste pour moi, un pyjama à motif crocodile acheté par ma mère et qui devait dater de l'école primaire. Il n'y avait rien d'autre à faire – dormir –, en attendant de savoir si je pourrais tôt ou tard récupérer mon père, et si mon professeur d'histoire lâcherait ma mère un jour. Lorsque j'étais petit, vraiment petit, les bruits dans la toiture me terrifiaient toujours. Ils commençaient avec l'obscurité. Grattements, cavalcades et courses folles, les bestioles investissaient l'épaisse couche de roseaux coiffant la cabane pour y percer des galeries par dizaines. Je me persuadais qu'une fois ma vigilance anesthésiée par le sommeil, elles dégringoleraient sur le matelas et s'introduiraient dans ma bouche, mon nez ou mes oreilles. Et puis, les étés passant, j'avais fini par m'habituer aux animaux nocturnes dans les roseaux. J'en étais même venu à les solliciter pour m'endormir. Je baissais les paupières et tâchais de me concentrer pour mieux distinguer chaque bruit, comme les instruments d'un orchestre s'accordant au début du concert. Mais cette fois-ci, il n'était que midi, et je n'entendais que mon père, en bas, s'attelant à la préparation de son omelette. La poêle sur le réchaud, le beurre qui crépitait et l'odeur des œufs cuits. Je me contentais de fixer les interstices de la toiture. Des gouttelettes de lumière s'y infiltraient, mouchetaient mon pyjama aux couleurs passées. C'est parce que je ne dormais pas que j'ai entendu Chronos gémir dehors. Il y a eu des claquements de portière et des voix d'hommes. Dont celle de mon père, plutôt calme au début. Puis le ton est monté et le chien s'est mis à aboyer. La porte de la cabane s'est ouverte. Je les entendais distinctement maintenant, mais je ne pouvais pas les voir. L'un d'eux a demandé si quelqu'un avait attaché le clébard. « Oui mon lieutenant, c'est fait. » Le rideau qui séparait la chambre de la pièce principale s'est ouvert et j'ai jeté un œil prudent depuis la mezzanine. Cinq gendarmes en uniforme s'entassaient dans la pièce. Ça sentait la sueur et le cuir. Il y avait aussi mon père, qui fixait ses chaussures sans rien dire. L'un des militaires furetait avec nonchalance. Il avait des galons sur son képi. Dehors, Chronos aboyait toujours. L'officier a fini par se porter à hauteur de mon père. « Fouilles clandestines, défaut de déclaration, vol et recel de mobilier archéologique et d'archives publiques… C'est du pénal, tout ça. Vous savez, monsieur Vartanian… ça risque de vous coûter dans les sept ans. Est-ce que ce bric-à-brac en valait vraiment la peine ? » Mon père gardait les yeux baissés. Il a demandé qui, du maire ou de la Société d'histoire militaire, les avait renseignés. Le lieutenant a haussé les épaules. On a passé les menottes à mon père qui s'est laissé faire. Il avait l'air si petit, et le lieutenant si grand dans son bel uniforme. C'était la première fois que je m'apercevais à quel point mon père était petit. Moi je n'avais qu'un désir, qu'il lève les yeux vers moi et me sourie. Un signe, un geste, qui aurait voulu dire : « Ne t'inquiète pas, Simon, tout s'arrangera ; bien sûr que non, je n'irai pas en prison, ni pour sept ans, ni pour sept jours. » Mais il continuait à fixer ses chaussures, mon père, les mains désormais entravées par deux anneaux de métal qu'une espèce de laisse reliait à un uniforme. Dehors Chronos hurlait à la mort. L'un des gendarmes a demandé ce qu'il fallait faire du chien. L'officier a répondu de le laisser là, que la priorité était de tout fouiller, de tout nettoyer, et il a fait sortir mon père au bout de sa laisse. Le lieutenant, désormais seul, a mis de côté l'ordinateur. Il a ouvert le tiroir de la table de nuit, a sorti la liasse de paperasse, s'est mis à la feuilleter, toujours avec nonchalance. Puis, tout en faisant semblant de lire, il a lancé dans un murmure : « Il semblerait qu'en plus du clebs il y ait aussi un gosse ici. » C'est là qu'il a ôté son képi et levé les yeux dans ma direction. Je portais toujours mon pyjama à motif crocodile. Je me sentais sacrément ridicule. **SUSTENTATION (subst. fém.)** *: Fait de maintenir en équilibre. (Méd. vieilli) Action de soutenir les forces d'un malade ou d'un blessé par une alimentation convenable.* Alors je suis sorti déjeuner parce que j'avais retenu la leçon de la bibliothécaire – veiller à bien se nourrir entre les heures passées sur le livre de mon père. Sur le parvis, je me suis dirigé vers un food-truck tricolore estampillé *Aux bonnes saveurs de la Nation.* Moi j'aimais bien leurs falafels qu'ils écoulaient en douce, hors menu. Je me suis trouvé un banc. Il faisait un froid sec de fin décembre. J'avais la vue sur les pins parasols et les moutons maigrichons. Aucun sauteur à signaler. J'ai déballé mes falafels, décapsulé mon Tropico. Elle me fixait depuis l'autre côté du gouffre, à peut-être trente mètres à vol d'oiseau, en passant par-dessus la canopée. Elle portait ses habits du week-end – sweat à capuche et rangers. Elle avait l'air très en colère. Je pouvais le voir à sa manière de se tenir, comme pour se préparer au choc avec un bus farci de CRS. J'ai pensé un instant qu'elle était là pour sauter vers ses souvenirs d'enfance, mais elle a contourné l'immense crevasse de verre pour venir s'asseoir. Elle a pioché dans mes falafels. On a mangé comme ça, en silence. C'était si bon d'avoir Audrey tout près. « Alors on bosse le week-end, Simon ? » Elle n'avait pas maquillé ses yeux. J'avais envie de lui prendre la main. Je me sentais empoté. Je tripotais mon Tropico glacé. Elle a fini par se relever. Et comme je lui demandais où elle allait, elle m'a répondu par un doigt d'honneur avant d'ajouter : « Demain dimanche on pansera nos plaies. Aujourd'hui c'est jour de sport. » On a pris un bus jusqu'à la tombe du Soldat inconnu. Il y avait des contrôles de police. Il a fallu ruser. C'était la grande manif hebdomadaire, le grand défouloir du samedi après-midi, tout le monde venait hurler sa frustration et sa colère. Ça durait depuis des années. Au début, les manifestants avaient demandé un grand changement, plus de démocratie et de pouvoir d'achat. Puis Vox Populi avait gagné les élections. Le changement, maintenant, ils l'avaient. Pourtant ils continuaient à manifester. Il n'était plus question ni de démocratie ni de consommation. On ne savait plus trop ce qu'ils réclamaient, contre qui ou contre quoi ils se battaient. Ils débarquaient tous les samedis des quatre coins du pays pour brandir des slogans incendiaires et tout casser dans les beaux quartiers. Une occasion en or pour le Black Pack d'Audrey. C'était comme un club de pétanque, à cette exception près que les boules d'acier ne ciblaient pas un cochonnet mais les vitrines des banques. Je me demandais ce que je fichais là. Comme toujours, je ne savais pas quoi faire de moi.

Il fallait bien, parfois, comme disait la bibliothécaire, se sortir la tête du terrier. Déjà le Pack noir s'agglomérait dans une rue adjacente, en marge de la manifestation officielle. Vêtements sombres et amples, grosses godasses bien épaisses, casque de moto ou de hockey, lunettes de ski ou de piscine, masque filtrant, genouillères, protège-tibias. Chacun s'équipait avant le match. On se saluait sans se connaître. On causait stratégie, tactique, attaque, défense. La discipline dans l'anarchie. Audrey a sorti de son sac un sweat noir. Je l'ai enfilé sans mot dire parce qu'il sentait son odeur. Il était bien trop grand pour moi, j'avais l'air d'un cerf-volant : une rafale de vent et je m'envolerais par-dessus les toits. J'ai rabattu la capuche. C'était si bon de se fondre dans le groupe ! Je ne m'appelais plus ni Kaas ni Vartanian. J'étais à peine Simon. D'ailleurs personne ici n'avait ses papiers d'identité. Une grosse centaine d'anonymes, venus là pour se construire dans le saccage et la destruction. Nous nous sommes mis en mouvement. Le cortège officiel, long serpent multicolore, venait d'attaquer la descente vers le fleuve et l'Assemblée nationale. Toute circulation avait été coupée pour permettre aux deux équipes, manifestants et policiers, de s'égailler en liberté. Nous avons suivi pancartes et slogans à petite distance, marchant sur les trottoirs. Audrey m'observait du coin de l'œil, derrière son masque de protection. Brusquement, le rythme s'est accéléré et nous sommes descendus sur la chaussée pour nous porter en tête de cortège. Un cordon de gendarmes cuirassés et casqués s'est aussitôt déployé pour nous bloquer le passage. Moi je n'avais pas l'intention de casser le moindre morceau de verre, du moins au début. Qu'est-ce qui s'est passé ensuite ? Difficile à décrire, lecteur, vu que tout est allé très vite. D'abord un premier échange de projectiles. Ustensiles moyenâgeux – lance-pierres, boulons et billes de plomb – contre lance-grenades et lacrymos. Le Black Pack se disloque pour mieux se reformer dans la foulée, comme le flux et le reflux de la mer. Je me trouve tantôt isolé, tantôt noyé dans la masse. Audrey ne me quitte pas d'une semelle. Elle a expédié deux ou trois caillasses à destination du camp d'en face. Elle esquisse des gestes bizarres au-dessus de sa tête, sioux, mohicans, apaches, et la foule vêtue de noir lui obéit au doigt et à l'œil. Audrey la chef d'orchestre dirige le chaos comme une partition. Audrey l'insaisissable, tantôt pirate informatique tantôt chanteuse au désespoir, tantôt anarchiste survoltée tantôt jouet du pouvoir. Audrey la sublime, tantôt mère protectrice, tantôt bombe atomique, Audrey en baskets ou en stilettos, Audrey au crâne rasé, Audrey à la longue chevelure, Audrey qui pleure puis qui contre-attaque, Audrey qui disparaît de la circulation puis qui réapparaît comme une fleur. Audrey qui me prend par la manche – le serpent tatoué sur son bras m'a saisi à pleins crocs – et m'entraîne en marge du fleuve hurlant, fumant. Les yeux me brûlent. Je pleure, j'étouffe, je crache mes poumons. Je coule et m'enfonce vers le fond. Mais cette fois Audrey me tient bien par la main. Elle ne me laissera pas glisser vers les profondeurs. Elle est si petite, Audrey, et moi si maigrichon : à nous deux, nous ne faisons pas le poids face à la violence du monde. Il faut nous serrer l'un contre l'autre pour résister et survivre, attendre la fin de l'orage et sa pluie de gaz. Autour de nous la bataille fait rage. Jusqu'à ce tir en cloche venu d'on ne sait où, une trajectoire des plus pures, survolant les débats ; la grenade rebondit à nos pieds en tournoyant sur elle-même. Ma tête s'est déchirée sous le coup de la détonation. Je me retrouve au sol, Audrey roulée en boule tout à côté. Elle se tient la tête. Le serpent aux yeux rubis, sanguinolent, lui mord le visage. Je l'en écarte avec mille précautions. Dans mes oreilles un sifflement strident. L'œil d'Audrey n'est plus qu'un amas rouge. Un tremblement agite son corps. Elle est consciente mais ne dit rien, ne répond pas à mes appels. C'est le moment choisi par la police pour charger. Des types en armure fendent le Pack. J'ai l'impression qu'ils viennent nous chercher. Les policiers montent une muraille de boucliers. L'un d'eux, colossal, attrape Audrey par les cheveux. Audrey n'est plus qu'un œil énucléé qu'on traîne sur le trottoir, laissant sous elle un sillage rouge. Ils sont en train de l'exfiltrer, de lui redonner une identité, un numéro de Sécurité sociale, un nom sur un fichier du ministère de l'Intérieur, un casier judiciaire. Ils emportent mon Audrey, se retranchent derrière leur canon à eau. Je me heurte à un grand échalas moulé dans un justaucorps imprimé d'un squelette. Ses yeux sont hilares derrière son masque à gaz. Dans sa main droite, il tient une barre de fer ; et dans la gauche, une bouteille en verre. Du goulot sort une mèche enflammée. « Vas-y, gamin, lance ! Brûle ! Brûle et tue la police ! » Alors j'attrape la bouteille et je la lance de toutes mes forces. Les uniformes s'enflamment aussitôt. Un grand manteau de feu les recouvre au milieu de l'hiver. Ils trébuchent, courent en tous sens. Le Pack se referme sur eux, les voilà roués de coups. Tout peut servir à démonter la tête d'un CRS, y compris un panneau d'interdiction de stationner. Très vite, le canon à eau intervient, disperse la scène de lynchage. Trois uniformes sur le carreau. Ils se relèvent tant bien que mal. L'un d'eux a le dos toujours en feu, ça ne l'empêche pas de détaler en direction des siens. Ils en ont oublié mon Audrey, immobile, inconsciente, minuscule tas d'habits trempés sur le pavé. Je me couche sur elle, fais rempart de mon corps. Je suis une vitre blindée contre les balles de gros calibre, je suis une plaque d'acier trempé d'un mètre cinquante d'épaisseur, un mur en béton armé défiant les tsunamis et les tremblements de terre. Mon nom est Simon Kaas. Il y a longtemps, j'ai laissé prendre mon père par la police. Tout est ma faute, Audrey. Je suis entièrement responsable de ce qui est arrivé. C'est moi Judas. C'est moi l'ennemi public numéro un. Parce que je n'arrivais pas à grandir. Même que mon père devait tout le temps m'amener chez le docteur et me faire boire du lait en secret de ma mère. Ça ne sert à rien de tout casser, tu sais. Bien au contraire. Il faut écrire. Il faut se souvenir de tout et le coucher jour après jour sur le papier, il n'y a pas d'autre solution pour s'en sortir. Et je la couvre de baisers dans mon délire, tandis qu'autour les gendarmes mobiles contre-attaquent à grands coups de tonfas et de grenades explosives. Tout près de nous des vitrines volent en éclats. Quelqu'un a foutu le feu à des toilettes publiques. C'est le moment choisi par Audrey pour relever la tête. Elle a l'œil gauche fermé. Ça pisse le sang à travers sa paupière. Elle me serre fort contre son corps minuscule, respire à toute vitesse, soudain murmure à mon oreille : « Je suis fatiguée, Simon. Ramène-moi vite à la maison. » dans des cabanons traditionnels conçus à l'origine pour recevoir un gardian et son cheval. Vingt-quatre unités furent construites sur les trente initialement prévues, le chantier ayant été interrompu par l'entrepreneur qui n'avait pas été payé. Dix à quinze personnes, parfois le double, durent s'y entasser dans des conditions sanitaires épouvantables. Ni meuble ni éclairage n'avaient été prévus. Les fenêtres opaques ne laissaient filtrer que très peu de lumière, si bien qu'il fallait constamment laisser la porte ouverte ; rats et moustiques entraient à l'intérieur. L'absence de plafond mettait les habitants en contact direct avec les parasites logeant dans la toiture. Les internés en furent rapidement réduits à brûler leurs paillasses pour chasser les insectes. À l'extérieur, le sol du camp virait au bourbier dès les premiers jours de l'hiver. Le sel sourdait du sol et formait une pellicule blanche qui attaquait les habits, les métaux et les corps. L'été, chaleur et poussière condamnaient Les képis à la gendarmerie ont pris soin de moi, surtout quand ils ont su que ma mère s'appelait Laura Kaas. Ils m'ont gavé de cookies choco-vanille et de potage aux vermicelles tombés du distributeur automatique. Ils m'ont bombardé de questions jusqu'au soir. Pas sur mon père, qui croupissait dans une de leurs cellules, mais plutôt sur ma mère et sa série. *Est-ce que les scènes de combat étaient réelles ? Et est-ce qu'elle se faisait doubler par une cascadeuse ? Et est-ce qu'elle avait déjà tiré à balles réelles ? Et est-ce qu'elle avait peur pendant les scènes dangereuses ? Et les méchants, c'étaient des acteurs ou bien des étrangers réels ? Et qu'est-ce que ça faisait de tirer au fusil automatique sur une bande de métèques ?* Je connaissais les réponses, vu que c'étaient les mêmes questions, au mot près ou quasi, que mes camarades de classe avaient posées à ma mère huit mois plus tôt dans le train à grande vitesse. Les képis étaient surexcités à l'idée d'accueillir Laura Kaas dans leur petite caserne de province. Sur les coups de minuit, une Mercedes s'est garée dans la cour de la gendarmerie. Je ne te dis pas leur déception, lecteur, lorsque, en lieu et place de Laura Kaas, un type vêtu d'un costume beige et d'une écharpe blanche en est descendu. M. Cathrine a présenté une procuration à l'officier de service. Il venait chercher le fils de Mlle Kaas. Nous avons rejoint la berline noire. J'étais sûr d'y trouver ma mère. Mais quand Cathrine a ouvert la portière, je n'ai vu que le chauffeur à l'intérieur. Le chauffeur et Coupe au bol, affalée sur la banquette arrière, occupée à fumer un cigare. Elle a tapoté le siège en cuir pour m'inviter à m'asseoir. Où elle était, ma mère ? Elle devait se reposer. Je la retrouverais le lendemain matin. D'ici là – il était déjà tard – j'aurais tout loisir de boire du jus de pomme bio dans la grosse Mercedes, comme font les rockstars de concert en concert. Je me suis assis à côté de Coupe au bol tandis que le professeur d'histoire prenait la place du mort. J'ai attaché ma ceinture et la voiture a pris la direction du nord. Nous roulions en silence. Les réverbères autoroutiers défilaient à toute vitesse par la lunette arrière. Parfois je croisais le regard du chauffeur dans le rétroviseur. Nous devions faire du cent quatre-vingts à l'heure. Cathrine s'est mis à me mitrailler. Les photos, c'était pour ma mère. Pour la rassurer. Pour qu'elle puisse s'endormir. J'étais un colis expédié par livreur. On scannait mon code-barres pour attester le suivi du trajet en cours. Coupe au bol a écrasé son cigare et m'a demandé comment s'étaient passées mes vacances au grand air. Est-ce que je m'étais fait beaucoup de copains ? Et comment était la température de la mer ? Je l'ai regardée sans rien dire. J'étais un peu intimidé. Le chauffeur a lancé un film sur les écrans incrustés dans les appuie-tête. C'était un extrait de *La Loi et l'ordre* ; on y voyait ma mère, un genou à terre, en train de charger un flingue fumant. Je connaissais cet épisode par cœur. Le commandant Valeira menait l'enquête dans les milieux de l'immigration clandestine et de la prostitution. Elle remontait la piste d'une bande de métèques qui séquestraient des filles dans un hangar. On appelait ça de l'esclavage sexuel, une pratique très barbare. Les filles restaient attachées à des crocs de boucher à longueur de journée. Le soir on les livrait par camionnette réfrigérée à leurs futurs consommateurs. Alors ma mère tirait dans le tas sans sommation. Les métèques déballaient un bazooka. Comme toujours, ils arrivaient à court de munitions et ma mère faisait un carton. C'était drôlement super. L'atmosphère. Les décors. Le hangar, la fumée des tirs, et toutes ces filles à la peau noire, en slip à dentelle et porte-jarretelles, pendues à leur crochet… Coupe au bol a dit qu'il était l'heure de dormir. Elle a sorti un oreiller et une couverture. J'ai demandé encore où était ma mère et Coupe au bol m'a caressé la main. On l'avait envoyée se reposer dans une clinique en Suisse. Trop de travail, trop de nuits sans dormir, trop de gens, trop d'interviews, trop de lumière. Elle était rentrée hier, ma mère, et m'attendait à la maison. La production comptait sur moi pour la soutenir et me comporter en bon garçon, parce que le tournage de la deuxième saison prenait du retard. Elle sentait l'alcool et le vieux cigare, Coupe au bol. Elle continuait de me tripoter comme une gentille grand-mère. Je n'avais pas envie de dormir. Nous avons atteint la capitale au petit matin. La Mercedes s'est échouée sur un trottoir. Le chauffeur a fait le tour de la voiture pour m'ouvrir la portière et je suis monté en quatrième vitesse jusqu'au duplex au-dessus du boulevard. Je n'ai même pas pris l'ascenseur. Je ne sentais plus la fatigue. J'avais juste envie que quelqu'un me prenne dans ses bras. Quelqu'un. N'importe qui. Ma mère, après tout, ferait très bien l'affaire. **MATERNEL (adj. et subst.)** *: Qui, physiologiquement et psychologiquement, est propre à la mère. En part. instinct maternel : Amour de sa progéniture, chez les hommes comme chez les animaux, dans ses tendances profondes, naturelles et instinctives.* Je l'ai trouvée affalée sur son lit. Elle n'était pas reposée du tout, ma mère. Pas besoin d'être docteur pour s'en apercevoir ; ils n'avaient pas fait leur boulot, là-bas dans sa clinique en Suisse. Elle m'a regardé, l'air hagard, en me demandant ce que je faisais là et pourquoi je n'étais pas à l'école. La rentrée scolaire était dans plus d'un mois. Alors elle m'a serré dans ses bras très musclés et s'est mise à pleurer. « Il faut vite te trouver des stylos et des cahiers, mon chéri. Sinon qu'est-ce qui va se passer et qu'est-ce que tu vas faire ? » Elle a mis ses boîtes de comprimés de toutes les couleurs dans un tiroir et nous sommes descendus m'acheter un lot de fournitures au centre commercial sous la grande tour. Elle avait comme un train de retard, ma mère. Je me retrouvais avec une panoplie de cahiers à carreaux et de stylos quatre couleurs alors que nous n'écrivions déjà plus rien à la main. J'essayais de lui expliquer comment tout se faisait sur tablette ou sur ordinateur, la lecture et les devoirs, quand tout à coup elle s'est remise à pleurer toutes les larmes de son corps en plein rayon papeterie. C'était de plus en plus bizarre, lecteur, je t'assure. Je ne comprenais rien à ce qu'elle essayait de dire, pourtant ma mère parlait très fort. Des gens ont commencé de s'agglutiner, comme quand un vieux meurt d'une attaque sur le trottoir et que personne ne veut rien faire. Soudain quelqu'un l'a reconnue. Laura Kaas. La star de la série d'action. La policière au tempérament d'acier. Il a fallu faire des *selfies*, signer des autographes avec les stylos quatre couleurs, sourire toujours, sourire encore. Au bout d'une heure, nous avons pu repartir. Ma mère avait repris son air hagard. Et moi j'avais assez de fournitures scolaires pour tenir jusqu'à la fac, niveau maîtrise ou doctorat. J'ai réintégré l'internat dès la mi-août. Laura Kaas devait reprendre le tournage d'extrême urgence parce que les techniciens et les seconds rôles en avaient marre de se tourner les pouces pendant que la star de la série se faisait des cures de sommeil en Suisse. Il était temps de la débarrasser de son fils. Fini les vacances. J'écumais les couloirs vides de mon établissement. Je pointais tous les matins au réfectoire.

La dame des boissons chaudes m'observait depuis son comptoir. Qu'est-ce qu'elle pouvait bien penser ? J'étais peut-être une espèce d'orphelin, un gosse abandonné. Comment lui dire, avec sa surblouse en papier et sa charlotte sur la tête, mes nuits à ne pas trouver le sommeil, à ressasser mes fautes et mes erreurs, à me traiter de mauvais fils, de raté et d'imposteur, à me demander ce que me réservait l'avenir ? Comment lui expliquer mon interminable chemin de croix, de solitude et de colère, à trahir père et mère, à tout détruire et tout piétiner, la moindre trace d'amour et la moindre pousse de bonheur ? Comment raconter ça à qui que ce soit, lecteur, sinon à toi ? **REMÂCHEMENT (subst. masc.)** : *Action de remâcher. Mâcher une seconde fois (le suj. désignant un ruminant). Au fig. Revenir sans cesse en esprit sur quelque chose. Synon. Ressasser, ruminer. Remâcher le passé, des souvenirs, ses soucis ; remâcher constamment les mêmes idées, les mêmes griefs, les mêmes reproches. « Nous remâchions les causes du désastre » (Marc Bloch).* Septembre est arrivé, et avec lui l'immuable rituel d'admission. Je m'en suis donné à cœur joie – je ne suis pas fier de l'écrire –, profitant de mon passage en cinquième pour humilier, accabler, opprimer mes jeunes congénères, jusqu'à leur pisser dessus à mon tour. C'est ce qui s'appelle briser le miroir quand on ne veut plus s'y regarder. La fin de l'empathie. L'autre n'existe plus. Il devient une silhouette sans visage, sans désirs et sans pensées. Un morceau de carton avec un nom ou même un matricule écrit dessus. Il n'y a rien de mal, rien de condamnable à se forger pareille carapace dès lors que tout le monde agit de la même façon. Les petits sixièmes que j'ai martyrisés n'en sont pas morts, lecteur. Ils ont simplement pris ma place l'année suivante, et noyé eux aussi sous l'urine tiède des visages déformés par la terreur. Le monde est ainsi fait. J'en veux pour exemple mon professeur d'histoire. Je l'ai vu faire, lecteur, je te jure. Cathrine assis sur le socle du chevalier sans peur, face à sa nouvelle classe de sixième. Même texte, même décor que l'année précédente. La fable du preux cavalier en armure coupant la tête à toute une bande d'envahisseurs ; l'histoire comme ciment de la nation ; notre destin commun à tous au-delà de nos différences. Jusqu'à la nouvelle tête de Turc de la classe, le nécessaire bouc émissaire qui a pris ma succession dans le viseur des tortionnaires. Quand je te disais que l'histoire se répète sans cesse, lecteur. Un éternel balbutiement qui nous condamne à tout revivre, encore et encore, comme si le futur et le passé s'étaient accouplés pour enfanter cet increvable monstre : le présent perpétuel. L'avenir, tu peux me croire, c'était bien mieux avant. de loques, dans un état de saleté repoussant et sous-alimentés. Le lait fait notamment défaut car il n'y a pas assez de bidons pour le transporter. Le stock de vivres est limité à deux jours faute de locaux appropriés. La nourriture est composée pour l'essentiel de tomates, de courgettes et de choux, complétée par un apport de riz en provenance de la Croix-Rouge. Il en résulte de fréquents œdèmes de dénutrition, qui ne sont pas soignés, ou mal, l'infirmerie étant dépourvue d'eau, de toilettes et de lumière. L'administration ne semble pas savoir que faire de ces enfants qui ne sont pas scolarisés, faute d'école et d'instituteur. Soixante et un d'entre eux seront retirés de leur famille et placés : « Il n'y a aucun redressement à espérer des adultes. Seuls les enfants pourront être ramenés à une vie plus normale à condition de les séparer complètement de leurs parents. » (142W77, rapport mensuel du chef de Bien sûr que j'ai eu peur quand ils sont venus m'arrêter à mon tour. Mets-toi une seconde à ma place, lecteur. La cloche venait de sonner, c'était l'heure de la récré. Deux uniformes bleu marine ont débarqué, coiffés de képis noirs. Arme de service et menottes à la ceinture. On ne rigole pas dans la maréchaussée, j'avais déjà pu m'en apercevoir lors de l'arrestation de mon père. M. Cathrine a demandé à la classe de se rasseoir. Moi seul suis resté debout, me demandant quel chef d'accusation allait m'envoyer en prison. Je risquais d'en prendre pour sept ans comme mon père. Qu'est-ce que j'allais bien pouvoir dire à ma mère ? Je l'ai trouvée, mortifiée, dans le couloir. Elle portait son blouson de policière et, sur le visage, une épaisse couche de maquillage. Les gendarmes l'avaient interrompue en plein tournage. Les maquilleuses ont toujours eu le chic pour effacer les traces d'épuisement et de dépression sur la peau d'une actrice. Elle avait été si belle, ma mère, et sa beauté n'était plus qu'un lointain souvenir. Était-ce bien ma mère, d'ailleurs, ou bien un mannequin de cire, sous le blouson de cuir ? J'étais devenu un personnage de *La Loi et l'ordre*. Un gosse à problèmes, psychopathe en puissance, futur Staline ou Hitler. Heureusement l'officier de police Valeira veillait au grain. « Viens, Simon, fais-moi confiance. Les officiers ici présents ont quelques questions à te poser. Ils vont te conduire au commissariat. Moi je reste avec toi. Tout ira bien, Simon. C'est terrible, ce qui se passe. Mais nous nous en sortirons, toi et moi. La maman et son fils. » Elles tremblaient sacrément, les mains de Laura Kaas. Le professeur nous a regardés nous éloigner depuis le pas de sa classe. Long travelling dans le couloir. Une voiture tricolore nous attendait dans la cour, surmontée d'un gyrophare. Les gosses interrompaient leurs parties de foot pour nous filmer sur la banquette arrière. J'étais le méchant de service, interpellé par ma propre génitrice. Mère et fils réunis sur tous les petits écrans de la terre. Il ne manquait plus que Coupe au bol pour nous filmer avec sa caméra haute définition. L'officier au volant a mis le gyrophare. Nous avons fait le tour de la statue du chevalier sans peur avant de sortir. Couloirs de bus et périphérique intérieur. Pied au plancher, bien sûr. Pour chaque voiture qui nous mettait en retard, appels de phares. Crissements de pneus, hurlement de sirène. Une vraie série d'action, je te dis, lecteur. Nous avons contourné la capitale. Ma mère regardait défiler les lampadaires. Pas le moindre mot jusqu'à l'immense immeuble de verre. Sur sa façade, un nombre, le 36, suivi d'une inscription : *Direction régionale de la police judiciaire*. Longs couloirs gris à l'intérieur. Plantes vertes en plastique. Nombreux distributeurs à café. On m'a fait entrer dans une pièce envahie de jouets. Poupées, peluches, voiturettes de police. Vieux posters Disney sur les murs. Mickey, Woody, Blanche-Neige, Pocahontas. Je me suis installé à une table pour enfant d'un rose fluorescent. Elle était un peu juste pour moi, Simon Kaas, le préadolescent. Mes genoux frottaient sous le plateau en plastique. Alors que dire de l'uniforme assis en face, tassé, ratatiné sur son tabouret rose assorti ? Quelqu'un à la production, l'accessoiriste ou le décorateur, s'était trompé d'échelle. Il a posé son képi bleu sur la table rose, le gendarme. Il ne m'a pas fallu plus d'une seconde pour le remettre. C'était l'officier de la cabane. Celui qui, après avoir attaché mon père comme un chien, m'avait sorti *manu militari* du lit de mon enfance. Il n'avait pas perdu son accent chantant, le lieutenant. Il s'est mis à me raconter son long voyage depuis le Sud. Il s'était levé très tôt pour rejoindre la gare, direction la capitale, le froid, la pollution et le brouillard. C'était un peu triste. Lorsqu'il avait quitté femme et enfants il faisait encore noir. Il avait deux fils. L'aîné avait mon âge, à quelques semaines près. Il avait fait tout ce chemin pour me voir, mon officier de gendarmerie. Maintenant nous allions discuter. Ici, dans les locaux de la brigade des mineurs. Et comment ça se passait à l'école ? Les copains, les profs, les notes… Et qu'est-ce que faisait mon papa dans la vie ? « Il est chercheur de trésors, j'ai dit, il creuse des trous dans la terre pour y chercher de l'or et nous y enterrer tous à la place. C'est bien pour ça que vous l'avez arrêté, n'est-ce pas, monsieur l'officier ? – Vous y enterrer *tous* ? C'est-à-dire ? Est-ce que tu peux me montrer ce que tu entends par *tous* en me faisant un beau dessin, Simon ? » Il m'a sorti une feuille et des crayons de couleur. En quelques traits, je lui ai situé Saliers, la cabane entre le fleuve et la mer avec son toit en chaume et ses murs blancs comme neige. J'ai mis le soleil dans un coin, la rizière dans un autre, et au milieu le mémorial de mon père : l'œuvre de sa vie, la stèle qu'il avait dû détruire parce que je n'étais pas assez fort pour le faire. Le lieutenant me laissait dessiner en silence. La feuille de papier n'avait pas l'air de l'intéresser. C'était mon visage qu'il scrutait. Tout s'imprimait dans sa mémoire et dans celle de l'ordinateur situé dans une pièce quelque part. (J'ai oublié de te dire, lecteur : dans le décor qui accueille l'épisode du jour, tu trouveras, fixé au faux plafond, un œil de verre. Une caméra sphérique de la taille d'une balle de tennis dont l'objectif peut zoomer à l'infini, jusqu'à saisir la couleur de mes yeux et le grain de ma peau. Jusqu'à sonder la moindre de mes pensées.) « Et toi alors ? Tu ne t'es pas mis dans l'histoire ? » Il avait raison, le képi. Je n'étais nulle part. Je n'existais pas. Ou peut-être sous la surface de la mer. Je m'y étais noyé quelques années plus tôt parce que mon père avait préféré nager vers le rocher plutôt que de me surveiller. L'officier m'a tendu une autre feuille. « Dessine, Simon, dessine encore ce que tu ressens. Qu'est-ce qui se passe dans ta tête quand tu descends au fond de la mer ? Tu te noies, tu as du mal à respirer, c'est ça ? Tu es en colère ? Mais après qui, Simon, après qui es-tu en colère ? » Comment lui dire, lecteur ? Comment tout expliquer à Képi Noir ? J'ai fait ce qu'il me demandait de faire. J'ai repris les crayons de couleur, tracé en bleu la surface de la mer. Au-dessous, j'ai mis des algues et des poissons, des coquillages, des anémones, tout ce qui nageait dans ma mémoire en provenance de *Faune et flore des milieux lagunaires*. Et au milieu de la poiscaille multicolore, je me suis représenté, moi, Simon le maigrichon, en maillot de bain à fleurs. « Intéressant, a dit le militaire. Et qu'est-ce qui se passe maintenant ? Qu'est-ce qui arrive à Simon ? » Mais c'est pourtant clair, non ? Simon est en train de se noyer. Tout ce que Simon désire, c'est qu'on le prenne dans ses bras et qu'on le tire enfin de l'eau. Simon en a marre de couler au fond de la mer. Simon ne se souvient plus de l'odeur de son père ni de la douceur des mains de sa mère. Simon n'en peut plus de se faire flouter la gueule sur *laurakaasofficiel* pendant qu'elle vide son chargeur quelque part ailleurs. Simon voudrait pleurer, appeler, hurler, seulement au fond de la mer personne ne vous entend crier. C'est le slogan d'un film de science-fiction qui doit dater du siècle dernier. Le lieutenant a laissé échapper un soupir : « Je sais exactement ce que tu veux dire, Simon. Je vais te donner l'occasion d'évacuer cette douleur qui t'oppresse depuis si longtemps, d'accord ? Regarde bien ces cinq photos. » Il les a disposées en éventail sur la table en plastique rose. Cette fois personne ne m'avait flouté la gueule. Bien au contraire. Le but, je pense, c'était qu'on me reconnaisse. Je me tenais debout, sur la première, contre le mur blanc de la cabane. En slip. Fixant l'objectif. Les joues rouges parce qu'il faisait chaud à l'intérieur. Sur les quatre autres, j'apparaissais plus pâlichon. Cinq photos prises à distance régulière, entre ma cinquième et ma neuvième année. Seul le slip changeait, tantôt blanc, tantôt coloré. Mon corps, lui, se modifiait si peu d'un été à l'autre. On voyait mes côtes saillir. Mes parents se disputaient souvent à mon sujet. Mon père voulait me gaver d'œufs, de lait, de viande et de poisson. Ma mère disait que les protéines animales, c'était mauvais pour la santé. Qu'il y avait suffisamment de bonnes choses dans la nature, des feuilles, des fruits, des tiges et des racines, pour qu'un gosse puisse assurer sa croissance. Mais je ne grandissais pas. Mon père devait me prendre pour un loser. Nous allions souvent chez le docteur, en secret de ma mère, comme deux malfaiteurs. Le pédiatre nous montrait un tas de courbes sur son écran d'ordinateur. J'étais toujours en dessous de la normale, décroché, en retard. Je n'avais pas le sens de la compétition. Je ne parvenais jamais à toucher le rocher quand mon père, lui, le rejoignait en quelques brasses. Je n'étais pas à la hauteur et ne le serais jamais. Voilà pourquoi mon père faisait toujours semblant de regarder ailleurs pendant que son fils s'enfonçait sous la surface. Il n'y a pas d'autre explication à son absence, lecteur, à son indifférence durant toute mon enfance. Comment ne pas lui donner raison ? Képi Noir s'est gratté la tête. Je le sentais ennuyé. « Dis-moi, Simon, c'est ton papa qui prenait ces photos ? Et il en prenait souvent, des photos comme celles-ci ? On en a trouvé tout un tas dans son ordinateur. Dans un dossier caché, protégé par un mot de passe… Alors maintenant dis-moi, mon garçon : ton père, dans la chambre, la salle de bains ou ailleurs, il te mettait sa main dans la culotte ? » **AVEUGLEMENT (subst. masc.)** *: État d'un être privé du sens de la vue. Au fig. État d'une personne privée de discernement, de sens critique (notamment sous l'empire de la passion).* Il n'y a pas de hasard. C'est bien l'œil gauche qu'elle a perdu. Celui du côté nu, tondu, tout près du grand Flashcode qu'elle porte sur la tempe et qui s'immisce maintenant sous son pansement. Ainsi sera-t-elle, pour toujours, un être double et insaisissable : une fille aux beaux cheveux violets, au visage pur ; et puis cette créature au crâne rasé, aux traits si durs, suprême incarnation de la colère. Je suis passé voir Audrey à l'hôpital. Elle m'a fixé depuis son lit comme on regarde un frigo ou une armoire. Elle portait une chemise en papier. L'infirmière devait l'aider pour qu'elle puisse se laver. Elle n'y arrivait pas toute seule. Elle a encore des maux de tête très lourds. Quand elle se lève elle perd vite l'équilibre. Ce matin encore, on l'a ramassée sur les carreaux de la salle de bains ; c'est l'infirmière qui me l'a dit dans le couloir. Il lui faudra du temps pour s'habituer à ne plus voir qu'une seule moitié du monde. Laquelle, d'ailleurs ? La face nocturne ou bien la face ensoleillée ? Elle a fini par demander comment je m'en étais sorti après la seconde charge de police, celle qui nous avait séparés. J'ai couru, Audrey. Voilà tout. Longtemps ou pas et dans quelle direction, je ne saurais trop te dire. Je me suis mis à galoper, laissant mon cœur là-bas sur l'avenue où je t'avais perdue. J'avais les yeux en larmes et la poitrine en feu. Les gens hurlaient, crachaient, fuyaient dans tous les sens pendant qu'on t'emmenait dans l'ambulance. Le soir, le lendemain, les jours suivants, j'ai essayé de t'appeler, sans cesse, en vain. Au donjon, personne ne t'avait vue. Tu avais disparu. Je ne te connaissais aucune famille. J'ai appelé les hôpitaux, tous, services d'urgences. Je t'ai trouvée en ophtalmologie. « Comment vas-tu, Audrey ? » Tu as décollé le pansement qui dévorait ton visage. Chairs sanguinolentes. Toute la palette du noir au violet s'y était imprimée. Sous la paupière boursouflée, il ne restait plus rien. Tu as eu ce regard vide, de ton œil valide. Une larme s'en est échappée pour dévaler la douce pente de ta joue. Je t'ai saisi la main, celle au serpent. Il ne me mordrait pas. Il respirait à peine. J'ai tenté de te ranimer à force de caresses. Tu ne m'avais jamais laissé te toucher de cette façon. La paume, l'index, le pouce, les deux faces du poignet. Il aurait suffi que ta main enserre la mienne et le monde, soudain, aurait pris un peu de sens. « Et ton père, alors ? Tu l'as retrouvé ? Tu sais où il est ? » Je me suis confondu dans le silence. Je n'en suis pas encore là dans mon histoire, Audrey, tu sais. Je n'ai pas encore assez creusé dans ma mémoire. « Va le chercher, Simon. Va le chercher où qu'il soit. Vite. Dépêche-toi… Tu ne vois donc pas ce qui est en train de se passer ? Chaque instant compte. Chaque seconde est peut-être la dernière. Qu'est-ce que tu attends, alors ? » Elle m'a fixé une dernière fois de son œil vide, a remis le pansement dans une grimace. Elle s'est recouchée en montrant son dos nu, encré, sous la chemise de papier. J'ai quitté son lit à regret. C'est à peine si j'avais laissé une trace sur le drap. Je suis tellement léger. Insignifiant. « Avant de sortir, ça ne t'ennuie pas de baisser le store ? La lumière me fait mal. Je préfère encore rester dans le noir. » Dans le couloir aseptisé, je suis allé trouver l'infirmière. Quand pourrait-elle sortir, Audrey ? Il fallait attendre que la cicatrisation opère. Cela pouvait prendre du temps. Ensuite elle aurait droit à une prothèse oculaire payée par la Sécurité sociale. Dehors il pleuvait. J'ai relevé ma capuche et marché en direction du fleuve. J'ai longé les quais un bon quart d'heure, changeant de rive à hauteur du grand ministère. L'esplanade luisait sous le crachin d'hiver. J'ai pris le chemin antidérapant pour ne pas me casser la figure. Ensuite la porte ouest, entre la tour des Lettres et celle des Temps. Je me suis enfoncé dans les entrailles du bâtiment, empruntant le grand Escalator. Je connaissais le trajet par cœur. J'ai commandé le livre à la borne libre-service et regagné ma place. Je me suis occupé à reconstituer la haute muraille de dictionnaires censée me protéger des regards extérieurs. La bibliothécaire m'a déposé l'ouvrage une demi-heure plus tard. Là-haut, dans la tour, une fiche fantôme venait de remplacer le livre de mon père. Il ne me restait plus qu'à replonger dans mes souvenirs et à ressortir l'Aurora. Je me suis remis au travail. Il n'y avait plus que ça à faire en attendant qu'Audrey aille mieux et que les médecins lui aient fixé son œil de verre. Lire et écrire, encore et toujours, histoire de nous maintenir à tous une petite lueur d'espoir au fond de la pupille. **FOUIR (verbe trans.)** : *(Le suj. désigne une personne, un animal.) Creuser la terre. Faire des cavités dans le sol. Travailler à une plantation en retournant la terre. Bâton à fouir : instrument aratoire le plus primitif.* Je suis tombé dessus par hasard, un soir, quelque temps après mon interrogatoire à la brigade des mineurs : le reportage consacré à mon père. À cette époque, je passais de plus en plus de temps entre les quatre coins de mon écran. J'y consacrais mes nuits d'internat. Il m'arrivait de ne pas me rendre en cours pendant des jours. Je prétextais d'incessants soucis intestinaux. Je n'avais pas revu ma mère depuis plusieurs semaines. Je préférais mon six-mètres carrés à son duplex de star au-dessus du boulevard. Au moins je m'épargnais le triste spectacle de Laura Kaas sous antidépresseurs. J'ignorais si elle tournait encore, si elle était en état de le faire. Mes résultats scolaires commençaient à s'en ressentir. Entre la sixième et la cinquième, le temps d'un été en somme, j'étais passé de premier à bon dernier de la classe. Et la pire de mes matières, désormais, c'était l'histoire. J'affichais avec une régularité de métronome des notes entre 3 et 6 (sur 20, bien sûr). C'est donc dans ce contexte un brin fébrile que je découvre un soir, tard, le *podcast* sur mon père. L'émission vient d'être mise en ligne après sa diffusion à la télévision. La journaliste star fait dans la justice express, pourchassant les salauds pendant que les magistrats de la République se tournent les pouces. Ce soir-là, le reportage met en lumière un soi-disant chercheur incarcéré trois mois plus tôt pour vol et recel de matériel archéologique. Licencié pour faute grave par le ministère de la Culture, l'homme est un récidiviste des récritures mensongères de l'Histoire. Tout un tas de thèses nauséabondes, fantaisistes, injurieuses, sur la Seconde

Guerre mondiale, à rebours des versions officielles. Et pour débattre en direct de l'épineuse question du devoir de mémoire, rien ne vaut une brochette d'experts, bien sûr : la réalisatrice d'un documentaire exclusif sur ledit archéologue – une vioque taillée comme un Panzer, un casque de la Seconde Guerre en guise de coiffure –, et un historien bien connu des internautes, véritable autorité en la matière. La réalisatrice expose dans quelles conditions elle a pris connaissance de l'affaire : elle connaît bien la famille de l'archéologue. Son ex-femme et son fils. Elle les suit depuis un moment. Elle a vu les dégâts causés par ce mari et père narcissique et manipulateur, obsédé par sa vision révisionniste du passé. Elle a pensé que cet édifiant récit méritait d'être conté aux téléspectateurs, surtout aux téléspectatrices. Alors la présentatrice star prévient son auditoire qu'un certain nombre d'images-chocs sont à prévoir dans la demi-heure à venir. Ainsi commence le reportage sur mon père, tourné par Coupe au bol et consacré par M. Cathrine. Les images promises, on ne tarde pas à les prendre en pleine poire. Elles n'ont pas grand-chose à voir avec l'archéologie ni même avec l'Histoire. Je les connais déjà, d'ailleurs, puisqu'il s'agit de moi posant en slip devant l'objectif de mon père. Les clichés repassent en boucle avec une régularité publicitaire. On m'y a floutée la figure. Aucun souci, j'ai l'habitude. Mais qu'est-ce qui me gêne, alors ? Après tout, je passe à la télévision ; c'est le début de la célébrité, non ?

Cette question, peut-être, qui revient à chacune de mes apparitions sur l'écran : comment Coupe au bol s'est-elle procuré les photos dénudées du petit Simon Vartanian ? Il y a quelques semaines encore, elles étaient aux mains d'un officier de la maréchaussée. Comment sont-elles passées d'un dossier d'instruction à un documentaire de *prime time* ? Ou bien est-ce la teneur du commentaire, cette voix off tapageuse qui me perturbe au point d'en avoir des haut-le-cœur ? Les images de mon corps y sont qualifiées de *répugnantes*. *De la pédopornographie on ne peut plus claire*, dit-on encore dans le documentaire. Pour mon père, c'est les assises à coup sûr. D'ailleurs les enquêteurs pistent sa trace sur le *darknet*. Aurait-il partagé les photos de son fils avec d'autres monstres du même genre ? Images au montage saccadé alternant des codes informatiques défilant sur écran noir, des doigts sur un clavier d'ordinateur non loin d'un cendrier plein à ras bord. Glauque. Obscène. Inquiétant. Un vrai film de tueur. Et, encore et toujours, ces photos de petit garçon en slip, tantôt les mains en l'air, tantôt les bras le long du corps. On voit ensuite mon père marcher dans un couloir, menottes aux poignets, tête baissée. La parole est laissée à un expert qui assure, la main sur le cœur, que les images en question sont bien de nature pédopornographique (nouvelle diffusion des images de Simon, avec zoom sur son slip, flouté pour l'occasion). Dès lors, conclut le commentateur, quelle crédibilité scientifique accorder à un homme capable d'agresser sexuellement son propre enfant ? Quelle lecture faire de ses théories complotistes ? Sans anticiper sur le procès qui s'annonce, chacun pourra juger sur pièce, ou plus exactement d'après photographie (de nouveau Simon en slip). La seconde partie du documentaire s'intéresse davantage aux activités de mon père sur son terrain de chasse favori : le lieu-dit de Saliers, dans le sud du pays. Des images en caméra cachée le présentent entouré de ses disciples (je reconnais certains d'entre eux), distribuant les consignes, creusant la terre, en tirant quelque objet pour aussitôt le ranger dans une caisse. Serge Vartanian est qualifié de gourou, d'activiste et, déjà à l'époque, de *cosmopolite*. Quel intérêt a donc ce petit monsieur à pervertir notre histoire, à calomnier nos grands hommes, à traîner dans la boue les sauveurs de la nation ? Au profit de quelle puissance étrangère ? Pourquoi chercher à salir notre mémoire ? Pour l'argent ? Pour se faire remarquer sur les réseaux sociaux ? Ou bien, plus simplement, pour détourner l'attention de ses inavouables pulsions ? (Simon en slip, encore, zoom sur son sous-vêtement à petits poissons – évidemment un achat de ma mère). Puis on repasse l'image de mon père menotté, marchant dans le couloir comme vers sa propre mort. Elle a un talent fou, Coupe au bol ! Surtout pour ce qui est du montage. Ses qualités rythmiques perçaient déjà dans la saison 1 de *La Loi et l'ordre.* Plans saccadés, alternance de fixité et de mouvements de caméra virtuoses. Mais là, elle est encore plus flagrante la façon dont la réalisatrice parvient à faire d'un sujet a priori ennuyeux comme la mort (*pédophilie et histoire*) un film d'action ultramusclé qui tient en haleine jusqu'au dénouement final. Tout simplement bluffant. De la très grande télévision. Le documentaire s'achève sur une note apaisante : des images, avec guitare en fond sonore, mettant en scène de jeunes volontaires de la Société nationale d'histoire militaire en train de rendre sa dignité à la terre de Saliers : on nettoie, on rebouche, on tasse soigneusement avec le dos de la pelle. Et les quelques vieilleries sans importance qu'on a sorties, on les envoie directement à la poubelle. S'ensuit le débat d'experts. La présentatrice y laisse une large place à la question du devoir de mémoire et aux connaissances de M. Cathrine en la matière. À quoi sert l'Histoire ? À unir la nation autour d'un certain nombre de valeurs qui font de nous ce que nous sommes en tant que citoyens. Ces valeurs sont incarnées par un certain nombre de personnages – appelons-les *nos grands hommes*, même si parfois, à la rigueur, il peut aussi s'agir de femmes. Il est fondamental de leur aménager une sorte de sanctuaire à l'intérieur de nos mémoires, une véritable citadelle. C'est le but de toute politique mémorielle. La figure du héros national doit rester pure et claire. Les leçons du passé seront transmises à nos enfants par le biais de l'Éducation nationale. Dès lors, tout individu mettant en cause le récit national et les personnages qui s'y sont couverts de gloire doit être perçu avec la plus extrême circonspection. Il devient nécessaire et urgent, exactement comme vient de le faire madame la réalisatrice, de disséquer non seulement les messages de division et de haine que de tels individus répandent au sein de la population, mais aussi leurs vies professionnelle et privée. Car ces activistes, prêts à tout pour enfouir la vérité sous leurs mensonges, sont en général des êtres de peu de morale. Leur probité ne résiste jamais bien longtemps à une analyse attentionnée. Ce Serge Vartanian en est un exemple flagrant. L'émission de ce soir est de salubrité publique. Il faut féliciter madame la réalisatrice et dire aux patriotes qui nous regardent ce soir : N'hésitez pas à vous informer par vous-mêmes. Lisez, apprenez, creusez. Les réseaux, les blogs, les sites Internet fourmillent d'informations claires, agréables à lire, et solidement étayées par les avis des meilleurs spécialistes. (Ici, Cathrine donne l'adresse de son compte personnel.) La vérité est facile à mettre au jour. Nul besoin de se salir en allant patauger dans la boue. Il suffit de se connecter. Et pour ce qui est de ce triste pédophile, c'est à la justice, désormais, de décider de son sort. Alors la journaliste star, perchée sur ses talons aiguilles, rappelle que Vartanian est présumé innocent jusqu'au verdict du procès judiciaire. Cathrine et Coupe au bol s'empressent d'acquiescer, abondent dans son sens. Mais le procès populaire, lui, vient tout juste de se conclure devant des millions de télé-spectateurs. Le temps d'une grosse demi-heure, du fond de leur canapé, ils se sont tous improvisés jury d'assises et procureur. **PRÉSOMPTION (subst. fém.)** : *Opinion fondée seulement sur des indices, des apparences, des commencements de preuves. Dr. pénal : Fait connu, indice matériel supposé vrai jusqu'à preuve du contraire. Ex. : présomption de culpabilité, de paternité. Présomption d'innocence : principe selon lequel toute personne poursuivie est considérée comme innocente des faits qui lui sont reprochés tant qu'elle n'a pas été déclarée coupable par la juridiction compétente.* Et lorsque je demandais où était passé mon père, les adultes me fixaient en silence, faisaient des messes basses, me tenaient à l'écart. Une fois, j'avais saisi au vol l'expression *détention provisoire* ; ça m'avait rassuré. Si c'était provisoire, alors ça ne pouvait pas durer. Je ne connaissais rien à la justice. Ma mère fondait en larmes dès que le nom de mon père surgissait au détour d'une conversation. Il fallait sans cesse acheter des mouchoirs. Elle fixait le mur de la cuisine en se balançant d'avant en arrière, ça pouvait durer la journée entière. Qu'est-ce que je pouvais faire, sinon m'enfermer dans ma chambre d'internat et regarder ma vie se déliter sur un écran d'ordinateur ? Je passais mes journées à taper le nom de mes parents. Laura Kaas faisait l'objet de centaines de rumeurs. Toutes concernaient son état psychologique. Le tournage de sa série avait été interrompu. L'actrice avait disparu de la circulation et renoncé à sa carrière. On l'avait aperçue à plusieurs endroits à la fois, employée dans un pressing, aux urgences psychiatriques, au bas d'une piste de ski, dans un peep-show de la frontière nord. On lui prêtait toutes les pulsions et tous les vices, à commencer par le sexe (nympho ou homo – des rumeurs persistantes lui supposaient une liaison avec Coupe au bol), l'alcool, la drogue, le jeu, j'en passe et des meilleures. On l'avait même déclarée morte. La nouvelle avait fait le tour des réseaux avant d'être démentie par la production moins de vingt-quatre heures plus tard. La vérité dans tout ça, c'était que l'actrice Laura Kaas avait été pressée comme un citron en moins d'une saison. Coupe au bol multipliait les castings, en toute discrétion, pour lui trouver une remplaçante, tout aussi blonde mais plus expéditive encore. Mon père, lui, s'était volatilisé dans les limbes de l'institution judiciaire. Jusqu'à ce jour de juin – nous étions à la veille des vacances d'été – où les réseaux ont à nouveau frémi au nom de Serge Vartanian. Les algorithmes lui associaient systématiquement les mots *archéologue* et *pédophile* ; c'était à se demander si la pédopornographie n'était pas devenue une sous-spécialité de la discipline, tout comme l'histoire gréco-romaine ou l'archéologie sous-marine. Mon père s'apprêtait à passer devant une cour d'assises pour viol sur mineur de quinze ans par ascendant. L'ascendant, c'était lui, Serge Vartanian. Et le mineur de quinze ans – quand bien même j'étais loin de les avoir – c'était moi, Simon. Pour ton information, lecteur, le tarif quand on commet pareil forfait – et là je parle d'un père qui viole son fils et non d'un fils qui raconte des salades sur son père –, c'est vingt ans tout rond. Aucune fioriture. Il faut frapper vite et fort afin de mettre le monstre au trou pour longtemps et s'assurer que son innocente petite victime aura la possibilité de grandir, de se reconstruire loin de son bourreau. Comme il m'était interdit de suivre l'affaire depuis les bancs du tribunal, je me suis moi aussi rabattu sur mon écran. Combien ont-ils été à caillasser mon père, de leurs mots, de leurs commentaires, chaque jour, chaque heure ? Chacun pensait savoir dans le détail ce qui s'était passé. Des preuves, des indices, ça n'était pas nécessaire. *De toute façon que voulez-vous qu'il fasse avec un nom de métèque pareil ? Le gosse a déjà de la chance d'en être sorti vivant ! Vivant ? Vous voulez rire ? Imaginez un peu dans quel état psychologique doit être l'enfant ! Un véritable zombie. Une épave abîmée pour toujours. Peut-être même un pervers en puissance ! Combien d'années ont pu durer les viols, les humiliations, les mauvais traitements ? Il paraît qu'il lui faisait subir les pires atrocités dans une espèce de vieille cabane abandonnée où le bonhomme vivait comme un clochard avec son chien. L'horreur, d'accord, l'horreur absolue. Mais la mère, alors, qu'est-ce qu'elle fichait pendant tout ce temps, la mère ? Est-ce qu'elle regardait le père faire ? Ne me dites pas qu'elle n'a rien vu ni rien entendu ? D'ailleurs qui c'est, la mère ? Comment se fait-il qu'elle ne soit pas jugée aussi ? En fait, on n'en sait rien. La mère reste un mystère : son identité, son métier, ce qu'elle fabriquait pendant que le père faisait subir au petit un véritable martyre…* Moi j'y passais mes jours, mes nuits. Je lisais tout, les commentaires sensés comme les pires racontars, qui réclamaient le retour de la peine capitale pour les violeurs d'enfant, les assassins de policier, les poseurs de bombe et autres amateurs de hachoir en tout genre. La guillotine faisait son grand retour dans les discours (la peine de mort a d'ailleurs été rétablie quelques années plus tard par la présidente Pereira après référendum populaire). Une nuit, il était déjà tard – mon père croupissait en prison depuis presque un an mais son procès en était encore à ses premiers jours –, mes doigts se sont mis à remuer tout seuls et je suis entré dans la danse à mon tour. Il m'a fallu moins d'une nuit pour opérer ma mue. Filmer ma mère à poil en train de niquer, ç'avait été comme de franchir une première frontière, histoire de voir si l'air était plus pur, plus respirable de l'autre côté de la réalité. Je l'avais regretté presque aussitôt. Cathrine m'en avait fait payer le prix au tarif le plus fort. Mais ce que j'expérimentais cette nuit-là, en plein procès de mon père, n'avait plus rien à voir. C'était comme de rebâtir le monde à ma mesure, à commencer par la vie que j'avais eue jusqu'ici : mes frustrations, mes désirs, ma solitude et mes colères. Cette nuit-là, oui, mon hurlement a fait trembler les murs. Pourtant mes camarades de l'internat, qui s'apprêtaient à rejoindre leurs familles pour l'été, ont dormi sur leurs deux oreilles. Il n'y a que les réseaux, lecteur, pour offrir à la colère une caisse de résonance pareille. Je me suis répandu sur la toile comme pour noyer le monde de ma fureur. Mon père n'était qu'un porc. J'ai tout raconté de ce qu'il avait fait subir à son fils. La violence physique, verbale, sexuelle. Dans les moindres détails. Où, quand, comment, à quelle fréquence. Et ce qu'il disait pendant qu'il le lui faisait. Ses mots à lui. Et les répugnantes grimaces sur son visage. Et la jouissance qui s'y lisait aussi. J'écrivais sans jamais m'arrêter, c'était à peine si j'avais conscience d'exister. Je n'étais plus dans ma chambre d'internat, affalé sur mon lit ; j'étais ailleurs, dans la cabane aux sévices entre le fleuve et la mer. Je voyais tout car tout m'était parfaitement clair. Et je trouvais les mots précis pour le dire. Les bruits, surtout, les bruits et les odeurs. J'étais très fort pour les décrire. Ceux qui m'ont lu cette nuit-là ont fait l'expérience de l'horreur. Les viols et les tortures du père pendant que la mère préparait ses salades de tofu-haricots verts. J'écrivais sous couvert d'anonymat, bien sûr. De Simon, il n'était pas question. C'était le grand retour de *Blurry Face*, le vengeur au visage flouté, celui qui, quelques mois plus tôt, s'était payé la sextape de Laura Kaas. Au tour de Vartanian de faire les frais de sa colère vengeresse. C'était si bon de le traiter de tous les noms. De lui maintenir la tête sous l'eau. C'était si bon, oui, de condamner mon père à mort ! Le petit matin est arrivé. J'avais à peine fini de déverser ma haine que d'autres prenaient le relais. Ils étaient si nombreux à hurler et j'étais leur leader. La meute. C'était la première fois que je prenais conscience de son existence. L'effet de groupe. Le premier sang attire le restant de la troupe. La victime désignée se fait lyncher en ligne, jusqu'à ce que cette violence franchisse la frontière, déborde sur le monde réel, l'atteigne dans sa chair. Passé un certain temps, les réseaux croissent et grandissent jusqu'à prendre toute la place. Il n'est plus nécessaire de sortir à l'air libre ni de voir la lumière du jour. Une chambre convient bien. Six mètres carrés, c'est presque trop. Il suffit d'un écran et de dix doigts agiles pour survivre en autarcie, dans l'entre-soi et la complaisance ; ça et un réfectoire pour y descendre manger et boire. En bas, il y avait la dame à la surblouse en papier, debout derrière son comptoir. Elle me souriait sans rien dire. C'était la fin de l'année scolaire. Dehors il faisait chaud. Les petits provinciaux quittaient tous l'internat. J'étais plus seul que jamais. **JUSTICE (subst. fém.)** : *Principe moral impliquant la conformité de la rétribution avec le mérite, le respect de ce qui est conforme au droit.* J'ai fait l'aller-retour entre ma chambre et la cantine durant tout le procès. Je mangeais vite fait sous le regard inquiet de la dame à la charlotte. Et je remontais écrire, lancer des insultes à la tête de mon père qui, là-bas dans son box, était en train de jouer sa vie (ou tout du moins les vingt prochaines années de celle-ci). Le débat contradictoire se déroulerait à huis clos, ce qui n'était pas rare pour ce genre d'affaire impliquant un mineur. La peine de mort, oui, précédée des pires actes de torture, voilà ce qu'il méritait, et les réseaux, dans leur immense majorité, abondaient dans mon sens. C'était si drôle à lire ! Jusqu'au jour où la mère du petit martyr est venue témoigner à la barre. Et comme la mère n'était rien de moins que la star de *La Loi et l'ordre*, alors le procès populaire – celui qui se déroulait en ligne – est entré dans une autre dimension. Mes délires vengeurs sont passés de quelques milliers à plusieurs millions de lecteurs. *Blurry Face* s'est mué en amiral d'une immense armada réclamant la décapitation de l'homme qui avait agressé le fils de Laura Kaas. Des gens se sont pointés devant le tribunal pour scander leur colère et réclamer la tête de mon père. Ils n'étaient qu'une poignée d'excités au début, brandissant des pancartes devant un cordon de gendarmes en armure. Mais au fil des jours la foule s'est mise à grossir, jusqu'à cerner le palais de justice. Il y a eu des tensions, des incidents et même un départ d'incendie, relayés sur les réseaux puis dans la presse, ce qui n'a fait qu'attirer plus de monde encore. Au matin du verdict, la police a fait évacuer le boulevard. Je suivais ça depuis mon lit d'internat. Je me demandais ce qui allait advenir. Et si les détracteurs de mon père, à commencer par cet excité de *Blurry Face* et son armée de *followers*, allaient finir par lui faire la peau. Tout a été retransmis en temps réel. L'avocat de l'accusé est sorti sur le trottoir. Un gros type barbu avec une tête d'ours et un regard de tueur. Il portait toujours sa robe noire. Son front brillait de sueur. Au-dessus de lui, on pouvait lire en lettres d'or sur le fronton triangulaire : *PALAIS DE JUSTICE.* Le type s'est adressé aux caméras et à la foule parquée plus loin sur un rond-point. Mesdames et messieurs les jurés avaient examiné les preuves à charge et à décharge tout au long de ce procès exemplaire. Les éléments matériels, les témoignages issus de la sphère familiale. Une attention particulière avait été accordée à la captation vidéo de l'audition du fils de M. Vartanian, ainsi qu'au témoignage de son ancien pédiatre. Il en était ressorti que les faits d'agression n'avaient pu être clairement établis et que l'accusé, à compter de cet instant, n'en était plus un. Serge Vartanian ressortirait sous peu du tribunal en homme libre. La justice avait suivi son cours en toute indépendance, malgré les très nombreuses pressions qu'elle avait eu à subir (et en disant ces mots, l'avocat à tête d'ours avait le regard plus noir que sa robe). Il demandait à la foule de respecter le verdict et de permettre à l'homme qu'elle avait sali jour après jour de laver son honneur. Le ministère public venait d'annoncer qu'il faisait appel. Il y aurait donc, tôt ou tard, un second procès. L'avocat a encore dit quelque chose mais le grondement de la foule l'a recouvert. Et, de la masse hérissée de poings dressés, sont brusquement montés ces mots : « À mort l'historien ! À mort l'histoire ! » Alors la robe noire a haussé les épaules et a regagné son palais, digne et solennel, un brin hautain, comme un vieux prince sûr de son droit. Les deux lourdes portes se sont refermées sur son habit de scène, laissant la populace à l'extérieur hurler sa colère et sa haine. J'ai mis mon écran en veille. Je suis resté un long moment à me dévisager dans le rectangle de plastique transformé en miroir. Qui était ce garçon sur fond noir ? Je ne le reconnaissais pas. Son teint blafard, semblable à la cire, me faisait peur, et les cernes bleus aussi, sous ses yeux fous, hagards. J'étais de moins en moins Simon Kaas et de plus en plus *Blurry Face*. Voilà où j'en étais quand quelqu'un a toqué à ma porte. C'était la dame du réfectoire. Elle portait toujours sa surblouse en papier. « Est-ce que tout va bien, mon garçon ? – Oh oui, madame, très bien. – Tu n'es pas malade, au moins ? – Oh non, madame. Pourquoi ? – Tous les matins, je te regarde prendre ton petit-déjeuner seul. Tu n'as nulle part où aller pour la pause estivale ? – Non, madame, malheureusement. Mes deux parents travaillent beaucoup en ce moment. Alors je profite des vacances pour prendre de l'avance sur les cours. Je révise, je potasse, parfois je me fais des interros surprises. C'est drôlement super. » Elle me regardait d'un drôle d'air. J'en avais des gouttelettes qui me coulaient sous les aisselles. « Je sais qui tu es, Simon. Tu es le fils de Laura Kaas, et ton papa passe en jugement ces jours-ci. Tout le monde en parle sur les réseaux. Il n'y a vraiment personne pour prendre soin de toi pendant le procès ? » J'ai pris mon air de premier de la classe, petit sourire et visage impassible. La transpiration dégoulinait dans mon dos et me glissait entre les fesses. « Pas du tout, madame, vous devez faire erreur. Mon père est chercheur de trésors et ma mère est policière. Elle coince des métèques qui font de l'esclavage sexuel dans les hangars de la banlieue nord… Maintenant, si vous voulez bien me laisser, j'étais en train de revoir mes leçons d'histoire, chapitre onze, l'accession au pouvoir d'Adolf Hitler. » Elle a chiffonné sa charlotte. Elle avait l'air désolée, la dame du réfectoire, et ça faisait du bien à voir. « Je ne te trouve pas bonne mine, Simon. Bientôt l'internat va fermer pour deux mois. Il va bien falloir que tu rentres chez toi. » Elle n'avait pas l'air d'être au courant que mon professeur d'histoire me servait de beau-père. J'ai commencé à lui parler de Hitler et de l'incendie du Reichstag mais ça n'a pas eu l'air de lui plaire, alors elle a coupé court à ma leçon d'histoire. « Je repasserai te voir demain, Simon. Si tu es d'accord, bien sûr. » Elle a tenu sa promesse, la dame du réfectoire. Elle est passée tous les matins, après son service, pour m'apporter un sachet de petits-beurre et dire bonjour. Son instinct maternel le lui dictait, c'est ce que je m'imaginais ; en réalité, j'ignorais tout de sa vie familiale, et si elle avait quelqu'un de son côté. Au fil des jours, je me suis renfermé plus encore. Je me nourrissais des petits-beurre que me montait la dame du réfectoire. Je buvais l'eau du lavabo. Je pissais dedans si nécessaire. Quand je ne pouvais plus me retenir, je poussais jusqu'au bout du couloir. Je tirais la chasse et rentrais dare-dare dormir, m'enfiler des petits-beurre et me regarder dépérir sur l'écran noir de mon ordinateur. **NÉBULEUX (adj.)** *: Qui est voilé ou couvert par des nuages ou du brouillard. Au fig. Qui manque de netteté, de précision. En partic. [en parlant de conceptions intellectuelles, d'idées, de propos] Vx. Qui est assombri par les soucis, la tristesse. Visage, front nébuleux.* Elle est revenue une dernière fois, la dame du réfectoire, la veille ou l'avant-veille de la fermeture. Elle m'a tendu mes petits-beurre et une enveloppe à bulle avec mon nom dessus. Sa main tremblait. Il y avait de la transpiration sur son front. « C'est le préposé au courrier qui me l'a donnée pour toi. Tout le monde est en train de regarder les nouvelles, tu sais. C'est terrible, ce qui est en train de se passer. » J'ai pris l'enveloppe et les petits-beurre. La dame du réfectoire a dit qu'il valait mieux préparer mes affaires parce que ma mère allait sûrement venir me chercher. Il n'y avait pas encore de consigne particulière, personne ne savait trop quoi faire. J'hésitais à ouvrir l'enveloppe. J'en reconnaissais l'écriture. Alors la dame du réfectoire est entrée d'autorité dans mon six-mètres carrés. Elle a ouvert le placard et a commencé à fourrer slips, tee-shirts et chaussettes dans un sac. Elle respirait très vite et sentait fort la sueur. Elle a répété qu'il fallait que je me dépêche parce que ma mère allait venir. Il y avait eu un accident très grave, là-bas, dans le Sud, à la centrale du Tricastin. Personne ne savait à quoi s'en tenir. Certains racontaient même qu'il y avait eu un incendie suivi d'une explosion nucléaire. La capitale n'était probablement pas menacée, mais personne ne pouvait en être sûr à cent pour cent. Alors il valait mieux prendre les devants. L'établissement devait fermer dans l'instant. Consignes du directeur en attendant les instructions officielles du gouvernement. J'ai dit qu'il ne fallait pas qu'elle s'inquiète et j'ai repris un petit-beurre. Elle m'a demandé de me dépêcher parce qu'elle n'avait pas que ça à faire : elle aussi avait un fils qui l'attendait quelque part. J'étais content pour elle. Je pensais qu'elle s'occuperait bien de lui. Elle a mis ma brosse à dents dans mon sac et a tiré la fermeture Éclair. Il n'y avait plus qu'à partir. J'ai ouvert l'enveloppe que m'envoyait mon père. Elle contenait une feuille blanche et son stylo noir. Une simple feuille avec un point d'interrogation tracé dessus. Rien d'autre. J'ai dit à la dame du réfectoire qu'il valait mieux qu'elle aille prendre soin de son fils. Ma mère habitait à moins de dix minutes d'ici, et j'ai agité le trousseau de clés devant son nez. Elle a fini par dire : « Fais attention à toi, Simon. » Puis elle est partie, comme ça, sans se retourner, le temps pour moi d'entendre son pas pressé dans le couloir désert. Et c'est ainsi que j'ai perdu celle qui m'avait servi de mère nourricière aux premiers jours des vacances scolaires, parce qu'elle avait déjà un fils ailleurs à qui donner de l'amour, de l'attention et des petits-beurre. **INTERROGATION (subst. fém.)** *: Action d'interroger quelqu'un ; demande, question. Énoncé dont certaines caractéristiques (procédés interrogatifs) montrent qu'il doit être perçu comme une question par l'auditeur. Point d'interrogation (gramm.) : Signe de ponctuation que l'on place à la fin d'une phrase exprimant l'interrogation directe. « L'amour est une interrogation continuelle. Oui, je ne connais pas de meilleure définition de l'amour » (Milan Kundera).* J'ai refermé la porte, remis la brosse à dents dans son verre, rangé mes chaussettes dans l'armoire. Il y avait un peu de poussière sur mon écran. Je n'y avais pas touché depuis des jours, depuis la condamnation de mon père à vivre libre au milieu de ceux qui voulaient le pendre haut et court. J'ai navigué entre les articles hystériques et les mouvements de panique. La dame du réfectoire avait dit vrai. Il y avait eu un accident dans une centrale nucléaire. Ce n'était pas si loin de la cabane de mon père, cent kilomètres en amont tout au plus. La centrale s'était vidée dans le fleuve, lequel, comme chacun sait, se jette dans la mer. On ne savait pas encore s'il y avait des morts. Ce qui était sûr, c'était que la nature avait pris cher pour les cent ou deux cents ans à venir. Chacun s'improvisait spécialiste en physique nucléaire. On s'insultait sur toutes les pages que je pouvais ouvrir. Le Premier ministre et le président de la République appelaient au calme et à la vigilance. L'armée et la police patrouillaient sur place, les pompiers y avaient déployé des lances à incendie, on y verrait plus clair à la tombée de la nuit parce qu'un hélicoptère devait survoler la centrale et la zone alentour. Le Premier ministre a lu une déclaration au journal de vingt heures, debout derrière un pupitre tricolore. Il parlait de situation grave mais sous contrôle, employait les termes *inquiétant* et *rassurant* dans la même phrase. Il y avait le gouvernement au grand complet. Tous les services de l'État étaient mobilisés. Même le ministre des Anciens Combattants. Juste à côté, en tailleur noir et talons hauts, se tenait la jeune ministre de l'Éducation. L'année précédente, devant le monument à la mémoire du maréchal de la Première Guerre, M. Cathrine nous avait dit de retenir son nom : Valentine Pereira. Elle ressemblait toujours autant à ma mère, en moins fatigué maintenant. Le Premier ministre a terminé son discours. L'édition spéciale se prolongerait jusque tard, avec un tas d'invités et d'experts ; aucun n'était d'accord, même sur le vocabulaire à tenir : fallait-il parler d'*incident* ou d'*accident* ? L'un d'eux allait jusqu'à dire que nous vivions une catastrophe majeure, mais il se faisait tout le temps taxer d'alarmiste et d'écologiste. J'en avais presque oublié le courrier de mon père. Je l'avais posé sur l'oreiller, bien ouvert sur son gros point d'interrogation qui me sautait à la figure : *Pourquoi, Simon ? Pourquoi as-tu fait ça ?* Je retournais à mon écran suivre l'accident nucléaire. C'était plus palpitant que les questionnements paternels. Moins culpabilisant aussi. La nuit tombait. Le collège était désert. Je commençais à penser qu'on m'avait vraiment oublié. C'est à ce moment que j'ai reçu un message sur mon compte *Blurry Face*. J'ai cliqué dessus. Une inconnue. Son avatar la montrait de dos, à moitié nue. Elle avait des tatouages sur tout le corps. Une incroyable tignasse rousse lui dégoulinait sur une moitié du crâne tandis que l'autre avait été tondue à blanc. Et sur son poing qu'elle brandissait serré à s'en faire péter les jointures, on distinguait une tête de serpent aux yeux incandescents. La fille ne disait ni bonjour ni au revoir. Elle écrivait simplement qu'elle m'avait repéré sur les réseaux. Elle trouvait que j'avais un talent fou et me proposait d'aider à rétablir l'ordre dans le pays. Tout pouvait se faire en ligne, c'était l'affaire de quelques jours. Si la proposition m'intéressait, je n'avais qu'à lui répondre par messagerie cryptée ; l'offre ne resterait valable qu'une heure. J'ai pensé à un canular, bien sûr. En quoi je pouvais, moi, Simon Kaas, sauver la nation d'une catastrophe nucléaire ? Et cependant c'était la première fois de ma vie que quelqu'un trouvait que j'avais du talent. Et même un talent *fou*. C'était là, sur l'écran. Je suis sorti dans le couloir et j'ai pris l'escalier. En bas, j'ai poussé la porte du réfectoire. Il y faisait noir comme dans un four. Les cuisines étaient fermées. Je me repérais aux lueurs des sorties de secours. Je me suis mis à fouiller dans les placards. J'ai mis la main sur la réserve aux petits-beurre. Je m'en suis rempli les poches, et comme je n'en avais pas assez, j'ai embarqué le carton entier. Je suis remonté dans ma chambre. J'avais de quoi tenir un moment. J'ai replié la lettre de mon père et ai tout mis dans mon tiroir, l'Aurora et les clés du duplex de ma mère. J'ai fermé les stores et la lumière et je me suis remis au lit. Sur l'écran, j'ai regardé l'heure. Il me restait encore huit minutes pour me décider. J'ai ouvert un sachet de petits-beurre. « Un talent fou. » Tout de même, ce n'était pas rien. Je mangeais toujours. Il y avait des miettes plein la couverture. Soudain j'ai tout jeté par terre et j'ai posé mes doigts sur la machine. Tout était clair. Plus besoin de la dame du réfectoire, et encore moins de son amour. J'allais vivre de haine et de petits-beurre. Je me suis connecté à ma messagerie. Et dans la seconde, Audrey m'a répondu. les vêtements usagers fournis par la Croix-Rouge. Le chef du camp reproche en effet aux internés de ne pas en prendre suffisamment soin et décide de les leur vendre pour mieux les responsabiliser. Dans la même logique, les Tsiganes enfermés à Saliers doivent travailler. Il s'agit de les sédentariser mais aussi et surtout de leur faire payer leurs propres frais d'internement. Ainsi sont-ils affectés à des travaux de vannerie (qui périclíteront faute d'approvisionnement suffisant en matières premières) ou à diverses corvées en faveur d'exploitations agricoles ou forestières. On citera pour exemple la location de trente femmes pour les vendanges de septembre 1943, lesquelles seront

Aujourd'hui, veille de Noël, j'ai passé la matinée retranché derrière ma muraille de papier, les mains inoccupées, à regarder les branches des pins parasols s'agiter au-dehors. Comme tous les jours en arrivant, je m'étais pourtant connecté à la réserve centrale. Et comme tous les jours, le titre du livre de mon père m'était apparu en vert. J'ai commandé l'ouvrage, constitué ma forteresse de dictionnaires et attendu que *Le Camp de nomades de Saliers* me soit livré dans la demi-heure. Mais toujours rien au bout d'une heure. Je commençais à me poser des questions. Qu'est-ce qui pouvait expliquer ce retard ? Ce n'était pas l'affluence qui retardait les bibliothécaires : j'étais l'unique lecteur présent dans la salle ! Une seule lampe allumée, la mienne, place L11, secteur histoire, entre la philo et les religions, à l'aplomb de la tour des Temps. Mes rares compagnons de lecture avaient dû se faire porter pâles pour mieux se précipiter au centre commercial. Il y a des priorités dans la vie. Les achats de Noël en font partie. Mais où était-elle passée, ma bibliothécaire ? Et que devenait le livre de mon père ? Sans lui, il m'était impossible d'écrire. J'étais impuissant, muet, inexistant. Ce que j'y avais déposé d'encre rouge avait soudain plus d'importance que mon propre sang, mon propre destin. À quoi bon se lever le matin, lecteur, à quoi bon manger, boire et dormir, à quoi bon respirer et garder les yeux ouverts, dire bonjour et au revoir, à quoi bon rêver d'Audrey et de sa longue chevelure si mon histoire terminait sa course quelque part en Enfer ou, pire, dans une poubelle du ministère de l'Intérieur ? Voilà donc à quoi je pensais en me tournant les pouces, désœuvré et solitaire, quand tout à coup a déboulé la bibliothécaire. Elle s'est campée devant moi, balançant *Le Camp de nomades de Saliers* par-dessus ma muraille comme une bombe incendiaire. Le livre est retombé sur la tranche, ouvert en plein sur mes délires. « Désolée pour le retard. J'ai passé ma nuit à vous lire. Alors forcément, ce matin, panne d'oreiller ! » Cette fois c'était la fin. *Game over*. Je me suis mis à trembler comme une feuille. Je devais ressembler à l'un de ces vieux gâteux de l'étage supérieur. « Me lire ? C'est-à-dire ? » Elle a pris l'air agacé de celle à qui on ne la fait pas, ouvrant un dictionnaire à la lettre R, entre *Rabougri* et *Rachitique*. C'est là qu'était planqué l'Aurora du père, gorgé d'encre incarnat, impatient, incontinent, prêt à écrire depuis des heures. Elle l'a saisi, lecteur, la bibliothécaire, pour l'exposer bien haut en l'air comme la statue de la Liberté brandissant sa lumière. J'en ai baissé les yeux, anéanti et aveuglé. Là, sur la table, la preuve tangible de ma culpabilité, l'unique exemplaire du dépôt légal souillé de mes gribouillis sanguinolents. Les pattes de mouche de Simon Kaas. Le récit de sa vie et le produit de son travail acharné. J'avais constitué, de ma propre main, mon dossier d'instruction. Il n'y avait plus qu'à le livrer à un juge. J'irais sous peu croupir en prison. La vieille chouette expédierait le livre de mon père au service des ouvrages abîmés où un restaurateur – littéralement gratte-papier – effacerait mot à mot, à l'aide d'une loupe et d'un rasoir, tout ce que j'avais couché. L'histoire de mon père et de ma mère, les descriptions du chien Chronos, Audrey et sa longue chevelure… *Le Camp de nomades* retrouverait son état initial, comme sorti de l'imprimerie, et plus personne ne songerait à l'emprunter, encore moins à le lire. Quant à moi, je serais l'objet d'un signalement aux ministères de la Culture et de l'Intérieur ; on me ferait passer à coups de trique mes sales manies de scribouillard. J'attendais, hagard, le verdict de la bibliothécaire. La sanction, le mot cassant, peut-être même le coup de sifflet d'un policier planqué derrière une étagère. Sa main décharnée a fini par déposer l'Aurora sur *Le Camp de nomades de Saliers*, dans l'interstice entre les pages paires et impaires. Et, dans un murmure : « Continuez à écrire jusqu'à ce soir, Simon, jusqu'à la fermeture. J'espère ne pas vous avoir mis trop en retard. Je n'ai plus l'âge de faire des nuits blanches. Je viendrai vous chercher un peu avant vingt heures. D'ici là, je vais nous prévoir de quoi boire et manger. » Elle m'a planté là, les bras pantelants et le cœur battant à cent à l'heure, et elle s'est éloignée à petits pas dans l'immense salle de lecture, jusqu'à n'être plus qu'un point noir, un lointain souvenir, un incident dans ma mémoire. J'ai repris l'Aurora entre mes doigts. Mes pensées peinaient à s'ordonner. J'ai dévissé le capuchon recouvert d'or. Il y avait beaucoup à raconter de ce qui s'était passé ; la bibliothécaire m'avait donné jusqu'à la fermeture. Je n'ai pas levé le nez de l'après-midi, rougissant dans l'urgence les pages du livre de mon père. Me voici épuisé, lecteur. Rincé. Vidé. Affamé. Tout comme le réservoir de l'Aurora, d'ailleurs. Bientôt vingt heures. Demain c'est Noël, c'est férié ; la Grande Bibliothèque sera fermée ; ses fonctionnaires seront tous en congé ; il n'y aura que deux ou trois pompiers de service ; et moi – horreur ! – je ne pourrai pas écrire de la journée. **ENFER (subst. masc.)** *: Gén. au plur. [Dans l'Antiq.] Lieu souterrain où séjournent les morts. Gén. au. sing. Lieu où les damnés subissent le châtiment éternel. Aller en enfer. Les portes de l'enfer. Allus. littér. à « L'Enfer » de Dante, première partie de* La Divine Comédie. Ce qui suit, lecteur, imagine-toi que je le rédige depuis le haut de la Tour ! (Je n'aurais jamais pensé pouvoir l'écrire un jour.) Il règne ici un silence de mort. Là-bas, sous une étagère, la bibliothécaire dort. Il est tard, peut-être minuit, peut-être une heure. J'entends le bruit de sa respiration qui, parfois, se change en doux ronron, seul signe de vie en dehors du grattement de ma plume sur le papier. Elle est un peu pompette, la vieille chouette : l'effet du vin doux qu'elle nous a débouché tout à l'heure. Il y avait aussi une boîte de foie gras (périmée depuis six mois) – vestige d'une époque où le salaire d'une bibliothécaire lui permettait encore de s'offrir quelque menu plaisir – et des toasts Leader Price, ceux-ci en quantité industrielle. Elle a ouvert la première avec un couteau suisse dont elle s'est aussitôt servie pour découper les seconds en triangles isocèles. Il faut lui concéder qu'elle fait preuve d'un grand sens de l'organisation, la bibliothécaire. J'en veux pour preuve la façon dont elle nous a tous deux envoyés en Enfer pour un soir, au nez et à la barbe des caméras de surveillance censées traquer les resquilleurs et les clochards. Ainsi – histoire de reprendre notre récit dans l'ordre des événements, lecteur –, nous nous sommes retrouvés peu avant vingt heures devant son comptoir. Je venais de replacer mes dictionnaires sur les rayonnages de la salle de lecture. Le rez-de-jardin était désert, l'Aurora bien au chaud dans ma poche. Comme d'habitude, elle m'a pris des mains *Le Camp de nomades de Saliers* sans l'ouvrir. Elle a éteint son écran et rangé ses affaires. J'ai bien failli lui dire Joyeux Noël et au revoir, mais elle m'a retenu d'un clin d'œil bizarre : « On monte, alors ? Un petit tour en Enfer, ça ne vous tente pas plus que ça ? » Je te le demande en toute sincérité, lecteur : comment résister à pareille invitation ? Le magasin du rez-de-jardin était un vrai foutoir. Des tables, des chaises, des portemanteaux, des étagères empilées par terre, un distributeur de canettes hors service, une collection de portraits d'anciens présidents de la République, mais pas de livres. Et cependant, au fond dans l'angle mort, dans l'ouverture du mur, quelque chose remuait encore. « Mon cher Simon, voici le chemin de fer de la Bibliothèque nationale. Au moment de son inauguration, il y a quarante ans, c'était un système d'une modernité folle. Il permettait de livrer n'importe quel ouvrage en moins d'une demi-heure. » Elle avait l'air si fière devant son monte-charge de grand-mère ! De nos jours, il faut moins d'un dixième de seconde pour importer n'importe quel texte, n'importe quel film, n'importe quelle chanson sur son écran. Je me suis gardé de tout commentaire et me suis approché à mon tour. Le rail était piqué de rouille. Les nacelles d'un bleu passé, cabossées et constellées d'antiques stickers appelant à la grève nationale, s'élevaient dans un conduit obscur. Je m'attendais à voir la bibliothécaire y jeter le livre de mon père. Mais au lieu de le renvoyer vers les hauteurs, elle a soudain saisi l'un des caissons au vol, y sautant à pieds joints. Elle a pris le temps de m'adresser un dernier regard avant de disparaître. Je suis resté quelques instants les bras ballants, ahuri. Puis, tombant du ciel, la voix étouffée de la bibliothécaire : « Qu'attendez-vous, Simon ? Dépêchez-vous de monter ! Ne vous inquiétez pas, les caissons supporteront aisément votre poids. Ils ont été conçus pour contenir l'*Encyclopædia Universalis* tout entière ! » Et c'est ainsi, après avoir encore laissé passer quelques nacelles, que j'ai sauté moi aussi dans l'une d'elles, portant le numéro 68, bardée de slogans aux trois quarts effacés appelant les miséreux de la terre à l'insurrection révolutionnaire. **TRAIN-FANTÔME (subst. masc.)** : *Attraction foraine où les spectateurs montés à bord d'un petit train sont, au cours du circuit, les témoins de phénomènes fantastiques évoqués au moyen de divers artifices.* Le chemin de fer s'aventurait à travers un long boyau gainé de canalisations et de câbles électriques. Nous traversions les entrailles de la Bibliothèque, passant par de vastes cavernes de béton. Il était alors possible de se repérer aux inscriptions peintes sur les piliers et les portes coupe-feu : *T4 Tour des Lettres… T3 Tour des Nombres… T2 Tour des Lois…* Nous avons amorcé la montée vers le sommet de la tour des Temps. Six ou sept wagons devant moi, la bibliothécaire lisait le livre de mon père, ou plutôt le récit dont je l'avais recouvert. Elle s'éclairait d'une petite lampe de poche pour faciliter sa lecture. J'imaginais qu'elle rattrapait son retard, déchiffrant les paragraphes rédigés l'après-midi même en attendant la fermeture. Que pouvait-elle en penser ? Et le portrait que j'avais brossé d'elle, pouvait-il la blesser ? Tout à coup j'étais assailli par les remords. Pendant longtemps, sur des pages entières, elle n'avait été qu'une silhouette engoncée dans un gilet de vieille fille, affublée d'un nom d'oiseau. Et puis, va savoir pourquoi, lecteur, elle avait pris chair, ma bibliothécaire, phrase après phrase, jusqu'à devenir une vraie figure de mon histoire. Une protagoniste à part entière, comme il est dit parfois dans les manuels d'écriture, ceux dont je me sers pour concevoir les *fakes* que je livre à mon employeur. Un personnage de premier plan, jouant un rôle moteur dans le déroulement de l'action, permettant de faire évoluer le récit, de changer le décor, de passer d'une salle de lecture en rez-de-jardin au sommet d'une grande tour, bref, un personnage qui fait prendre de la hauteur… À chaque nouveau palier, un numéro croissant, comme un nouveau chapitre. Et tout à coup, le silence. L'immobilité. Je me trouvais suspendu dans les airs. Ma nacelle bleue se balançait doucement, j'avais un peu le mal de mer. Au mur, un numéro, le 22. Nous devions être à près de cent mètres de hauteur, mieux valait ne pas regarder dans la cage d'ascenseur. La bibliothécaire a quitté son wagonnet. Elle avait toujours le livre de mon père. J'avais la trouille de descendre à mon tour, de me casser la figure. Durant près d'une demi-heure je m'étais agrippé au rebord de la nacelle, oubliant ma peur pour mieux voir, mieux ressentir l'extraordinaire envers du décor, les entrailles de la Bibliothèque et les coulisses de la grande tour. Un sacré voyage intérieur ! La tête de la vieille chouette est apparue par l'ouverture. « Qu'attendez-vous pour descendre, mon garçon ? Vous n'allez tout de même pas passer la nuit dans votre wagonnet ! » D'un pied prudent, j'ai tâté le quai. Elle m'a adressé le plus radieux des sourires. « Bienvenue en Enfer, Simon ! » Nous nous trouvions dans une salle immense dont le sol était recouvert d'un lino noir, remplie de hautes armoires dont les étagères croulaient sous les volumes reliés plein cuir. Combien de livres y avait-il ici, condamnés à prendre la poussière sous un ciel de néon ? Combien de romans, d'essais, de récits interdits, déclarés invendables, illisibles, parce que jugés *licencieux* par une poignée de fonctionnaires du ministère de la Culture ? Le vingt-deuxième et dernier étage de la tour des Temps était un lieu à part, comme extérieur à la Bibliothèque, un véritable cimetière où personnages et intrigues s'alignaient par millions en attendant des lecteurs qui ne viendraient jamais. La vieille chouette, prise d'une espèce d'ivresse, voletait d'un rayonnage à l'autre. Elle laissait courir ses doigts sur la tranche des ouvrages pour les sortir de leur torpeur, le temps d'une brève caresse. Je l'entendais faire, ici et là, ses commentaires. Comme si elle n'avait pu s'empêcher de voir en moi, son visiteur, un potentiel lecteur, quelqu'un qui aurait eu le pouvoir de ramener ces ouvrages à la vie par le simple fait de les ouvrir. Bien entendu une vie n'aurait pas suffi pour avaler tout ce qui se trouvait ici. C'était, comme souvent dans l'existence, une affaire de choix. Voilà ce qui distingue l'être humain de l'automate : la capacité de choisir, à commencer par ses lectures. Je la suivais à distance, ma vieille chouette. De temps à autre, j'apercevais un volume dont la tranche dépassait, comprenant qu'elle l'avait sorti du lot à mon intention. L'avait-elle fait au hasard, à la va-vite ? Ou bien me connaissait-elle mieux que je ne l'avais supposé ? Après tout, elle m'avait lu. Elle savait tout de moi, quand j'ignorais jusqu'à son nom. J'étais bien obligé de lui faire confiance, non ? Je saisissais alors le livre qu'elle m'avait désigné, j'en feuilletais les premières pages, ou bien je l'ouvrais à mi-chemin et me mettais à lire en plein milieu d'une phrase. L'auteure du premier récit était une certaine Mme Wittkop. C'était l'histoire d'un drôle de type qui faisait l'amour à des cadavres ! J'étais en pleine littérature érotique. Partout sur les rayons il n'était question que de fesses et de cons, surtout de transgression. J'aurais dû considérer la chose sans broncher. Après tout, j'étais le fruit d'une civilisation où l'on mettait du porno dans le biberon des nourrissons. Nous avions eu accès, surtout nous autres garçons, à du sexe en ligne dès l'âge de dix ou onze ans. Les sites organisés par spécialités. Les jeux violents. Les partouzes de masse au fond d'une cave obscure. Les activités de plein air, sur un parking en lisière de forêt, à la lumière des phares de voiture. Les concours d'insertions. Les machines à baiser. Pipi caca. Cuir ou caoutchouc. Clous et tenailles. On tenait les hommes tranquilles de cette façon, à coups d'images violentes et de scènes d'humiliation, en faisant de leurs journées un long moment de satisfaction de leurs pulsions obscures. Ensuite il n'y avait plus de place, plus de force, plus d'envie pour la contestation. Alors pourquoi rougir à la lecture de cette Mme Wittkop dont les phrases se révélaient plus belles qu'excitantes ? Peut-être parce que cette courte histoire avait été écrite comme un éloge de la différence ? Les obsessions du personnage principal le condamnaient à vivre en marge de toute activité sociale. Je le comprenais tant et si bien que ce qu'il faisait de son corps, à la fin, n'avait plus d'importance. Ce n'était pas l'essentiel. Il n'y avait rien d'obscène, en somme. J'étais en train de lire ce qu'on appelait de la littérature, c'est-à-dire une façon de raconter des histoires – même les pires – en laissant la place à l'imaginaire. Pas de la pornographie, non, mais son contraire. J'étais couvert de sueur. Je replaçais le livre en vitesse et m'essuyais le front en toute discrétion. Je me promettais de ne plus me laisser avoir par cette fichue bibliothécaire qui, mine de rien, me faisait faire le tour du propriétaire. Mais je tombais aussitôt sur un autre titre, qu'elle avait pris soin d'extraire à son tour de l'étagère. Cette fois – si j'en croyais toujours les étiquettes –, je me trouvais au rayon des écrivains voyageurs. Mais que pouvaient-ils faire ici, parmi les auteurs proscrits ? Où était le mal, l'inconvenance, à franchir les frontières, sinon à voir des visages différents, à entendre des langues étrangères ? J'ouvrais le livre que la vieille chouette m'avait sorti de l'Enfer : *Martin*

Eden. Je le feuilletais. Un jeune homme se mettait à écrire pour l'amour d'une donzelle. Je me demandais s'il parvenait à ses fins, Martin, s'il réussissait à se faire aimer, à ne plus se sentir seul. Alors je tournais les pages, de plus en plus vite, jusqu'à la fin. Martin coulait à pic dans les dernières pages du bouquin. L'eau envahissait ses poumons. Et sa dernière pensée, l'ultime seconde de conscience, lui faisait franchir la frontière entre la vie et la mort. Moi aussi je connaissais cette frontière. Je l'avais approchée de près, un été. Je refermais le volume, le replaçais sur l'étagère. J'avais du mal à respirer. Je pensais qu'en marchant quelques pas le souffle me reviendrait. J'atteignais le rayon des romans dystopiques, classés par ordre alphabétique. Il occupait à lui seul toute une allée sous les néons de l'Enfer. Un autre ouvrage m'y attendait. Je saisissais l'objet, le feuilletais de nouveau, presque malgré moi, soudain curieux, avide de lire ce que ce M. Bradbury avait à raconter. C'était une histoire qui parlait de livres qu'on brûlait et de mémoire qu'on incendiait. Il avait l'air un peu bizarre, cet auteur. Il décrivait un monde ancien et nouveau à la fois. *Intemporel*, c'était l'adjectif qui me venait. Juste à côté, il y avait ce petit texte d'un certain M. Buzzati. Il y était question d'un mot qu'il était interdit de prononcer. L'interdiction n'avait jamais fait l'objet d'une loi, puisque écrire le mot dans la loi aurait été violer la loi. Simplement chaque citoyen s'était fait à l'idée de ne plus le prononcer ni l'écrire. Ainsi était-on assuré de ne pas avoir d'histoire, et de ne jamais rester seul quand arrivait le soir. J'étais tenté de regarder les sens du mot *conformisme* dans un dictionnaire mais je n'en trouvais aucun. Cependant la bibliothécaire m'avait sorti d'autres titres encore, dont celui d'un certain Kadaré. Mêmes gestes (saisir, ouvrir, parcourir, lire), mêmes passages tirés au hasard, même sensation bizarre de familiarité avec un texte écrit des décennies en arrière. L'histoire d'un gars dont le travail consistait à recenser les rêves des gens pour mieux les contrôler. Et de nouveau un adjectif qui me venait à la bouche, *universel.* Et juste au-dessous, sur l'étagère inférieure, le livre d'un M. Levin, traduit de l'américain, où le monde était contrôlé par un superordinateur, où le peuple vivait tranquille grâce à la pilule du bonheur. Et puis là-bas encore, cet Anglais nommé Orwell, dont le personnage principal, un certain Smith, passait ses journées dans un ministère à récrire les archives du passé pour mieux manipuler le futur. Des histoires venues du siècle dernier et des quatre coins du monde, qui sonnaient comme ma propre histoire, qui parlaient de ma propre vie. C'était à m'en donner le frisson. Au loin, tout au bout de l'allée consacrée aux romans dystopiques, m'attendait un Russe. J'ouvrais son bouquin au hasard et je saisissais une phrase au vol, qui me transperçait de part en part : « De quoi les gens se soucient-ils depuis leur naissance ? De trouver quelqu'un qui leur définisse le bonheur et les y enchaîne. » Je restais de longues secondes immobile, le livre entre les mains, comme foudroyé. La voix de la bibliothécaire me parvenait, lointaine, comme venue d'ailleurs. « C'est Zamiatine qui vous retient ? Plutôt puissant, n'est-ce pas ? C'est l'un des pères du roman d'anticipation, vous savez, Simon. Ce qui compte, quand on écrit de la littérature de genre, c'est d'avoir un bon sens de l'observation. On a beau placer ses personnages dans le passé ou l'avenir, c'est avant tout le présent qu'on s'efforce de décrire. Zamiatine aura eu tout loisir de l'observer dans sa Russie natale. Toute sa vie, il en a pris plein la figure. D'où cette question : faut-il avoir beaucoup souffert pour bien écrire ? » Elle riait soudain à sa propre question, la vieille chouette, et son rire survolait les livres par millions. « Allons, Simon, venez par là au lieu de m'écouter débiter mes leçons comme une maîtresse d'école. Vous devez être affamé. Je nous ai préparé une petite collation. Nous avons beau nous trouver en Enfer, ce soir n'en reste pas moins celui de Noël. » Je tournais entre les rayonnages. Mais où était-elle passée, la bibliothécaire ? Un vrai dédale que cette littérature mondiale. Comment s'y retrouver ? Il me fallait passer par mille et un secteurs – romans d'amour, littérature policière, littérature russe et de l'ex-URSS, récits sud-américains… Et toujours, sur chaque étagère, un ou deux livres dont la tranche dépassait pour mieux accrocher mon regard. Comment sortir de ce labyrinthe de papier ? C'était peut-être la seule issue : feuilleter, feuilleter encore, et lire jusque tard dans la nuit, jusqu'à ce que la bibliothécaire me libère en m'offrant à manger et à boire ? Soudain, je me retrouve en pleine littérature allemande et d'Europe centrale. Je remonte l'alphabet à rebours, m'assieds sur le lino noir. Z comme Zweig. *Le Monde d'hier*. Quelques minutes à peine de lecture, et déjà le sentiment de ne plus avoir besoin de dictionnaire. *Nostalgie, basculement, crépusculaire* : je comprends mieux, maintenant, le sens des mots. Je referme le livre de M. Zweig, le remets soigneusement en place en laissant dépasser la tranche, au cas où il me prendrait l'envie d'y revenir un jour. Je remonte encore les rayonnages à l'envers, j'arrive à la lettre M. Je m'apprête à saisir un gros volume au titre médical – *Docteur Faustus* – lorsque mes yeux sont soudain attirés par un pan plus lointain de l'étagère. C'est comme si la bibliothécaire me l'avait tiré tout entier en arrière. Je progresse ainsi jusqu'à la lettre K. Je m'en doutais. Elle m'en avait parlé, de ce M. Kafka. Il se trouve, heureux hasard, qu'il est à la hauteur des yeux. Il y a *Le Terrier*, bien sûr, et bien d'autres encore : *Description d'un combat, Le Verdict, La Métamorphose, Le Disparu, Le Procès, L'Artiste de la faim, Dans la colonie pénitentiaire*… Autant de titres qui m'attirent. Celui que je finis par saisir s'intitule *Lettre au père*, traduit par une certaine Mme Robert. Je me rassois sur le lino, en tailleur, comme un enfant découvrant la lecture. Un néon nous éclaire, Kafka et moi. Là-bas, très loin, j'entends chantonner la bibliothécaire. J'ouvre le livre et je tombe, ébahi, sur ceci, que je recopie ici de mémoire : « Il me souvient, par exemple, que nous nous déshabillions souvent ensemble dans une cabine de bain. Moi, maigre, chétif, étroit ; toi, fort, grand, large. Déjà dans la cabine je me trouvais lamentable, et non seulement en face de toi, mais en face du monde entier, car tu étais pour moi la mesure de toutes choses. Mais quand nous sortions de la cabine et nous trouvions devant les gens, moi te tenant la main, petite carcasse pieds nus vacillant sur les planches, ayant peur de l'eau, incapable de répéter les mouvements de natation que, dans une bonne intention, certes, mais à ma grande honte, tu ne cessais littéralement pas de me montrer, j'étais très désespéré… » On ne saurait mieux dire, lecteur, ni raconter ma propre histoire. Lentement je tourne les pages jusqu'au commencement de cette lettre au père. Je reprends ma lecture, cette fois dans l'ordre voulu par l'auteur. Je n'en ressors qu'une heure plus tard. Je n'en dirai pas plus, lecteur, sinon que j'ai pleuré toutes les larmes de mon corps. « Vous êtes coincé chez Kafka, Simon ? Ça ne m'étonne guère. Savez-vous qu'il est déjà minuit passé ? Allons, venez, mon garçon. Je ne vous ai pas fait monter ici pour vous affamer. » La voix de la bibliothécaire me semble plus proche, plus accessible. Je lui demande par-dessus les étagères comment sortir de la littérature d'Europe centrale. Elle me répond qu'on n'en sort jamais tout à fait mais qu'on peut s'en extraire, au moins temporairement, en passant par la littérature italienne. Il suffit de prendre à gauche au bout de l'allée puis de suivre son instinct autant que ses indications. Je la retrouve enfin, ma chouette, devant le dîner qu'elle a tout bien dressé sur une belle nappe à fleurs. Elle débouche une bouteille emplie d'un liquide jaune pisseux en la coinçant entre ses cuisses. Je crois ne jamais avoir été à pareille fête. C'est à m'en faire tourner la tête. Elle se tartine une tranche et me propose un verre. C'est doux, sucré. Je vide le vin d'un trait tandis qu'elle sirote le sien avec délice. « Allez-y doucement, Simon. » Elle a raison. Je n'ai pas l'habitude de boire. J'ai d'autres addictions : les bobards, les canulards… Je suis un mytho de première. Elle m'observe tout en mâchant sa tartine, prend soin de ne pas en perdre une miette : mes tics, mes expressions, le moindre de mes gestes. Mon visage lui est une sorte de spectacle, son spectacle de Noël à elle. « Votre façon d'écrire a bien changé depuis vos premières pages, Simon. Certes, il y a des maladresses, des redondances, des erreurs de jeunesse, mais au fil des chapitres et des jours, vous semblez avoir pris confiance. Peut-être même avez-vous désormais du plaisir à écrire ? » Du plaisir ? Non, ce n'est pas le bon mot. Je parlerais plutôt d'urgence. Il faut que ça sorte. Il faut que je remonte dans le passé, que j'explore ma mémoire, que je sache qui était mon père et qui était ma mère. Sinon je ne saurai jamais qui est Simon Kaas. « Vous n'avez jamais pensé à utiliser le passé simple dans votre récit, Simon ? Quant à l'indicatif futur, vous en usez avec une telle parcimonie, et toujours pour vous précipiter dans des abîmes de noirceur. Un tel défaitisme face à l'avenir, voyons, mon garçon, est-ce bien de votre âge ? Vous sortez à peine de l'adolescence. » Le passé n'est jamais simple, voilà ce que je suis tenté de lui dire. Quant au futur, je n'ai jamais su m'y projeter. Je me sers un autre verre que j'avale cul sec. « Faites attention, Simon, sinon vous allez finir comme Bukowski. » Visiblement c'était une plaisanterie. Elle en rigole toute seule, la bibliothécaire, tout en tétant son gobelet en plastique, puis elle se met à réciter comme une écolière : « Il y a de la lumière quelque part. Il y en a peut-être peu. Mais elle bat les ténèbres. » Moi je ne sais pas qui est ce Bukowski. Sûrement un de ces scribouillards prohibés enchaînés aux étagères du vingt-deuxième étage. Lui aussi a dû subir les foudres de la censure. « Il y a bien des façons d'envoyer les livres en enfer, vous savez, mon garçon. Les enfermer en haut de cette tour en est une. Les jeter dans les flammes d'un bûcher en est une autre. Vous connaissez le mot *autodafé* ? Il y a un siècle tout juste, une poignée d'imbéciles s'est lancée dans cette sinistre occupation. On sait comment tout cela s'est terminé. Nous n'en sommes pas encore là, mais voyez, Simon, comme ils ont déjà tout préparé ici : il suffirait d'une allumette et d'un bidon d'essence pour tout faire brûler. Tous les dispositifs anti-incendie sont hors service depuis des années. C'est un miracle que nous soyons parvenus à maintenir la température à 18,8°C. Alors il faut tout lire avec une extrême précaution, Simon. Lire et en retenir un maximum dans votre mémoire. Des fois qu'il viendrait à l'idée de notre glorieuse présidente de monter ici s'allumer une petite cigarette. » Je lui réponds qu'il y a des millions de livres en ligne, patiemment numérisés par Dot.Com, qui compenseraient facilement pareil incendie. Moi c'est ce que je lis tous les jours, il y a largement de quoi se divertir. Voilà des années que je n'ai pas touché à un morceau de papier (en dehors du livre de mon père, bien sûr). Le papier n'est plus nécessaire. Elle me regarde comme si j'avais dit une obscénité, une vraie, de la pornographie, un de ces trucs qu'on fait à plusieurs dans la lumière des phares d'une voiture. « Mais qu'est-ce que vous croyez, Simon ? Ce ne sont évidemment pas les chefs-d'œuvre du vingt-deuxième étage qu'ils mettent, dans leur immense générosité, à la disposition de la population. Ce sont, au mieux, des bluettes à l'eau de rose et des modes d'emploi pour assembler des étagères. Vous confondez tout, Simon. Vous avez encore beaucoup de progrès à faire et beaucoup de livres à lire. Vous n'avez pas encore bien compris ce qu'est la littérature. » Je me ressers un verre ; j'ai l'impression de filer un mauvais coton ; la tête me tourne de plus en plus. Elle s'excuse de s'être emportée, la bibliothécaire. « Notre mémoire collective n'est plus qu'un grand panier percé, il y a de quoi se mettre en pétard. Chaque jour que Dieu fait, elle s'efface un peu plus. Il n'y a pas assez de place pour y mettre à la fois le superflu et l'essentiel. Et dire que d'ici quelques jours je m'en vais pour de bon ! Au premier janvier je serai à la retraite, Simon. Mes badges, mes codes, mes passes, tout me sera retiré. Je ne pourrai plus monter en Enfer pour m'y sentir en paix au moins quelques minutes par jour. Je deviendrai l'une de ces vieillardes du haut-de-jardin qui viennent ici se mettre au sec et se remémorer quelque fragment évanoui du temps passé. » Elle pousse *Le Camp de nomades de Saliers* dans ma direction, entre les verres en plastique et la bouteille à moitié pleine. « Tenez, Simon. Celui-ci vous revient de plein droit. Emportez-le dès ce soir. Conservez-le précieusement. Et surtout, mon garçon, surtout tâchez de terminer votre histoire. Malgré votre jeunesse et vos maladresses stylistiques, vous êtes ma dernière source d'espoir. » Je siffle un quatrième verre avant de m'emparer du livre de mon père. Si je m'enfuis avec *Le Camp de nomades* dans ma poche, madame la bibliothécaire, je serai vite scanné, signalé, interpellé, jugé comme un voleur au ministère de la Culture. Alors ils seront tentés de lire ce que j'ai écrit à l'intérieur et transmettront fissa mon dossier au ministère du même nom. Là-bas on n'apprécie guère les scribouillards dans mon genre.

Il m'est donc impossible d'exfiltrer ce livre de l'Enfer. Pour seule réponse elle m'adresse un clin d'œil et m'invite à la suivre. Nous remontons l'allée centrale jusqu'au tentaculaire rayon des livres d'histoire classés comme *licencieux* par le pouvoir. Nous nous y engouffrons par l'arrière. Quelques rayonnages à longer et nous voici à la lettre V. Mon index glisse le long des tranches reliées plein cuir. Je n'en crois pas mes yeux. Là-haut, entre deux ouvrages sur la Seconde Guerre, se trouve le livre de mon père, semblable en tout point à celui que je tiens entre mes mains. Même éditeur, même titre, même auteur ! « Mais vous ne comprenez donc pas, Simon ? Ne l'avez-vous pas écrit vous-même au début du récit ? Nous conservons, ici à la Bibliothèque, *deux* exemplaires de chaque ouvrage. Celui envoyé par l'éditeur au titre du dépôt légal, mais aussi celui qu'est tenu de nous faire parvenir l'imprimeur. Voilà des jours, pour ne pas dire des semaines, que vous débarquez chaque matin pour y emprunter la même référence. Mais enfin, mon garçon, cela frise l'inconscience ! Vous auriez dû faire l'objet d'un signalement depuis longtemps. Sans compter que vous êtes tout sauf discret, savez-vous, lorsque vous écrivez vos histoires… De quoi vos dictionnaires sont-ils censés vous protéger ? Ils ne font qu'attirer l'attention un peu plus. Et puis vous laissez de l'encre rouge absolument partout. Après votre départ, chaque soir, je dois passer le chiffon et un coup de cire à votre place. Vous n'imaginez pas le nombre d'heures supplémentaires que vous m'avez coûté, Simon ! » Comme le dit l'expression : j'en tombe de l'armoire. Ainsi la vieille chouette, derrière ses épaisses lunettes, m'avait repéré depuis le commencement ! Alors pourquoi ne m'a-t-elle pas dénoncé ? Et comment a-t-elle fait pour me couvrir pendant tout ce temps ? « C'est très simple, j'ai placé l'exemplaire de l'imprimeur ici en Enfer, en lieu et place du tirage envoyé par l'éditeur. Depuis des semaines *Le Camp de nomades de Saliers* n'a pas bougé de son étagère. Il m'a fallu effacer du système toutes vos demandes de consultation qui m'arrivaient chaque matin sur les coups de dix heures avec la régularité d'un coucou suisse. Sans mon intervention, mon garçon, vous auriez bien vite perdu votre passe de lecteur pour vous retrouver en interrogatoire au ministère de l'Intérieur. Et le livre de votre père aurait fini sa très discrète carrière au pilon. » Je continue à la fixer avec des yeux ronds. Je lui dois une fière chandelle, à la vieille chouette. Et l'exemplaire dans lequel j'écrivais jour après jour, celui que je rendais chaque soir à l'heure de la fermeture ? Qu'en faisait-elle, alors ? « Je l'emportais chez moi, en toute discrétion, pour vous lire. Vous m'avez valu quelques nuits blanches, savez-vous, mon garçon. Il n'est pas si facile de vous suivre et j'ai failli y laisser mes yeux. Les pattes de mouche, ça va un moment. Peut-être pourriez-vous aussi penser à sauter un paragraphe de temps en temps. À la fin c'est fatigant. » Je revisite en un éclair toutes ces semaines passées à écrire sous le regard bienveillant de ma bibliothécaire. « Mais alors… Et *Faune et flore des milieux lagunaires*… C'est vous qui me l'avez posé sur ma muraille de dictionnaires ? » Elle m'adresse un clin d'œil en guise de réponse. Je serre *Le Camp de nomades* un peu plus contre ma poitrine. Il s'en est fallu de peu qu'il ne disparaisse, et tout ce que j'avais couché dedans avec. Le tout doit sa survie à une vieille chouette au seuil de la retraite. « Il est tard, Simon. Je suis fatiguée. J'ai accompli ma mission au sein de votre récit. J'ai fait de mon mieux, en conscience et, si je peux me permettre, non sans une certaine affection à votre égard. Maintenant je me retire. Continuez à écrire votre histoire. Continuez jusqu'au bout, jusqu'à savoir ce qu'est devenu votre père et ce qu'il adviendra de cette fichue nation. C'est le seul sens à donner à votre quête. Suivez votre instinct, pardonnez-vous vos propres imperfections, vos propres faiblesses, à condition de toujours rester honnête envers le lecteur. Je suis fatiguée, oui. Vous m'avez coûté tant d'heures d'insomnie ! Maintenant je vais dormir. Ça ne vous ennuie pas de rester encore un peu ? Le temps pour moi de trouver le sommeil. J'ai beau avoir passé soixante-dix ans, j'ai toujours un peu peur dans le noir. Cela me vient, je pense, de mon enfance, lorsque ma mère, depuis longtemps disparue, ne m'avait pas encore appris à lire. » Je voudrais lui demander son nom – je ne l'ai jamais su ni même imaginé – mais déjà elle se retire. Je la vois s'allonger sous une étagère, sous la lettre H, en pleine littérature d'Europe du Nord, Comme si elle avait lu dans mes pensées, elle ajoute encore, dans un dernier souffle : « Mon nom n'a que peu d'importance, Simon. C'est ma fonction qu'il vous faut retenir dans votre histoire. Seule ma fonction compte aux yeux du lecteur. » Elle s'enveloppe dans une vieille couverture. Bientôt sa poitrine monte et descend tout doucement, avec la régularité métronomique des dormeurs apaisés. Elle n'est plus qu'une silhouette parmi les livres par milliards. La nuit, où en est-elle, derrière ces rideaux censés protéger toute littérature des regards extérieurs ? Sa lutte quotidienne avec l'aube n'a pas encore commencé. La grande ville est encore endormie au-dehors. Chacun a passé le réveillon comme il a pu. Il me reste quelques heures devant moi pour écrire, lecteur. Ensuite j'emprunterai à nouveau le chemin de fer et sortirai d'ici pour ne plus y revenir. J'aurai le livre de mon père caché à même la peau. Je passerai voir ma mère pour lui souhaiter un joyeux Noël. Je lui dirai au revoir. Je l'embrasserai bien fort. Et puis j'irai poursuivre mon histoire ailleurs, dans un autre décor. Jusqu'à la fin. Je l'ai promis à la bibliothécaire. soit une soixantaine d'hommes arrivés en juillet 1942 pour construire leur propre structure d'internement. Les documents officiels font ensuite état d'un premier convoi de 299 personnes, pour la plupart femmes et enfants des premiers arrivés. En décembre, le nombre monte à 380, (soit plus de 15 individus par cabane de 4 × 8 m), avant de redescendre à 258 en avril 1943, puis 171 en mai, niveau le plus bas enregistré au cours des vingt-huit mois d'existence du camp. En octobre, ils sont 237, puis 320 en décembre, chiffre qui demeurera stable jusqu'à fin juillet 1944. Au total, 677 Tsiganes sont passés par Saliers, pour une durée allant de quelques semaines à deux ans pleins. Les rapports de l'administration font état de 92 individus « mutés », 105 « rayés des contrôles », 27 « hors du camp », 200 « libérés », et 26 « décédés », dont 4 dans l'enceinte même du camp. En période de fêtes, le nombre de patrouilles anti-sauteurs double aux environs de la Bibliothèque. Une association assure des maraudes, offrant une tasse de café et quelques minutes de discussion à qui en a besoin. Les bénévoles se relaient vingt-quatre heures sur vingt-quatre, bravant le vent et le froid mordant sur le parvis. Cela n'empêche pas les accidents. Les statistiques s'affolent la nuit du réveillon, et la pose toute récente de filets de sécurité ne change rien à l'affaire. Il y en a toujours pour passer au travers du moindre système sécuritaire. Je sentais le livre de mon père sous le manteau, caché contre ma peau. Je n'avais croisé qu'un pompier de service en quittant le bâtiment désert. Ma présence au petit matin n'avait pas eu l'air de l'alarmer. Je lui avais souhaité de bonnes fêtes sans obtenir la moindre réponse en retour. Une fois dehors, j'avais traversé le parvis rendu glissant par une pluie fine à vous glacer les os. Les bénévoles de l'association m'avaient proposé un café. Dans leur regard, une légitime interrogation : ce jeune garçon est-il un candidat au grand saut ? L'endroit déclinait toutes les nuances de la désolation. Comment leur expliquer que je sortais de l'Enfer, que j'y avais trouvé, peut-être pour la première fois de ma vie, de quoi nourrir, sinon un espoir, du moins un vague projet d'avenir : écrire. J'ai pensé à leur ennui, à leur désœuvrement ; j'ai pensé qu'ils pourraient eux aussi, à force de lutter contre la pluie et la grisaille, avoir la tentation de sauter. Puis je l'ai vue, discrète silhouette emmitouflée dans un caban militaire bleu nuit auquel s'agrippaient les premières lueurs de l'aurore. Je ne l'ai pas reconnue au premier regard ; elle avait l'air de se cacher dans l'angle intérieur d'une des tours – ce devait être celle des Chiffres – et cette discrétion ne lui ressemblait guère. J'ai d'abord pensé à un clochard et j'ai pressé le pas, tout simplement parce que j'avais froid. Mais j'ai fait marche arrière. Un éclat blanc avait frappé mon œil avec un temps de retard. Un grand pansement lui barrait le visage. Que faisait-elle hors de l'hôpital à cette heure ? Elle s'est levée pour s'approcher du gouffre noir. Elle avait ses grosses Rangers aux pieds. Les bénévoles la regardaient sans bouger. Leur thermos de café fumait comme une cheminée. Elle s'est arrêtée à hauteur de la grille de sécurité et a jeté un œil en contrebas. La lumière rasante, diluée dans la grisaille du petit jour, n'avait pas encore atteint le fond de la « forêt ». Pourtant Audrey continuait à fixer le trou béant. Je m'étais porté sur sa gauche ; de ce côté-ci, elle n'avait plus ni œil ni chevelure. « Tu ne quittes plus la Bibliothèque, alors. Même le jour de Noël. Tu vas bientôt y faire ton lit et ta popote, dis-moi, Simon. – J'ai du travail en retard. – Il t'en faut, du temps, pour lire le livre de ton père. – Je ne fais pas que le lire. J'écris dessus à longueur de journée, Audrey. Je commence à y trouver un sens, tu sais. » J'ai ouvert mon manteau pour en tirer *Le Camp de nomades de Saliers* et le froid m'a pénétré jusqu'au cœur. Je le lui ai ouvert au hasard. C'était la scène où elle plongeait dans l'eau glacée du canal dans sa jolie robe en velours. Déjà la bruine diluait ce que j'avais écrit, changeant le papier en buvard et l'encre rouge en bavures filandreuses. Audrey disparaissait petit à petit du manuscrit. Je l'ai refermé d'un coup sec pour la remettre à l'abri. « Tu as raison, Simon. Écrire, c'est la seule chose à faire. Il doit bien y avoir un morceau de vérité quelque part. Mais où ? » Elle a fini par tourner son visage dans ma direction. Je pouvais lire son épuisement dans l'œil qui lui restait. « Tu sais ce que j'ai fait il y a sept ans, Simon ? Tu comprends bien ce que nous avons fait ? – Tu as changé un accident nucléaire en attentat terroriste. Les gens ont fini par te croire. La ministre de l'Éducation est devenue ministre de l'Intérieur. Elle a fait de son ministère une rampe de lancement pour la présidentielle deux ans plus tard. Après sa victoire, elle a tiré le pays vers le pire. Voilà ce que tu as fait, Audrey. Et moi je t'ai aidée du mieux que je pouvais. – Tu n'étais qu'un ado mal dégrossi, Simon. Je t'ai embauché parce que tu étais doué. Un vrai petit génie de la destruction. De toute façon nous voulions des gens jeunes et violents. Nous voulions tout miser sur l'avenir, tu comprends ? – Je t'ai donné mon âge et mon prénom. Tu m'as fait me sentir important. Sans toi je serais mort. » La canopée émergeait peu à peu des profondeurs obscures. C'était Noël. Partout dans le pays, des enfants s'éveillaient. Ils sortaient de leur lit, couraient jusqu'au sapin pour y découvrir ce que le national-consumérisme avait pu leur offrir. « C'est moi qui l'ai portée au pouvoir. J'ai joué sur le plus puissant des leviers : la peur. Je l'ai fait parce que j'étais en colère. Je voulais tout détruire. Regarde un peu le résultat. Tout est inscrit là, sur mon visage. C'est assez réussi, tu ne trouves pas ? » Elle a tiré ses cheveux en arrière. Sous le pansement qui lui couvrait la paupière, il n'y avait que le vide et la douleur ; du carré de gaze débordaient des hématomes violets et noirs ; et tout autour, sur le front et les joues, au coin de la bouche et sous l'œil encore valide, la peau d'Audrey s'était creusée de minuscules tranchées qui donnaient à son visage jadis si beau un air de champ de bataille. Elle ne s'était pas tondu la tête depuis son hospitalisation. C'était la première fois qu'elle me donnait à voir la vraie couleur de sa chevelure. Le QR Code imprimé sur son crâne s'effaçait sous un duvet châtain. Une nuit, il y a longtemps, à la fin d'un concert aux anciens Abattoirs, elle m'avait confié se l'être fait tatouer pour ses dix-huit ans. Elle n'avait jamais voulu me dire ce qu'il représentait, à quoi renvoyait le code-barres. Je n'ai pas pu m'empêcher de le lui demander. Elle s'est frotté la tête, comme si ma remarque lui avait rappelé la piqûre du tatoueur. « Tu n'as qu'à me scanner pour voir. » Je restais les mains dans les poches. La bruine s'était épaissie. Il pleuvait maintenant dru et fort. « Qu'est-ce que tu attends, Simon ? De quoi as-tu peur ? Scanne-moi le crâne, je te dis, et tu verras qui je suis. » J'ai fini par le faire, lecteur, j'ai sorti mon écran et le lui ai collé sur la tempe. C'était un vieux conte pour enfants qu'elle avait dans la tête, illustré d'anciennes gravures ; l'histoire d'une fillette qui bâillait d'ennui tandis que sa sœur essayait de l'initier à la lecture. La petite se demandait : « À quoi peut bien servir un livre où il n'y a pas d'images ? » Et tandis qu'elle se posait cette question, un lapin blanc passait, vêtu d'une redingote, tenant une montre à gousset. Et le lapin disait « Oh mon Dieu ! Je vais être en retard ! » avant de disparaître sous terre. Voilà l'histoire qu'Audrey s'était gravée à tout jamais sur la peau. Elle m'a regardé sans sourire. Elle avait l'air si fatiguée ! Comme si toute sa colère s'était vidée par sa blessure. Elle a tiré une tenaille de sa veste et s'est mise à défaire, maille après maille, le dispositif de sécurité contre les sauteurs. Je la regardais faire. Elle a franchi le grillage cisaillé par ses soins et s'est approchée du bord. J'avais le cœur qui battait à deux cents à l'heure. Cette fois il serait impossible d'aller la repêcher. J'ai franchi la barrière à mon tour et j'ai saisi Audrey par la ceinture. Je savais que si elle se balançait là-dedans à la poursuite de sa mémoire, je la suivrais dans l'instant. C'est tout ce que j'ai trouvé à lui dire. Et deux ou trois trucs supplémentaires. Que je n'avais plus qu'elle, et que tous les livres de l'Enfer ne suffiraient jamais à me faire tenir jusqu'à la mort. Que la vie n'aurait plus de sens sans ses jurons d'anthologie et le claquement de ses talons sur le parquet. Qu'elle était ma maison et mon pays à elle seule. Que cet œil qui lui restait suffirait à mon bonheur dès lors qu'il se poserait sur moi au moins une fois par jour. Que de toute façon elle avait le plus joli sourire de la terre et qu'il n'y avait pas à chercher le sens du mot *féminité* dans le dictionnaire, il suffisait de la regarder pour le savoir. Qu'il y avait, quelque part dans cette ville, un endroit où elle pourrait enfin se reposer et dormir. Ce havre, ce refuge, j'allais le lui trouver. Et je veillerais sur elle et son sommeil au péril de ma vie. Je lui ai dit que notre histoire avait de l'avenir. Il fallait simplement faire l'effort de l'écrire. Je me suis mis à répéter son nom bêtement, comme un perroquet. Audrey. Audrey. Audrey. Audrey. Si bien que les bénévoles de l'association ont fini par débarquer.

« Un pas de plus, bande de crevards, et c'est vous que je balance dans les airs », j'ai gueulé, parce que je commençais à en avoir marre qu'on fasse chier mon Audrey. Alors les bénévoles ont dit : « OK, jeune homme, du calme, tout va bien se passer... » Moi je m'agrippais toujours à la ceinture d'Audrey. Nous étions tous deux dégoulinants de larmes et de pluie. Alors elle m'a pris dans ses bras et elle a répété mon nom. Simon. Simon. Simon. Simon. Et c'était la plus belle des musiques parce qu'elle sortait de la bouche d'Audrey. Je la serrais très fort pour ne pas avoir à la laisser partir. J'aurais aimé que la pluie s'arrête mais l'averse redoublait, et les millions de gouttes faisaient un bruit de mitraillette en se fracassant sur les lattes. Audrey a collé ses lèvres à mon oreille. Je sentais l'odeur de ses cheveux mouillés. La caresse de sa main sur ma nuque. « Va voir ton père, Simon, et dis-lui ce que tu as sur le cœur. » J'ai secoué la tête en prétextant que je ne savais pas où le trouver, que je n'avais pas eu de nouvelles depuis des années, depuis le procès, depuis cette lettre marquée d'un grand point d'interrogation. Bien sûr, mon père m'avait laissé l'Aurora pour lui écrire. Mais je ne connaissais même pas son adresse... Elle m'a mis sa main sur la bouche. « Va le trouver, Simon. Tu sais très bien où est ton père. Demande à Caron de t'y emmener. Va le voir de ma part. Lui saura par où passer. C'est son métier. Franchir les frontières. Trouver les trous de souris. Niquer les patrouilles de police. » Elle avait l'air très calme et j'étais très inquiet. « Va-t'en, Simon. Pars sans te retourner. Je veux que tu me fasses cette promesse : ne regarde pas en arrière. » Elle a défait ses bras autour de moi. Soudain j'avais de nouveau froid. Je lui ai demandé si elle m'attendrait. Je lui ai dit que je serais bientôt de retour. « Je t'attendrai, Simon. Où que je sois, je t'attendrai. Maintenant promets-moi à ton tour. » J'ai promis. Elle m'a fait un sourire. Le plus beau sourire de la terre. Alors je me suis retourné et j'ai commencé à marcher, sans regarder en arrière, même quand j'ai vu les bénévoles se précipiter dans sa direction. Audrey est une personne digne de confiance. Et une promesse est une promesse. dont le périmètre n'était pas entièrement clôturé. Par ailleurs, l'absence d'électricité rend les évasions nocturnes plus aisées. Celles-ci vont se multiplier à mesure que le conflit tourne à l'avantage des Alliés. Le 17 août 44, le camp de nomades est mitraillé par l'aviation anglo-américaine, qui le confond avec un site militaire allemand. Dans la panique, 137 internés se font la belle, auxquels viennent s'ajouter 214 personnes incitées à partir par le directeur. Le même été, le sous-préfet demande la dissolution d'un camp qui, à l'origine, se voulait exemplaire : « Situé à côté du marais, le terrain n'est lui-même qu'un ancien marécage plus ou moins assaini que la moindre pluie inonde ou rend très humide. Aucun rideau d'arbres ne l'abrite des vents dominants et le mistral, surtout l'hiver, y souffle avec une rare violence. Le type d'habitation choisi, la cabane de gardian à mur bas surmonté d'un toit de chaume, à petite fenêtre à ras du sol, ne saurait remplacer pour les familles grouillantes qu'elle abrite la roulotte où la plupart des nomades avaient coutume de vivre. En outre, la vie des camps, par la discipline qu'elle exige et le voisinage qu'elle impose, ne convient que fort peu à une telle catégorie d'individus d'un caractère peu sociable et d'une éducation toute spéciale. En raison des événements actuels, il n'est pas souhaitable que ce camp soit maintenu en zone côtière. Il constituerait le cas échéant un nid de pillards et de chapardeurs qui s'évaderaient sans aucune difficulté pour se livrer à la rapine La panique montait dans le pays. Je suivais tout en temps réel depuis ma chambre d'internat. Des agences officielles inondaient les médias de chiffres incompréhensibles. Des spécialistes aux titres ronflants les commentaient dans la foulée sur toutes les chaînes d'info. On jonglait avec les becquerels, les röntgens et les millisieverts. On mesurait la radioactivité du fleuve. Des militaires avaient été dépêchés sur place, armés d'épuisettes et de cannes à pêche, avec pour mission de vérifier la santé des poissons. Ce n'était pas bien compliqué à faire puisqu'ils étaient tous morts. Il suffisait de se servir sur les bords. Un grand scientifique en blouse blanche, peut-être même un Prix Nobel, avait affirmé, solennel, qu'il était très inquiet pour la faune et la flore. La patronne du fournisseur d'électricité national était venue dire au journal de vingt heures que ce n'était en aucune façon une catastrophe nucléaire mais bien une catastrophe naturelle ; le problème semblait bel et bien découler du réchauffement général des températures, en particulier de la canicule estivale. Le niveau exceptionnellement bas du fleuve avait pu, éventuellement, possiblement, hypothétiquement, conduire à un léger dysfonctionnement. D'ailleurs la qualité de l'air aux alentours de la centrale n'était en rien mortelle. Le fleuve et son delta, en revanche, sur la distance qui séparait la centrale de la mer, devaient être considérés comme irradiés à mort pour les trente ans à venir. Un couloir de cent kilomètres de long et de dix kilomètres de large avait donc été mis en place dans l'urgence. Toute présence humaine à l'intérieur de cette zone devenait strictement interdite. Les habitants des régions concernées avaient six heures pour évacuer sous la surveillance de l'armée. Celle-ci acheminait sur la Zone plusieurs centaines d'autocars et une douzaine d'hélicoptères. Le reste du pays pouvait, a priori, reprendre une vie normale. Pendant tout ce temps, j'étais resté en connexion avec Audrey. Comme elle était brillante, comme elle avait de l'avance dans sa connaissance des réseaux, des forums et des applis cryptées ! Son cerveau tournait à toute vitesse, un véritable disque dur ultrapuissant. Audrey avait monté une petite équipe pour remplir sa mission. Chacun chez soi. Personne ne connaissait le nom ni la tête de ses partenaires. Des pseudos, des avatars, voilà comment ça fonctionnait. Moi c'était *Blurry*

Face, enchanté de faire votre connaissance. L'idée était de semer le chaos vite et fort. L'exercice imposé par Audrey se présentait en ces termes : *Le cadre général étant celui d'une contamination nucléaire majeure, vous développerez un certain nombre de thèses complotistes permettant d'invalider l'hypothèse de l'accident tout en étayant celle de l'attentat. Pour ce faire, vous userez d'une information avérée dont l'interprétation sera en revanche laissée à votre entière liberté : l'un des employés de l'entreprise de sous-traitance chargée de l'entretien de la centrale se prénomme* Abdelkrim. *Plus généralement, vous serez encouragés à user d'informations diffusées dans les médias traditionnels afin de donner davantage de véracité à vos propos. Les* fakes, *révélations pernicieuses et autres sous-entendus délétères devront se fonder sur des éléments aisément vérifiables par tous. Vous privilégierez les réseaux non modérés pour la diffusion de vos conjectures. Le respect de la vérité ne sera pas considéré comme une exigence prioritaire. Bonne chance. Vous avez huit heures.* Pour tout te dire, lecteur, l'exercice a duré plus longtemps que prévu. Nous avons, en quelque sorte, été victimes de notre succès et du scénario diabolique que nous avions fini par concevoir sur la base de ce seul prénom à consonance étrangère : *Abdelkrim*. « L'imagination au pouvoir », comme avait dit, je ne sais plus quand, je ne sais pas qui. Alors voilà, brossée à gros traits, l'histoire que nous avons instillée dans l'inconscient de la nation terrorisée : à 23 h 11 l'avant-veille au soir, un problème était survenu dans l'un des quatre réacteurs de 900 mégawatts de la centrale du Tricastin. D'abord qualifié d'incident mineur, le problème avait dégénéré au bout de quelques heures. Le débit du fleuve était anormalement faible pour un mois de juin. Or la centrale y puisait les millions de mètres cubes nécessaires au refroidissement de ses quatre réacteurs. Au petit matin, les responsables avaient dû se résoudre à cette terrible décision : diluer une quantité massive de matières radioactives dans le courant pour faire baisser la pression au sein du réacteur. C'était, avait-on appris de source sûre, la seule façon d'éviter l'explosion nucléaire façon Hiroshima-Tchernobyl-Fukushima. Très bien, parfait. Jusqu'ici nous n'avions fait que copier-coller la version officielle ressassée par la presse et le gouvernement. C'était là qu'Abdelkrim entrait en scène pour y endosser le rôle principal : le technicien s'était fait embaucher en CDD trois mois plus tôt par la société de sous-traitance. On ne connaissait pas son affectation exacte, mais il était avéré que ledit Abdelkrim avait eu accès à des secteurs de la centrale classés très haute sécurité. C'était précisément dans l'un de ces secteurs en maintenance qu'était survenu l'incident de départ – *tiens, tiens ! celui de 23 h 11, comme par hasard…* – qui allait conduire, minute après minute, à l'accident nucléaire. Et qu'apprenait-on en consultant la page dudit Abdelkrim sur les réseaux ? Que l'un de ses innombrables cousins – porteur du même prénom, d'ailleurs – était fiché par les services du renseignement intérieur. Certes, le lien de parenté entre les deux hommes n'était pas clairement établi, mais chacun sait que dans ces ethnies-là tout le monde est plus ou moins cousin. En moins de deux heures et quelques milliers de messages échangés, les deux Abdelkrim n'en formaient plus qu'un. L'information se répandait à toute vitesse et sans la moindre modération : un terroriste potentiel, repéré par les services de police, avait pu s'infiltrer dans la plus vieille centrale du pays et y provoquer une catastrophe majeure. L'accident du Tricastin n'en était pas un. C'était un attentat fomenté par une bande de métèques extrémistes, une véritable déclaration de guerre à la République, à la patrie des droits de l'homme, à la nation en danger. Il n'y avait pas à chercher plus loin. La responsabilité des plus hauts gradés du renseignement était engagée, de même que celle du ministre de l'Intérieur qui n'avait pas su prévenir l'attaque barbare. Un grand ménage était donc nécessaire au sommet de l'État. C'était d'ailleurs ce que Vox Populi réclamait à cor et à cri au sein même de la coalition au pouvoir : rebattre les cartes, redistribuer les rôles, sinon il leur serait facile de faire jouer leur minorité de blocage à l'Assemblée pour renverser le gouvernement. Le message était clair : Vox Populi ne se contenterait plus de trois ministères – la Culture, l'Éducation et la Justice –, il leur en faudrait plus. Il n'y avait guère que deux solutions : remanier, ou dissoudre l'Assemblée et convoquer des élections anticipées. Et c'est ainsi qu'un grand remaniement avait eu lieu en pleine terreur nucléaire, et que la jeune et blonde ministre de l'Éducation avait conquis l'Intérieur. Moi j'avais dû quitter le navire au bout de deux jours. « Je dois te laisser, ma mère est là, qui hurle et pleure et veut me ramener à la maison. » C'était le déchirant message que j'avais envoyé à Audrey, et l'entière vérité sur ce qui m'arrivait. Laura Kaas, héroïne de série policière sous antidépresseurs, avait fini par débarquer dans l'internat désert. Quelque part, ça m'avait rassuré. J'avais encore une mère, tout juste rentrée des hauteurs, capable de venir me chercher en pleine catastrophe nucléaire. Cette première rupture avec Audrey n'avait été que provisoire. Valentine Pereira devenue ministre de l'Intérieur, la reine des trolls s'était de nouveau manifestée. Nous étions quelques semaines à peine après *l'attentat* du Tricastin ; il n'était plus question d'accident nulle part. Le nouveau gouvernement, désormais à forte majorité Vox Populi, venait de faire voter l'état d'urgence provisoire (lequel état d'urgence perdure toujours sept ans plus tard) à un Parlement perclus de terreur. Des gendarmes d'élite avaient transformé ledit Abdelkrim en écumoire lors d'une intervention éclair en banlieue nord. Tout avait été diffusé en direct. On se serait cru dans *La Loi et l'ordre*, sauf que ma mère ne figurait plus au générique. La police, appuyée par le renseignement et l'armée de terre, multipliait les rafles, les expulsions et les perquisitions dans les milieux métèques. C'est dans ce contexte un peu tendu qu'Audrey m'avait demandé de rejoindre définitivement son équipe et de mettre mon talent précoce au service de la candidate Pereira. Je lui avais demandé bêtement, les yeux scotchés à mon écran : « Mais candidate à quoi ? » Et Audrey avait répondu du tac au tac : « À ton avis, Simon ? À *Danse avec les stars* ou à la présidence de la République ? » lorsque l'individu disparaît au profit de son appartenance à une catégorie, qu'elle soit sociale, ethnique ou religieuse. L'être humain se résume dès lors à sa classification administrative, à son carnet anthropométrique, à sa carte d'identité, à son permis de séjour, à un récépissé de demande du statut de réfugié. Il devient le jouet de fonctionnaires terrés dans un bureau au fond d'un ministère. Il se trouve dépossédé de sa chair, de son humanité. Il se réduit à un fichier, fait de papier ou de données informatiques. Un fichier se brûle, se jette à la poubelle. Un fichier se supprime d'une pression de l'index sur la touche adéquate (« Supp. »). Le geste, après tout, est sans conséquence pour le fonctionnaire chargé de faire le ménage. Il ne fait que suivre les consignes, il n'est que le énième maillon d'une longue chaîne, sa responsabilité n'en est que plus diluée. À la fin de la journée, il n'en aura pas moins mérité son salaire ; il n'en trouvera pas moins le sommeil chaque soir ; il n'en gravira pas moins les échelons Difficile de se sortir Audrey de la tête. Je pense être le champion toutes catégories du ressassement amoureux. Mes pensées me ramènent à cette fille borgne et tondue qui a changé ma vie et que j'ai laissée au bord du gouffre noir de la mémoire. Je voudrais hurler son nom à pleins poumons. Mais pour quoi faire ? Attirer l'attention d'une patrouille de police ? La seule façon de tenir ma promesse à Audrey, de ne pas regarder en arrière, c'est d'écrire. Écrire pour fixer ce qui s'est passé. Écrire pour s'alléger de ce qu'on ne peut plus porter. Sinon les valises sont trop lourdes à tirer et il ne reste plus qu'à s'asseoir sur le trottoir comme ces milliers de clochards qui jonchent le sol aux quatre coins des grands boulevards. Par conséquent, lecteur, je renoue le fil de mon errance à travers la ville en ce petit matin de Noël. Un jour gris s'est levé. Combien de temps, combien de kilomètres depuis que j'ai quitté la Grande Bibliothèque ? Je m'enfuis de cette ville de béton et d'acier dans laquelle nous sommes tous enfermés, par facilité et par paresse, en échange du droit fondamental à consommer. Continuez d'écrire, a dit la bibliothécaire. Va-t'en vite voir ton père, a dit Audrey. Je laisse la capitale dans mon dos, passe le périphérique, remonte l'avenue du vainqueur de Verdun. Ici c'est la survie, le système D, les vendeurs à la sauvette, tous ceux qui traficotent dans l'espoir de devenir un jour des consommateurs de première classe. C'est là qu'habite ma mère, au 178 *bis*, entre le Lidl et une boutique de fleurs. C'est bien pratique quand je viens la voir. Je lui achète toujours un bouquet de lis, ça lui rappelle son ancienne gloire. Quand je les lui tends, son visage s'éclaire. Elle bascule la tête en arrière et se met à sourire ; j'ai toujours peur qu'elle me fasse un discours, qu'elle remercie comme aux Oscars. Et puis finalement non, ma mère ne trouve jamais rien à dire. Alors elle va chercher un vase, y met les fleurs et m'informe que le frigo est vide mais qu'elle peut m'offrir un café et des crackers. Ma mère carbure aux galettes de riz soufflé pour ne pas grossir. Elle se pense encore actrice. De toute façon le fleuriste est fermé ce matin et j'arrive les mains vides. « Joyeux Noël, maman… » (Par quoi d'autre voudrais-tu que je commence, lecteur ?) Elle m'accueille en peignoir. « Oh ! tu t'es souvenu de ta petite maman ? Comme c'est gentil, Simon ! » Son deux-pièces est un foutoir sans nom. Une espèce de musée où elle a rassemblé tout ce qui lui restait du commandant Valeira. Les affiches, les accessoires, jusqu'au vieux blouson de cuir qu'elle laisse pendu à une patère, comme si une directrice de casting ou le commissariat du coin allait l'appeler pour la brancher sur une nouvelle affaire. Elle essaie tout de même de se projeter dans l'avenir, ma mère. Elle veut se lancer dans la comédie musicale et le stand-up. C'est un genre très populaire de nos jours. Elle compte capitaliser sur sa popularité passée. Sauf que personne ne se souvient d'elle. La comédienne qui lui a succédé dans le rôle principal l'a très vite supplantée dans les esprits et les imaginaires. (La série dure toujours ; elle s'est encore radicalisée.) Les producteurs ne veulent plus entendre parler de Laura Kaas. Ils gardent le souvenir d'une actrice fragile, capricieuse, accro à tout un tas de substances. Sans compter son visage défraîchi, ahuri, bouffi de Botox. Alors ma mère fait sa promo en solo sur les réseaux sociaux. Elle enregistre des petites vidéos où elle chante faux et danse en talons à motif léopard. Il paraît qu'elle écrit un seul-en-scène. Ça parle d'une ancienne star qui a sombré dans la dépression. Elle promet deux heures de rire à s'en pisser dessus. Elle me sert un café. J'y mets du lait. Je lui laisse ses galettes de riz. « Comment vas-tu, maman ? » Elle sort son écran, me montre le sketch qu'elle a enregistré la nuit dernière. Elle y chante un petit air, coiffée d'un bonnet de Père Noël. Elle finit la séquence par des trémoussements en bikini. Elle s'est fait rembourrer le décolleté – encore –, mais pas en Suisse – elle n'en a plus les moyens –, plutôt dans l'une de ces cliniques *low cost* d'Europe de l'Est où les femmes entre deux âges se font refaire les seins, les fesses et les dents par la même occasion. La vidéo est floue, c'est tout à son honneur. On en voit assez, cependant, pour se rendre compte de son extrême maigreur. « Tu l'as déjà mise en ligne, maman ? – Ma danse du ventre ? Évidemment. Pourquoi ? Ça ne te plaît pas ? Pas assez intellectuel pour toi, c'est ça ? J'oubliais, Monsieur est un grand lecteur, Monsieur aime la littérature… » Elle s'énerve vite, ma mère, mais sans jamais hausser le ton. C'est son débit qui s'accélère, façon fusil automatique. « Mais non, maman, c'est très bien, je t'assure, très prometteur. Il faut que tu continues. Un jour ou l'autre quelqu'un se souviendra de toi, de ton talent, de ta beauté. » Elle sirote son café. Lorgne du coin de l'œil sa boîte de cachetons posée sur le rebord de l'évier. Se demande si c'est du lard ou du cochon, les joyeuses certitudes de son fils. « J'ai envoyé ma vidéo à la ministre de la Culture. Peut-être qu'elle voudra bien la relayer ? En souvenir du bon vieux temps… – Cette vieille pute de Coupe au bol ? Enfin, maman ! Qu'est-ce qu'elle a fait pour toi depuis qu'elle t'a virée de sa série il y a sept ans ? Arrête de te rabaisser comme ça ! – Elle a beaucoup de boulot, voilà tout. Elle finira par répondre à mes messages, j'en suis sûre. Et puis qu'est-ce que tu connais à ce métier, toi, Simon ? Le réseau, les contacts, voilà ce qui compte pour trouver du travail. – Tu m'étonnes ! Si tu n'as pas ta carte à Vox Populi, tu peux toujours courir pour te trouver une figuration dans leurs séries. Tu devrais écrire à l'ancien prof d'histoire. En souvenir du bon vieux temps… Tu as vu qu'il prend la direction du Conservatoire de la mémoire ? Il a fini par l'avoir, son poste de haut fonctionnaire. » Elle me fusille du regard. J'entends son genou sous la table battre la mesure. Je n'ai toujours pas ôté mon manteau. J'ai chaud. Je finis par l'entrouvrir, en tire le livre de mon père et le pose bien en évidence, entre les galettes de riz et la cafetière. « C'est quoi, ça,

Simon ? » Je le lui glisse un peu plus sous le nez. Elle n'a qu'à lire le titre et le nom de l'auteur sur la couverture. Elle préfère aller se siffler un cacheton coloré au-dessus de l'évier. « Maman ? Est-ce que tu sais où est papa ? » Un long silence se passe. « Maman ? Est-ce que tu as eu de ses nouvelles depuis le procès ? » Elle fouille dans le tiroir de la table, en sort un paquet de clopes, en allume une, me fixe en titillant le filtre marronnasse avec le pouce. La fumée envahit la pièce. « Ça fait sept ans, Simon. – Je sais, maman. – Qu'est-ce que tu lui veux, à ton père ? » J'ai de plus en plus chaud. J'hésite toujours à ôter mon manteau. « Je le saurai quand je l'aurai trouvé. Alors je pourrai le lui dire. » Elle lève les yeux au ciel, tire sur sa cigarette, repousse le livre dans ma direction. La couverture crisse sur la nappe en plastique. « Où veux-tu qu'il soit, Simon ? Où veux-tu qu'il soit passé, ton connard de père ? » Je m'essuie le front. Tripote ma tasse. « Ce n'est pas possible, maman. Il ne peut pas y être. » Et elle, de nouveau sur un tempo de mitraillette : « Tout est possible avec lui, tu sais, fils. » Je reprends le livre et dis merci pour le café. De la table à la porte il doit y avoir cinq ou six pas à tout casser. « C'était vrai, Simon ? » Je me retourne. J'ai déjà la main sur la poignée. Est-ce moi qui ai brisé la carrière de ma mère ? Est-ce bien moi, le responsable de cet immense foutoir ? « Quoi, maman ? Qu'est-ce qui était vrai ? – Ce que tu as dit au gendarme le jour de l'interrogatoire. La vidéo, tu sais. Celle qu'ils ont diffusée au procès. C'était vrai ? Qu'il te mettait sa main dans la culotte ? » Je pense à tous ces gens qui sautent depuis le parvis pour revivre leur vie. Je les vois flotter dans les airs puis transpercer la canopée. Je pense aux corps tombés dans la tranchée immense de la Grande Bibliothèque. Je pense à mon passé. Je pense au grand gruyère de ma mémoire. Je pense à Audrey. Je pense à ses cheveux et à l'odeur de son shampoing. À son œil qui m'implore de partir sans me retourner. « Joyeux Noël, maman. Il faut que j'y aille, maintenant. Il faut que je tienne une promesse, tu comprends. Je passerai t'embrasser pour la nouvelle année, d'accord ? » J'entends son rire grinçant venu du fond de la cuisine. Il me poursuit jusque dans l'ascenseur. Tout au long de l'avenue du vainqueur de Verdun. Puis sur le quai de la gare et dans le RER. À travers les terrains vagues banlieusards. Jusque sous le pont de la bretelle autoroutière, face aux anciens Abattoirs. les lois sécuritaires d'aujourd'hui préparent notre asservissement de demain. Elles sont l'outil rêvé, sans qu'il soit nécessaire d'en changer une virgule, dont userait un pouvoir peu soucieux des libertés individuelles pour mettre sa population sous contrôle. Les seuls garants de ces libertés seraient alors les habituels contre-pouvoirs démocratiques, le Parlement, la justice et la presse. Mais que pèseraient ces contre-pouvoirs en cas d'instauration de l'état d'urgence ? Notre histoire, qu'elle soit récente ou plus ancienne, regorge d'exemples où, au nom de la défense de la nation, du peuple et parfois même de la démocratie, les gouvernements en place ont cédé à la tentation de museler le jeu démocratique. Lorsqu'elles se répètent, les mesures d'exception n'en sont plus, et la pente savonneuse sur laquelle Nous vivons en démocratie. Il n'est pas difficile de se rendre d'un point A à un point B. Il suffit de s'enregistrer sur l'appli du ministère de l'Intérieur. Obligatoire pour tout déplacement supérieur à trente kilomètres, l'attestation dérogatoire est en vigueur depuis l'attentat du Tricastin et l'instauration de l'état d'urgence. Tout le monde s'y est fait. Un peu de paperasse en ligne pour assurer la sécurité de tous. Les appareils que nous trimballons dans nos poches nous trahissent en permanence. À tout moment le ministère est en droit de vérifier où nous nous trouvons, au mètre près. Il n'y a que les individus pas très clairs qui trouvent à y redire. Ceux qui chapardent et traficotent. Sans oublier les poseurs de bombe et les coupeurs de tête. Et pour ceux-là qui décideraient d'éteindre leur écran, il y a les caméras à reconnaissance faciale et les drones détecteurs de chaleur. En somme, il n'y a plus à se poser de questions. Depuis sept ans nous avons gagné en tranquillité ce que nous avons perdu en liberté. Une fois l'idée de surveillance généralisée ancrée dans les esprits, nous sommes censés dormir sur nos deux oreilles. Et le sommeil, par les temps qui courent, ça n'a pas de prix. Moi je souffre d'insomnie depuis bien trop longtemps pour avoir la conscience tranquille. Je dois avoir quelque chose à me reprocher. Une filouterie. Une trahison. Caron l'a bien senti, qui m'a proposé de passer dans la Zone en pleine nuit. Il n'y a qu'une seule façon d'entrer sans autorisation, c'est par la porte sud, appelée aussi porte de l'Enfer. Il faut payer, et payer cher. Nous empruntons l'A7 depuis la capitale, Caron au volant d'une vieille Volvo et moi calé sur la banquette arrière. Une grosse journée de route en partant de bonne heure. J'en profite pour écrire, rattraper mon retard. Mon chauffeur, plutôt taiseux, me lance des coups d'œil par l'intermédiaire du rétroviseur. Nous avons pris soin d'éteindre nos écrans et d'en extraire la batterie. Toute tentative de violation de la Zone est punie de sept ans d'emprisonnement. On ne plaisante pas avec la radioactivité. Il ne faudrait pas que le long couloir formé par le fleuve et son delta devienne un terrain de jeu pour les pillards, les nostalgiques du monde d'hier et les amateurs du grand frisson nucléaire. L'endroit est interdit à tout être humain en dehors des chercheurs et des militaires. C'est ce que Caron m'explique en arrivant devant l'immense zone manufacturière qui borde la mer. La nuit est tombée d'un coup. Nous ne sommes plus qu'à quelques kilomètres de la frontière. Ici s'enchevêtrent, depuis soixante-dix ans et sur dix mille hectares, des millions de tuyaux rouillés et des cheminées par milliers, crachant jour et nuit leurs vapeurs pestilentielles. Fos. Dernier grand site sidérurgique du pays. Ultime réserve stratégique de pétrole. Dernière grande raffinerie en activité. Témoignage d'une économie tournée vers le passé. Ici l'État maintient sous perfusion un pan entier de son outil industriel. L'enjeu est de taille pour la présidente Pereira. Les autorités, avec l'accord de sommités scientifiques grassement rémunérées, ont décrété que la radioactivité s'était arrêtée à hauteur de la départementale 268. Les aciéries, les raffineries, le complexe pétrochimique et les terminaux portuaires, de même que l'usine de traitement avalant sans relâche les monceaux d'ordures générés par la métropole régionale, tout cela a échappé par miracle aux isotopes mortifères charriés par le fleuve depuis l'attentat du Tricastin. La zone interdite commence officiellement plus loin, quelque part dans le noir. Mais n'entre pas qui veut dans le complexe industriel. Il faut couper le moteur et montrer patte blanche devant la barrière rouge qu'encadrent trois solides gaillards en uniforme camouflage. L'un d'eux arbore un fusil automatique en bandoulière. Caron fait signe au plus gradé des trois. La vitre de la Volvo s'abaisse côté conducteur. Je ne vois que le torse du soldat à travers l'ouverture, sanglé dans un gilet pare-balles suréquipé d'accessoires. Caron s'adresse à lui dans un murmure. J'entends à peine ce qu'ils se disent. Quelques secondes plus tard, la barrière s'élève dans les airs. La voiture repart à deux à l'heure. Caron remonte sa vitre et m'adresse un sourire. « Qu'est-ce que tu t'imaginais, fiston ? Une opération commando ou un truc dans le genre ? Ici tu paies, tu passes. Simple comme bonjour. » Caron a le don de m'agacer et je n'aime pas sa manière de m'appeler fiston. Nous tournons dans un labyrinthe de rouille et de ferraille. La Volvo évite les rares taches de lumière tombées des lampadaires. C'est à croire qu'il cherche à semer quelqu'un qui se serait glissé dans son rétroviseur. Parfois une silhouette surgit dans le halo des phares et disparaît aussitôt. L'endroit est loin d'être désert. Les cheminées dégorgent une fumée blanche qui se détache dans la nuit noire. Une forte odeur de soufre imbibe l'air. Les usines tournent à plein régime. Je suis resté des plus obscurs quant à mes véritables motivations pour violer la frontière. Caron ne m'a rien demandé, d'ailleurs. La grosse liasse de cryptomonnaie que je lui ai virée pour moitié a suffi pour acheter ses services. Je lui paierai le reste dès qu'il m'aura fait ressortir. Il y a là toutes mes économies, tout l'argent amassé en répandant horreurs et calomnies sur les réseaux sociaux. Nous longeons désormais des bassins de décantation creusés dans le béton. L'endroit est à l'abandon. Un dernier virage sur la droite et la Volvo se range contre une ancienne gare de marchandises. Le passeur laisse les phares allumés quelques secondes supplémentaires, le temps pour lui de désigner un long reflet d'acier surgi de l'obscurité : le Concertina, long serpent de barbelés garnis de lames de rasoir de quinze millimètres de largeur, qui déchirent les vêtements et dévorent les chairs. L'armée en a placé des murailles entières entre le Tricastin et la mer, sur plus de cent kilomètres de longueur. La Zone est là, qui s'évanouit soudain lorsque Caron coupe le contact. « Descends. On continue à pied. Il faut nous équiper. » Cela consiste à nous couvrir l'entrejambe d'une coque de plomb que nous glissons entre deux couches de sous-vêtements crasseux, et à insérer des semelles de plomb (au sens propre) dans une paire de bottes en caoutchouc. Nous avalons aussi deux comprimés avec quelques gorgées de bière. De l'iode. Bouclier sommaire et dérisoire. La seule véritable protection contre la radioactivité, c'est de ne s'aventurer dans la Zone qu'un temps restreint, tout au plus quelques heures. Alors il faut presser l'allure. Ici tout est déjà contaminé, quoi qu'en disent les fonctionnaires du ministère de l'Intérieur. Nous traversons la gare tels deux fantômes et descendons sur les rails à hauteur d'un chapelet de wagons-citernes dévorés par la rouille. Le chemin de fer se rétrécit sitôt la gare de tri dans notre dos, passant de six à une voie. Caron prend soin de marcher sur les traverses en bois et jamais sur la terre. Par jeu ou par précaution ? Je m'abstiens de lui poser la question. Ces temps-ci, je suis abonné aux voyages en enfer. D'abord la bibliothécaire. Maintenant le dealer. Mon destin est monté sur des rails d'acier. Il n'y a rien d'autre à faire que d'avancer en ligne droite jusqu'à la fin, du voyage ou de l'histoire, en confiant l'un et l'autre à des passeurs, personnages secondaires chargés de me faire traverser les frontières. Nous marchons ainsi une bonne demi-heure sans échanger une seule parole. Caron trimballe un énorme sac en bandoulière. Le grincement de la sangle à l'agonie rythme nos pas. Soudain le chemin de fer se scinde en deux. Caron choisit la voie de gauche sans hésiter, la voie sinistre. Celle-ci adoucit sa courbe, finit par longer un étroit canal à sec aboutissant à une écluse. Un bref rayon de lumière jaillit de la main du passeur, le temps pour lui de repérer un aéroglisseur dissimulé sous un filet de camouflage, un de ces petits engins *low cost* dont usent les métèques pour traverser la Méditerranée et débarquer en masse sur nos rivages. Déjà la torche s'est éteinte. Discrétion de rigueur, même si l'endroit paraît désert. Il faut équiper l'hovercraft dans le noir. Caron s'affaire, tirant du sac deux grosses batteries qu'il enclenche sous l'hélice arrière. « J'ai tapissé le fond de plaques de plomb pour les radiations. Ça pèse son poids, tu vois. Sans compter la radioactivité qui bouffe les batteries. Alors il faut une grosse autonomie pour pouvoir faire le grand tour. » Je suis pris de frissons. L'humidité et le froid de l'hiver. À moins que ce ne soit la proximité de l'eau qui m'emplisse de terreur. « Le grand tour ? Tu ne m'as pas dit que c'était dangereux de rester trop longtemps sur le fleuve ? La radioactivité… » Caron prend le temps d'allumer une cigarette. Le bout incandescent brille dans le noir. « Crois-moi, c'est beaucoup plus dangereux de passer par l'intérieur des terres. Allez, garçon, arrive à bord ! » Caron lance l'hélice arrière et aussitôt l'engin décolle à quelques centimètres au-dessus du sol. L'écluse est fermée à double tour. La radioactivité ne doit pas s'écouler dans les terres et le canal en aval doit rester sec. Mais en amont c'est une tout autre histoire : l'étroit boyau est rempli à ras bord d'une eau lisse et noire. Caron y engage l'aéroglisseur. Nous progressons dans un souffle. Je sais où mène cette longue ligne droite. Au bout de l'obscurité se trouve le fleuve. Je peux déjà en sentir les effluves. L'eau douce et l'eau salée s'y brassent sans cesse. L'embouchure se trouve à dix kilomètres tout au plus. Soudain Caron coupe le moteur et rengage l'hovercraft sur la berge. L'engin s'affaisse aussitôt dans le silence. Voici le grand bras en face de nous, constellé de reflets mouvants, soumis aux forts courants d'hiver. Et je comprends alors : la véritable démarcation, c'est ce serpent d'eau contaminée de quatre cents mètres de largeur. Je m'imaginais, je ne sais pas, moi, qu'il faudrait cisailler plusieurs épaisseurs de clôture, se contorsionner dans tous les sens, ramper par terre comme dans un film d'aventures. Mais la Zone sait se passer de ce genre d'artifices. Une frontière naturelle la protège des regards. Je dois l'imaginer puisque je ne peux la voir. La nature a repris ses droits dans les paysages de mon enfance jadis modelés par la main de l'homme. Au sud, à l'embouchure, le sel s'accumule sans que personne ne vienne le ramasser. Plus haut, les cultures poussent dans l'anarchie la plus totale. Rizières et vignobles ont péri noyés. Les animaux d'élevage, chevaux, taureaux, moutons, du moins ceux qui ont échappé aux radiations et à la famine, sont retournés à la vie sauvage. Seuls les plus forts ont survécu. Quant aux autres, piafs, ragondins ou tortues à cinq pattes, ils jouissent désormais d'une paix royale depuis le départ précipité des humains. Jusqu'au fleuve lui-même qui s'est ensauvagé. Toutes les infrastructures de drainage et d'irrigation sont désormais à l'abandon. Le fleuve, que ce soit son grand ou son petit bras, déborde chaque hiver, engloutit la terre sous une eau qui affolerait le moindre compteur Geiger. Le grand exode d'il y a sept ans, la mise en quarantaine entre deux murs de barbelés ont fait de la région un *no man's land* où les roseaux, les salicornes et les sansouïres boostés à l'uranium recouvrent toute trace de civilisation. Il ne reste guère que les mas en ruine et les vieilles tours de guet, remplis d'oiseaux nicheurs, et les anciennes cabanes de gardian, comme celle de mon père, dont les murs d'un blanc sale et les toitures hirsutes s'effritent chaque jour un peu plus. C'est drôle, tout me revient dans cette obscurité. Les pages de *Faune et flore des milieux lagunaires de Méditerranée*, bien sûr, mais aussi les paroles de mon père, intarissable, qui me trimballait d'un chantier de fouilles à l'autre, ses bouteilles de plongée cliquetant dans le fond du Land Rover, commentant les paysages qui s'offraient à nos deux regards. Je pensais n'avoir rien retenu, enfermé que j'étais dans mon ennui d'enfant solitaire. Pourtant tout resurgit du passé. Ses mots, ses descriptions, ses métaphores et son accent chantant. Tout me revient, oui, face à l'immense étendue d'eau qui cerne l'ancien pays de mon père et les contours de ma mémoire. Jusqu'à son odeur qu'il me semble à nouveau sentir. Mais je n'ai pas le temps de m'appesantir : Caron, d'un mouvement du menton, attire mon attention vers l'autre rive. Là-bas, de puissants projecteurs fendent brusquement la nuit, révélant une grosse barge blanche amarrée à un ponton, flanquée d'une tour en forme de champignon. Des gens s'y pressent par centaines, une foule informe et fourmillante. L'embarquement prend cinq minutes au plus. Le grondement du diesel me parvient comme un coup de tonnerre. Il précède l'appareillage de la barge chargée de sa cargaison de silhouettes. La machine lutte un moment contre le courant puis stabilise sa trajectoire. Les projecteurs visent le ponton jumeau de notre côté. Caron me glisse dans un murmure : « *Vous qui entrez ici, laissez toute espérance.* » Et aussitôt relance l'hélice de l'aéroglisseur. La jupe de caoutchouc se gonfle sous mes fesses, le coussin d'air nous soulève de terre en douceur. Bientôt nous débouchons sur le grand bras du fleuve. Caron remonte le courant à toute vitesse. Le vent marin s'engouffre dans mon manteau. Il souffle en notre faveur, nous poussant vers le nord. L'hovercraft surfe sur les crêtes coiffées de mousse, soulève des gerbes qui m'éclaboussent. Je jette un œil en arrière. Déjà la barge négocie son appontement sur la rive gauche. Des hommes armés patientent au niveau de l'embarcadère, le canon du fusil pointé en l'air. Dans leur dos, une demi-douzaine d'autocars allument leurs phares pour répondre aux projecteurs du navire. Le fleuve s'enroule sur la droite et nous met à l'abri des regards. Caron ralentit sa course folle, retrouve sa vitesse de croisière, en profite pour s'en griller une. Un pan de sa veste fait office de coupe-vent. Je lis le soulagement sur son visage lorsqu'il émerge dans la lueur rougeâtre de sa cigarette. « C'est le seul moment possible pour s'extraire du canal. Quand le bac décharge son stock. Les sentinelles ne surveillent plus le fleuve mais la marchandise. » L'aéroglisseur fait une grosse embardée. Je m'accroche comme je peux au rebord. J'ai peur. Je suis trempé. Caron tire un système GPS de son sac et le cale près de la barre. Il nous guidera dans le noir, nous aidera à négocier les recoins piégeux du grand bras. L'eau sur laquelle nous glissons est amplement contaminée. « La *marchandise*, Caron ?… Quelle marchandise ? – *Le travail rend libre*. Tu n'as jamais entendu ça en cours d'histoire, fiston ? » Je me retrouve projeté dans la classe de M. Cathrine. Quel siècle ? Quel chapitre ? J'ai de cette phrase un souvenir confus. Il est vrai qu'à partir de la cinquième,

je n'ai plus trop fait attention. Je repose ma question : « C'était quoi, ces mecs, sur le bac ? » L'autre jette sa cigarette. Un bref instant, je crains qu'elle embrase le fleuve jusqu'à la mer, mais ce n'est pas comme ça, bien sûr, que se déclenche une explosion nucléaire. « Ce sont les âmes damnées de l'Enfer, gamin. Le bac de Barcarin les amène au complexe industriel. Le bac et les autocars. Les rotations ne s'arrêtent jamais. Il y a les équipes de jour et les équipes de nuit. Ils sont plusieurs milliers à faire l'aller-retour en vingt-quatre heures. » Je fixe l'écran du GPS. Nous sommes un petit point rouge remontant l'échine d'un immense serpent noir. « Mais je croyais que la Zone avait été évacuée après l'attentat. » Est-ce ce mot, *attentat*, qui le met en colère et le rend soudain plus bavard ? « T'as raison, garçon, après l'accident ils ont viré tout le monde. J'ai fait partie du lot, moi aussi. J'ai tout quitté, ici. Ma maison, mon boulot, mes amis. L'évacuation. C'était il y a sept ans. Ce sont les mêmes bus qui servent encore. Ils ont tout laissé sur place après le grand sauve-qui-peut, sans rien décontaminer, bien sûr. Seulement voilà, quelques mois plus tard, la Zone a recommencé à se remplir. On dit que la nature a horreur du vide. Tout ça c'est des conneries. C'est l'homme qui doit toujours tout envahir.
– Est-ce qu'ils savent que tout est contaminé ?
– Bien sûr qu'ils savent. Seulement, chez eux, c'est encore pire. Leur pays aussi est contaminé, par la famine, par la sécheresse et par la guerre. Tout le

monde est au courant dans la région. Tout le monde sait que la Zone est infestée de crève-la-faim. Seulement voilà, ils sont les seuls à vouloir bosser à Fos. Alors on les laisse aborder sur les plages contaminées. Si tu voyais la jungle que c'est dans le delta ! Tu crois vraiment que les radiations se sont arrêtées à la départementale ? Le complexe industriel, c'est Tchernobyl et Fukushima à lui tout seul. Tout le monde sait, je te dis. Y compris là-haut, dans la capitale. Les huiles, les politicards, les hauts fonctionnaires dans les ministères. La terre entière est au courant que la Zone est devenue un immense camp de migrants à ciel ouvert. Et mieux que quiconque, la petite salope dans son palais, qui va bientôt se faire réélire. Son seul programme, c'est de virer un par un les métèques du pays (dont je fais partie, d'ailleurs). Virer, mon cul, oui… Tout est une question de répartition. On appelle ça l'aménagement du territoire. Et ce n'est qu'un début, tu vas voir. Le Tricastin n'a fait qu'amorcer le mouvement. Une belle aubaine pour Pereira et sa clique. Ça lui a permis de prendre le pouvoir et de ne plus le lâcher. D'ici cinq ans elle aura mis en place sa politique de nettoyage ethnique. Les Blancs entre eux. Et les métèques, comme des Indiens dans leur réserve, à trimer dans les coins les plus pourris du pays, dans les anciens bassins industriels et les zones polluées. C'est ce qu'elle appelle le *redressement productif*. Des esclaves à bas prix, bossant douze à quinze heures par jour dans les hauts-fourneaux, les raffineries et les sites de traitement des déchets nucléaires pour des salaires de misère. La compétitivité, garçon, c'est ça qui compte dans la grande course économique. Tu sais comment ils l'ont rebaptisé, le complexe industriel, là-haut dans les ministères ? La *Zone d'activité prioritaire*… ZAP ! Ici pas de feuille de salaire, pas de protection sociale, pas de médecine du travail, pas de syndicat, pas de convention collective, rien de rien. Vingt mille damnés corvéables à merci. On les a bien zappés, putain, les droits humains. Tout le monde bosse au noir. Et quand un esclave crève dans son coin, on le remplace illico, plus facilement qu'un chien. Pour un qui s'en va, ils sont dix à vouloir son boulot. Là-bas, de l'autre côté de la Méditerranée, le réservoir est pratiquement inépuisable. Alors tu penses qu'ils ne vont pas freiner de sitôt l'immigration, garçon. Fermer le robinet aux clandestins, ce serait, comme qui dirait, contre-productif. Bien sûr, de temps en temps, il y en a un pour passer entre les mailles du filet et venir se faire exploser dans un centre commercial de la capitale. Tout le monde est ravi au ministère de l'Intérieur, ça fait remonter la peur et l'hystérie. Et la population redemande un pouvoir fort. Toujours plus de police, plus de caméras, plus de sécurité. Une aubaine pour Vox Populi, je te dis. Elle n'a plus qu'à dérouler son programme pour le prochain quinquennat, cette petite pute de Pereira. Combien tu paries que d'ici cinq ans d'autres ZAP du même genre auront poussé dans le pays ? Dans le Nord, à l'est près de la frontière, là où, dans le temps, il y avait des mineurs et des usines de voitures. Partout où le taux de chômage dépasse cinquante pour cent. Cette fois plus besoin d'accident nucléaire. Combien tu veux parier, gamin ? Combien tu veux, dis ?... » Je prête de moins en moins attention au délire de Caron. Ses mots se perdent dans la nuit. Nous progressons vers le cœur du delta et la source de tous mes souvenirs. Le pays entre le fleuve et la mer. La région de mon enfance. L'aéroglisseur atteint enfin l'entrée du delta. Ici le fleuve se rétrécit. Je reconnais les quais habillés de pierre blanche qui surgissent dans le noir. Au-dessus des quais quasi luminescents se dressent des maisons aux fenêtres éteintes, aux portes entrebâillées, parfois même fracassées. Les âmes damnées qui peuplent le pays poussent tôt ou tard jusqu'à la ville interdite pour y chercher de quoi passer l'hiver. Une doudoune. Un ciré jaune. Une paire de chaussures. Un matelas. Une couverture. Des bottes en caoutchouc. Puis elles redescendent dans les terres. Parce qu'une ville coupée du monde, sans ravitaillement, sans électricité et sans lumière, est une ville où l'on meurt. C'est ce que Caron me fait sentir, qui passe le bourg sans lui accorder un regard. Le pont de Trinquetaille, les arènes romaines, les thermes de Constantin. Et puis la gare, un peu plus loin. Tout cela est mort et enterré sous les becquerels, les röntgens et les millisieverts par milliards. Alors il faut poursuivre encore un peu vers le nord. Rive droite, les bosquets empaquetés dans la nuit ont succédé à la cité romaine. Rive gauche défilent les terrains vagues, la zone portuaire, enfin la cimenterie. C'est là, à hauteur de l'île des Sables, que le fleuve se fend en deux bras : le grand, par lequel nous sommes montés, et le petit, par lequel nous allons redescendre. Jadis mon père y plongeait si souvent. Nous passons l'ancien chemin de fer. Caron rejoint la berge peu après le pont, y propulse son aéroglisseur. « C'est ici que nos chemins se séparent, garçon. – Tu ne m'accompagnes pas plus loin ? – Le village est à un kilomètre. Tu trouveras facilement ton chemin. Même dans le noir. De toute façon tu connais l'endroit par cœur, pas vrai ? Maintenant paie-moi ce que tu me dois. – Et comment je rentre, après ? – Ne t'inquiète pas. Je reviens te chercher demain. Même endroit, même heure. – Si je te paie tout maintenant, comment je peux en être sûr ? – Les types que je fais rentrer, faut que je les fasse sortir. Ce serait pas bon pour mes affaires de les laisser pourrir ici. Question de publicité. Paie-moi, je te dis. Je suis en train de me choper un cancer et toi aussi. » Je quitte l'aéroglisseur après avoir réglé ma dette. Le passeur relance aussitôt son hélice. Je n'ai pas droit à un regard, à un encouragement, à un au revoir. Pas compris dans le tarif. L'engin disparaît dans la nuit sans laisser la moindre trace ni le moindre sillage à la surface. Caron a rempli son office et sa fonction dans l'histoire, lecteur, il m'a ouvert le chemin vers la Zone. Ici la radioactivité pèse. Il faut te dépêcher, Simon. Les berges du fleuve figurent parmi les endroits les plus contaminés. Tes bottes aux semelles de plomb ne te protégeront pas longtemps. Je connais le trajet. Il faut passer la ferme jaune où, enfant, je venais regarder galoper les chevaux blancs à la folle crinière, rejoindre l'ancienne maison de l'apiculteur et prendre à gauche sur la route des Trois-Fontaines. Puis, juste avant le village, obliquer sur un chemin de terre. S'enfoncer à travers les arbres. Toucher leurs troncs rugueux du plat de la main, progresser à tâtons, se souvenir des odeurs de la nuit, du bruit du vent dans les feuilles. Laisser la cabane me revenir en mémoire. La voici qui surgit dans le noir. Ses murs blancs, arrondis à l'arrière, et sa coiffe de roseau. Garé juste à côté, son capot éventré, le vieux Land Rover de mon père. Il repose désormais sur quatre cales en bois, débarrassé de ses pneus et de son moteur. Un aboiement jaillit soudain du silence. Là-bas le chien tire sur sa chaîne. Je distingue la tache blanche sur son poitrail. Le cri se change en gémissement. L'animal se rassoit, remue la queue. Sept ans après Chronos me reconnaît. Comme si je n'avais jamais bougé d'ici. Soudain la cabane s'éclaire. Bientôt un homme en sort, vêtu d'une parka sombre, avec aux pieds de grosses chaussures lacées à la va-vite. La lanterne qu'il brandit à hauteur d'épaule m'empêche de discerner son visage. Je plisse les yeux, ébloui. Enfin cette voix derrière le halo de lumière : « Qui es-tu ?

Que veux-tu ? » Que répondre à pareille question ? Les secondes passent et mon espoir s'amenuise. Il m'aurait déjà reconnu. Il m'aurait déjà balancé quelque chose à la figure, lancé son chien à la gorge ou tiré dessus avec son fusil de chasse. Il m'aurait déjà traité de tous les noms. De traître, de Judas, d'assassin et de faux fils. « Qu'est-ce que tu cherches comme ça au beau milieu de la nuit ? » Cette voix n'est pas la sienne. L'accent non plus n'a rien de méridional. Il vient du sud, certes, mais de plus bas encore, de l'autre côté de la mer. La lanterne s'abaisse enfin. L'homme reste à l'état de silhouette. Il a le crâne rasé. Le cou épais. La peau noire. Je suis tétanisé. À cet instant précis le chien est plus libre que moi. Il s'est remis sur ses pattes. Chronos a fait son choix. Je ne suis pas un ennemi. Juste une réminiscence de son lointain passé. Le voici qui s'avance. Me flaire les mollets. Sa truffe humide me frôle une main, inerte, contre un pan du manteau d'hiver. Chronos remue la queue. « On dirait qu'il te connaît, le chien… Tu es très maigre. Tu as faim ? » D'autres lumières s'allument dans la cabane qui, jadis, était celle de mon père. D'autres silhouettes remuent à l'intérieur. Une femme dans la cuisine. Sa voix n'est qu'un murmure. Et un petit garçon se tient en retrait, apeuré, ses yeux emplis de sommeil. Sa tête ébouriffée dépasse de la hanche de sa mère. Sa manche de pyjama, d'un jaune passé, imprimée de motifs crocodiles roses et verts, lui ceinture la taille. Ce pyjama, je le reconnaîtrais entre mille. Autrefois c'était le mien. Je le portais encore quand les gendarmes ont emmené mon père. La femme dans la cuisine actionne un vieil autocuiseur. L'enfant se tient désormais seul, les bras serrés contre son corps. À la base de son cou, une grosse protubérance lui donne l'air d'avoir gobé un œuf. Il tremble. La nuit est douce, pourtant, mais l'obscurité est toujours inquiétante quand on n'a pas dix ans. L'obscurité et les visiteurs étrangers dans mon genre. L'homme pointe à nouveau sa lanterne dans ma direction. « Allons, viens, tu ne vas pas rester dehors. Entre un moment t'asseoir. Ensuite tu pourras repartir. » La cabane m'est devenue étrangère. C'est une autre famille qui l'habite, bien que le chien qui en garde la porte n'ait pas bougé depuis sept ans. Il a raison, l'homme noir. Je meurs de faim. Je tombe de fatigue. Et cependant j'hésite encore. C'est que je pense aux mots du passeur. « Mieux vaut faire le tour par le fleuve plutôt que de passer par l'intérieur. Parce qu'à l'intérieur c'est encore pire. » L'homme insiste, me demande de me déchausser avant d'entrer. J'en suis un peu rassuré. Il m'invite dans son intimité. On n'entre pas dans sa cabane chargé de poussière et de radioactivité. Le respect est de mise. En espérant qu'il sera mutuel. On ne sait jamais avec ces gens venus d'ailleurs. Il n'y a pas que la couleur de peau qui diffère. Il y a aussi la culture. L'avertissement de Caron, j'y pense encore. Je n'ai pas fini de retirer ma première botte que l'homme part dans un grand éclat de rire. Une semelle de plomb vient d'en tomber dans un bruit mat. Chronos vient la flairer, circonspect. « Tu crois vraiment que ça te protège de quoi que ce soit ? Ne me dis pas que tu as la même chose dans ton slip, si ? » Il en rigole encore lorsqu'il s'enfonce dans l'embrasure. Dans la cabane rien n'a bougé. Même table, mêmes chaises. Même carrelage au sol. Mêmes rideaux à fleurs aux fenêtres. Mêmes casseroles et même cafetière sur le réchaud à gaz, mêmes ustensiles – louche, couvercles, passoire, chinois – pendus par des crochets au mur. Mêmes meubles et mêmes objets, jadis si familiers, parmi lesquels je passais mes vacances. À cette différence près que le temps a filé, cabossant tout sur son passage. La femme dépose un bol de riz fumant devant moi. Le bol, je le connais aussi. Il y a mon nom gravé dessus, à mi-hauteur entre le fond et le rebord, souligné par une tête de taureau stylisée. La seule différence avec le passé, c'est qu'il est ébréché. La femme reste debout, adossée à l'évier. L'enfant à la grosse bosse m'observe depuis le fond de la pièce. L'homme, lui, finit par s'asseoir. « Je m'appelle Ali. Et toi ? » Je tourne le bol dans sa direction, pointe du doigt mon prénom. « C'est bien, Simon. Mange, maintenant. Ensuite nous parlerons. » la question de l'internement préventif d'un individu qui n'est coupable de rien hormis d'être ce qu'il est, qui n'a rien fait de répréhensible sinon d'être présent au monde. Incessant affrontement entre le moral et le légal. Comme si l'État de droit, pourtant si fondamental, atteignait ses propres

limites lorsqu'il se fait la caricature de lui-même. Comme si la Loi n'en était plus une lorsqu'elle devient une simple fin en soi. On serait alors tenté de se trouver des garde-fous moraux ailleurs que dans les codes de procédure, par exemple dans la littérature. Dans *La Colonie pénitentiaire* de Franz Kafka, la procédure judiciaire et le châtiment (exécuté sans jugement) n'ont plus aucune justification en dehors de leur propre sacralisation. La Loi existe toujours, mais elle n'est plus qu'un instrument de torture, au sens propre, puisqu'elle se trouve littéralement gravée dans la chair des condamnés à mort par le biais d'une machine à écrire d'un genre assez
Le jour se lève. J'écris à la table de la cuisine. Ali est allé dormir. Il a rejoint sa femme et son fils au fond du fer à cheval. Il a tiré le rideau qui les sépare de la pièce principale. J'entends leurs respirations à tous les trois. L'homme et la femme sur un matelas posé à même le sol. L'enfant perché sur sa mezzanine, dans le petit lit où j'ai dormi tant de fois, souvent l'été, parfois l'hiver. Ali et moi avons parlé jusque tard. De ce qu'il fabrique ici, dans la maison de mon père. Comment lui et sa femme ont changé de continent, il y a longtemps, lorsque leur fils ne marchait pas encore. De ce choix qu'ils ont fait, en toute conscience, de payer un passeur, d'embarquer sur son aéroglisseur, de prendre la mer en direction d'une terre certes contaminée mais où, au moins, ne règne pas la guerre. Des premiers mois dans la Zone, Ali m'a raconté ce qui peut l'être. Le grand

bidonville installé en plein cœur des salins, que chacun ici appelle la Jungle. Chercher sa nourriture et de quoi boire au quotidien. Veiller sur sa femme et son fils, dans l'abri de fortune qui leur sert de chambre, de cuisine et de salle à manger – pour la toilette et les besoins il faut tout faire dehors. Les protéger du vent et des voleurs, quand bien même il n'y a rien d'autre à voler qu'une vieille couverture. Et quand la couverture a disparu, il reste encore les corps qu'on peut battre ou violer sous les yeux de l'enfant terrorisé. Les heures qui séparent le crépuscule de l'aurore sont au-delà des mots. Au matin, c'est au tour des rabatteurs de faire leur apparition. La seule façon de survivre à la Jungle, c'est de se faire embaucher dans le complexe industriel, de l'autre côté du fleuve, là où la radioactivité, soi-disant, ne tue pas. Le salaire de misère qu'on y gagne a valeur de trésor. Le bac du Barcarin tous les matins. Les aciéries pour commencer, au cœur du haut-fourneau numéro 2. L'usine de traitement des déchets ensuite. Pendant des mois, Ali y brûle les biens de consommation dont la métropole régionale, à soixante kilomètres à peine, ne veut plus. Dans la gueule béante de l'incinérateur disparaît chaque minute de quoi équiper la Zone entière. En matelas, en couvertures, en casseroles, en chaussures, en vêtements et surtout en nourriture. L'usine est délabrée. La sécurité des travailleurs n'y est plus assurée. Le soir venu, Ali repasse le grand bras d'eau dans l'autre sens, espérant trouver sa femme et son fils sains et saufs. Voilà pour les premiers mois. Arrive alors un drôle de type à l'allure bizarre, longue barbe et cheveux longs, qui écume le bidonville, discute, pose des questions. Ali le prend pour un rabatteur. Alors il tend l'oreille. On ne sait jamais, il y a peut-être, quelque part dans le complexe industriel, un boulot mieux payé, moins risqué. Aux salins il faut du temps pour maîtriser les règles de survie en milieu hostile, flairer les bons coups, surnager. Pourtant le type n'est pas vraiment venu pour embaucher. Mais pour exposer un projet : relancer les cultures agricoles, quelques kilomètres plus au nord, là où commence le royaume de l'eau douce. Le riz, l'olive, le blé, le maïs, l'asperge, la luzerne, le tournesol, le sorgho, et peut-être même la vigne. Tout ce qui gît dans le sol à l'état de racine ou de graine, abandonné depuis l'évacuation, contaminé par l'accident. Le malheur est venu du fleuve. C'est parce que l'homme avait pris l'habitude d'irriguer ses champs en allant pomper dans le grand bras que la terre s'est retrouvée souillée. Ce sont les canaux d'irrigation par milliers qui ont permis à la radioactivité de s'infiltrer, par capillarité, comme une maladie voyage dans le sang, condamnant un organe après l'autre. Mais c'est aussi par le fleuve que le pays sera sauvé. Il faut tout rincer à grandes eaux et reprendre la culture de la terre. Voilà la théorie du type à la crinière. La première récolte sera bonne à brûler, la seconde immangeable, mais la troisième, qui sait ? Qui veut tenter l'aventure ? Qui veut s'extraire des salins et emménager plus au nord, dans ces maisons à l'abandon qui ne demandent qu'un peu de lumière et un grand coup de balai pour renaître à la vie ? L'homme a l'air d'un illuminé, certainement pas d'un physicien ni d'un ingénieur agronome. Son projet est insensé. Il ne repose probablement sur aucune base scientifique. Est-ce que les plantes peuvent nettoyer le sol de la radioactivité ? Est-ce que le fleuve peut laver la terre de ce qu'il y a lui-même déposé ? En somme, c'est à l'humain de s'incliner, de chercher la rédemption en tombant à genoux, en grattant le sol avec humilité, pendant des heures, en espérant que la nature saura lui pardonner un jour. Avec ses rêves de décontamination par la culture, l'homme à la barbe apporte un peu d'espoir, celui d'une existence loin de la Jungle et du complexe industriel. Mais pour combien de temps ? Combien de mois avant de tomber malade, de souffrir de graves brûlures ou de crever d'un cancer ? Comment choisir ? Les salins aussi sont contaminés. La morsure du sel vaut bien celle de la radioactivité. Et la Jungle est plus dangereuse qu'une centrale nucléaire. Ils sont quelques dizaines à acquiescer, à suivre l'homme à la longue chevelure. Ali fait partie du groupe : il s'en va avec femme et enfant vers le nord, sans regret. Dans son pays, Ali était journaliste. Il doit se faire agriculteur. Cultiver la terre entre le fleuve et la mer, c'est savoir gérer l'eau. Voilà toute l'affaire. Ali devient irrigateur, se demandant sans cesse s'il ne contamine pas sa région d'adoption un peu plus lorsqu'il inonde vignobles et rizières. Mais l'illuminé de service n'en démord pas. Ici l'eau est la vie après avoir porté la mort. Elle rincera le sol et lavera l'homme de ses péchés. Et pendant quelque temps, deux ou trois ans à tout casser, renaît l'espoir de pouvoir vivre sa vie. Une vie sans adjectifs, ni bonne ni tranquille ni meilleure. Tout simplement une vie. Se nourrir grâce au travail de ses mains. Ne plus crever de faim. Tomber de fatigue avec la nuit après une journée dans les champs. Dormir sans se réveiller au moindre bruit suspect. Regarder son fils grandir, jouer, esquisser un sourire. Vivre, au lieu de survivre. La différence est immense. Jusqu'à ce qu'une boule pousse au cou du gosse. Elle gonfle chaque jour un peu plus. Pourquoi la maladie s'en prend à celui-ci plutôt qu'à son voisin, personne n'en sait rien. Les gens disparaissent en silence. Ils se terrent dans un coin et n'en ressortent plus. Les enfants, surtout, qui s'affaiblissent pour ainsi dire du soir au lendemain. On les voit jouer à la balle comme n'importe quel gamin d'ici ou d'ailleurs, et brusquement, plus rien. Le gosse goitreux ne pense plus à devenir acteur ou footballeur en Angleterre. Il passe ses heures à fixer le fleuve, le regard vide et le corps plein de cellules déviantes. Alors réapparaît le sentiment d'urgence. Celui qui a poussé Ali, il y a longtemps, à quitter son pays, sa terre natale, son père et sa mère, ses frères et ses sœurs. C'est le même sentiment qui revient à l'assaut. Il faut quitter la

Zone pour faire soigner son fils, remonter vers le nord, caché à l'arrière d'un camion ou dans le coffre d'une voiture. Parce que au nord il y aura bien des hôpitaux et des médecins pour prendre soin d'un gamin. Il leur restera bien un semblant d'humanité, aux gens du Nord, même si le gosse a la peau noire. Ali devrait s'offrir les services d'un passeur. Quelqu'un qui connaîtrait le trou de souris par où les faire sortir de la Zone. Seulement Ali n'a pas d'argent. Comment faire pour trouver un passeur, et où trouver l'argent ? Voilà à quoi pense Ali en sortant de sa chambre. À l'évidence, il est un peu surpris de me trouver encore assis à sa table. Il jette un œil à l'Aurora dans ma main et fronce les sourcils en voyant sur quoi j'écris. Je ferme *Le Camp de nomades de Saliers* et souligne le nom de l'auteur sur la couverture. « Sais-tu où il se trouve, Ali ? Serge Vartanian. Peux-tu me mener jusqu'à lui ? » Ali se gratte la tête. « Si tu me mènes à lui, Ali, je te trouverai un passeur. Toi et ta famille, il vous mènera dès ce soir vers le nord. Je l'ai déjà payé. Il me doit encore le trajet retour. » La femme d'Ali prépare un délicieux pain de sorgho. Elle vient de le sortir encore fumant du four à bois. Nous en mangeons en guise de petit déjeuner, le père, la mère, le fils et moi. Je ne quitte pas le gosse des yeux. Il est réapparu tout à l'heure, dans son pyjama à motif crocodile. Entre ses mains, un livre que je connais au point de pouvoir en citer des passages entiers :

Faune et flore des milieux lagunaires de Méditerranée. L'enfant sait lire. Il a posé le livre ouvert sur ses genoux pour ne pas le salir. Son doigt glisse le long des planches légendées de mots compliqués tandis que ses lèvres remuent en silence. Je peux deviner, rien qu'en lisant dessus, quelle page, quelle plante attire le plus son attention : *Salicornia europæa, Limonium vulgare, Phragmites australis, Oryza sativa…* Il tourne avec respect les pages fatiguées, prenant garde à ne pas les corner. Sa mère le rappelle à l'ordre avec douceur : « Mange, fils. » Dans son regard, autant de bienveillance que d'inquiétude. L'enfant a perdu l'appétit. La bosse sur son cou semble prête à exploser. Seul *Faune et flore* le maintient encore sur terre. Les chapitres défilent. Après les plantes, ce sont les animaux. À la façon dont son doigt s'attarde sur chaque dessin, je sais où va sa préférence. Les échassiers au long bec, au long cou, aux longues pattes, aux couleurs chamarrées. Les animaux fouisseurs aussi. Le castor de la page 84 et sa tête de dessin animé, son poil en pétard et son étroite queue plate. Le ragondin, page suivante, dont le fils d'Ali ne se lasse pas de marmotter le nom latin. C'est là, entre le *Castor fiber* et le *Myocastor coypus*, que j'ai jadis caché une liste de vingt-six noms. Qu'est-ce que le gosse a pu en faire ? Je n'ose poser la question à Ali, qui me regarde avec insistance tout en mangeant son pain de sorgho. Cet homme à la peau noire, il sait depuis le début. Il a compris dès le premier regard. Il a suffi qu'un chien vienne me flairer la main de façon familière. « C'est vrai, ce que tu dis, Simon ? Que tu peux nous trouver un passeur si je te montre où est ton père ? » datant du début des années 1980, déjà, Primo Levi confiait ses doutes et ses difficultés face à ce nécessaire devoir de témoignage dont il avait pourtant fait sa priorité : « (Face aux enfants des écoles) j'ai l'impression que mon langage est devenu insuffisant, que je parle une langue différente ; [...] et ces collégiens d'aujourd'hui qui utilisent un ordinateur avec la plus grande désinvolture, qui connaissent, qui apprennent de la télévision des choses que moi je n'ai jamais apprises, me mettent dans l'embarras. J'éprouve, j'avoue que j'éprouve un sentiment d'infériorité par rapport à eux, même si je sais que j'ai dit des choses importantes, si je n'ai aucune hésitation, aucun doute sur la valeur de mes livres, mais j'ai l'impression qu'ils sont vieux, qu'ils ont Un virage frôle les dernières maisons du village avant d'obliquer vers le sud. Nous marchons sur la D37, les panneaux indicateurs l'attestent. La route est déserte. Seul Chronos nous précède. Parfois il se retourne pour vérifier que nous ne nous sommes pas dissous dans l'immensité du paysage. De part et d'autre du ruban d'asphalte, des rizières inondées, à perte de vue. Ali et moi nous sommes mis d'accord. Cette nuit, il ira trouver le passeur sous le pont de l'ancien chemin de fer. Il y aura sa femme et son fils. Caron leur ouvrira une porte vers le nord. En attendant nous progressons en silence. Ali a promis de me conduire. Une grosse demi-heure de marche, a-t-il dit, guère plus. Ici et là, quelques maisons isolées d'où filtre un peu de lumière, d'où monte un filet de fumée. La vie revient doucement, à petites doses, parce que des gens venus d'ailleurs se sont installés en lieu et place d'une absence. Il faut du temps pour faire reculer la mort. Ici le temps se compte en saisons, en siècles, peut-être même en millénaires. Tout dépend des produits de fission qui ont imprégné le sol. Il y a une part de sacrifice dans ce qu'ils font chaque jour. Cette départementale n'en finit plus de traverser les champs contaminés. Après une longue ligne droite, elle s'infléchit à hauteur d'un canal d'évacuation des eaux. Chronos a pris de l'avance. Il disparaît un instant derrière une haie de roseaux que le vent brasse. Nous le retrouvons assis sur le gravier, montant la garde devant une stèle de béton. Une plaque d'aluminium y est fixée par des rivets. Elle témoigne du décès en ces lieux, il y a près d'un siècle, d'hommes et de femmes considérés comme des métèques, des parias, des citoyens de troisième classe. Morts de mauvais traitements et de malnutrition au nom de la loi et de l'ordre. Au nom de la République. Vingt-six noms, longtemps enfouis entre les pages d'un livre sur la nature, relégués dans l'arrière-cour de l'histoire. « Qui a construit ce monument, Ali ? Et qui a mis cette plaque ? – C'est Papa Serge, bien sûr. Nous l'y avons aidé. Avec de l'eau d'ici et du ciment trouvé dans un hangar. Il avait l'air d'y tenir. » Je connais cet endroit. J'y suis venu au sortir de l'enfance. C'était déjà pour y trouver mon père. Ce jour-là, je l'ai vu détruire ce qu'il avait de plus cher, ce qu'il avait mis tant de temps à bâtir. Ce monument de la mémoire qu'il avait dû littéralement sortir de la rizière. Mon père a préféré le réduire en poussière pour protéger son fils. Tu te souviens, lecteur ? Sept ans plus tard le monument a repoussé de terre. « Papa Serge ? » Ali laisse filtrer un sourire. « Papa Serge, oui. Qui nous sauve des salins, fait de nous de parfaits cultivateurs, rouvre l'école, apprend à nos enfants à lire et à écrire. Papa Serge qui fait renaître l'espoir. Et quelques années plus tard nous mourons du cancer. » Décidément cette plaine imbibée d'eau est trop immense pour la saisir. Des touffes jaunâtres perforent le miroir lisse où se confondent l'eau et le ciel. Ici rien n'accroche l'attention hormis la stèle de béton et ses vingt-six noms. « Où est-il, Ali ? Où est mon père, alors ? » Ali observe les rizières au repos avant les semis de printemps. « Il est ici, Simon. Quelque part dans la terre. Il voulait reposer à l'emplacement de l'ancien camp. » Chronos s'avance dans la plaine inondée. Il a de l'eau jusqu'au ventre mais semble s'en moquer. L'animal rejoint un monticule, s'y couche après en avoir flairé l'humus et tassé la terre de ses pattes. Je m'engage à mon tour dans la rizière. Mes bottes aux semelles de plomb s'y enfoncent aussitôt. Depuis son promontoire aux allures de sépulture, le chien, statuesque, me regarde m'engluer. Déjà la terre s'agrippe à mes bottes dans un bruit de succion. Elle lèche mon pantalon, absorbe mes mollets et mes cuisses, cherche à m'aspirer vers le fond. Ali doit venir m'en extraire, me tirer vers le bord. Je m'accroche à son bras, tombe à genoux sur le bitume de la départementale. Je suis enduit d'une boue noire. « Quand est-il mort, mon père ? – L'année dernière. Pendant les moissons. Il s'est mis à maigrir. Tout est allé très vite. Il m'a laissé sa cabane et son chien. – Tu le connaissais bien ? – Nous avons eu de longues discussions. Sur les rizières. Sur l'irrigation. Et sur ce qui peut se passer entre un père et son fils. » Je fouille sous mon manteau, en tire *Le Camp de nomades de Saliers*. Entre ses pages se trouve une feuille jaunie par les ans que le vent déplie. « C'est tout ce qu'il m'a transmis, tu sais. Ça et le vieux stylo qui a servi à tracer ce point d'interrogation. » Ali éclate de rire. « Un livre, un stylo et une question. Qu'est-ce que tu veux qu'un père laisse de plus à son fils, Simon ? » Une rafale vient m'arracher le morceau de papier. J'essaie de le rattraper mais Ali m'en dissuade. Il survole l'ancien camp de nomades, frôle encore les rizières, puis disparaît derrière la ligne d'horizon. Je range le livre au chaud contre ma peau. « Ali ? Peux-tu me montrer le chemin de la mer ? – La mer ? Qu'est-ce que tu veux y faire ? – Quelqu'un m'attend là-bas. » Ali jauge la hauteur du soleil. « Je vais t'y conduire, Simon. Tu n'y arriveras pas seul. Nous marcherons d'un bon pas pour que je sois de retour avant la nuit. Voilà tout. » Là-bas, sur la tombe de mon père, Chronos est l'immobilité même. que ce soit vers les sombres tréfonds du souvenir ou vers le lumineux avenir que voudraient nous vendre politiciens et publicitaires. En réalité il n'y a pas à choisir, l'un ne va pas sans l'autre : tout travail de mémoire suppose une double orientation ; nous nous tournons à la fois vers le passé et le futur ; nous tâchons de tirer les enseignements de ce qui est advenu pour mieux prévenir ce qui pourrait advenir. On ne peut savoir où l'on va si l'on ne sait pas d'où Il faut que je me dépêche d'écrire. Ali attend pour repartir. Je lui ai demandé encore une heure, le temps pour lui de se reposer. Une petite heure pour tout finir de rédiger. Je n'ai bientôt plus d'encre, de toute manière. Au fil des jours, la vieille bouteille en verre s'est vidée à mesure que mes phrases recouvraient le texte de mon père. Quant au *Camp de nomades de Saliers*, il ne compte plus que quelques pages vierges de mon écriture, même en incluant la table des matières. Je vais bientôt manquer de place. Je suis maintenant assis face à la mer. Le vent souffle en brutales rafales, il faut tenir l'ouvrage très fort pour qu'il ne s'envole pas. Il faut s'y accrocher pour qu'il ne termine pas sa course dans l'eau salée, elle aussi contaminée. Écrire, écrire encore contre vents et marées. Plus qu'un dernier passage à coucher sur le papier, le temps de mettre un point final à notre histoire, lecteur. Mots rouges sur texte noir. Ali et moi avons marché quatre heures. La route s'étirait sous nos pieds. Les rizières succédaient aux rizières. Un méandre du fleuve est venu frôler notre trajectoire. À cet endroit, le petit bras cernait une tour de guet moyenâgeuse, haute et patibulaire. Des silhouettes noires sont apparues à son sommet. Elles nous ont observés, attentives, silencieuses, du haut du chemin de ronde. J'ai bien failli me mettre à courir. Ali m'en a dissuadé. Mes bottes à semelles de plomb aussi. Nous avons pris à droite dès que possible, sur un sentier de terre. D'anciens panneaux à l'usage des randonneurs subsistaient encore. Combien d'heures jusqu'à la mer ? Et quelles difficultés pour boucler le parcours ? Le temps avait gommé toutes ces informations. Ne subsistait qu'une flèche indiquant la direction. Ali et moi l'avons suivie, débouchant sur une immense étendue d'eau. Ce n'était pas encore la mer, mais le grand étang, la *Grand Mar*, comme disaient jadis les gens d'ici. Nous avons regardé les formes mouvantes que produisait le vent à la surface de l'eau. Il y avait des milliers d'oiseaux, la plupart migrateurs. Canards et grèbes, oies, hérons cendrés, aigles bottés et busards des roseaux. Foulques macroules, harles piettes, cygnes de Bewick et garrots à œil d'or. Et puis des flamants roses, bien sûr, au plumage de janvier si vif, presque fluorescent. Je les reconnaissais tous. J'en avais étudié le nom et l'apparence dans *Faune et flore des milieux lagunaires*. C'était comme de relire en pleine nature le livre de mon enfance. Mais tout retour en arrière était impossible. Ces bêtes aux longues pattes, venues se réfugier ici le temps d'un hiver, baignaient dans l'eau souillée et mortifère. Soudain Ali s'est redressé. Au loin, trois ombres longeaient la rive dans notre direction. Pêcheurs, peut-être, ou chasseurs armés jusqu'aux dents. Selon Ali il ne pouvait y avoir que deux options. J'ai plissé les yeux. Les trois fantômes – un grand et deux petits – s'étaient figés en nous repérant. Nous nous sommes scrutés à travers l'espace et le temps. Je m'imaginais marcher vers eux. Les saluer de loin pour commencer. M'approcher encore, jusqu'à voir leur figure, échanger un regard. Leur tendre la main, peut-être. Adoucir la menace, apaiser les angoisses. Ali m'en a dissuadé, préférant presser le pas plutôt que de se soumettre au hasard. Nous avons repris le chemin de randonnée en direction du sud. La terre allait s'amenuisant. Les flots inondaient le paysage, gorgeaient le regard d'une succession sans fin d'étangs et de marais, submergeaient ma mémoire. Tandis que nous foulions un ultime morceau de départementale, la route s'est changée en simple ruban de bitume entre deux couches aqueuses. Il n'y avait nulle part où marcher sinon droit devant, comme si la Méditerranée nous avait envoyé son avant-garde pour mieux nous cerner, nous escorter vers sa frontière. Un enchevêtrement de maisons est apparu au loin. Une ville, la toute dernière avant les flots. Ali a dit qu'il valait mieux la contourner. On ne savait trop qui s'entassait dans les ports, en provenance de quel pays et pour fuir quelle guerre. Un chemin sablonneux s'offrait à nous, affleurant l'eau, comme une nouvelle invitation à nous maintenir loin de toute humanité. Mes bottes plombées s'enfonçaient dans les profondeurs. J'avais les jambes dures et la poitrine en feu. Le vent nous envoyait du sable dans la figure par poignées entières. Enfin, au bout d'un long parterre de sansouïre, la Méditerranée m'est apparue, tapie derrière la digue, recouverte d'un manteau blanc d'écume et de colère. La plage était déserte. Ali m'a lancé un regard interrogateur puis s'est mis à l'écart, à l'abri des bourrasques. Je l'ai vu retirer ses chaussures et s'agenouiller en position de prière. J'ai tiré le livre de mon père et me suis remis à écrire en espérant que l'Aurora m'offre quelques gouttes d'encre supplémentaires. Voilà où j'en suis. Voilà où nous en sommes, lecteur. Le vent vient de tomber. Les pages du *Camp de nomades* ne menacent plus de s'envoler. Quelque chose, enfin, s'est apaisé. Là-bas, Ali s'est relevé après avoir revissé son thermos et rangé ses affaires. Il lui reste assez de galettes de sorgho pour le retour. Il marche dans ma direction, soulevant de brèves gerbes de sable à chacun de ses pas, abandonnant derrière lui de petits cratères que la moindre rafale aura vite fait d'aplanir. Il porte encore ses chaussures sur l'épaule, lacets noués, l'une devant, l'autre derrière. Dans une ou deux minutes il sera là. Nous sommes déjà l'un l'autre à portée de voix. Je vais ranger l'Aurora et fermer le livre de mon père. Je le poserai sur le sable, bien en évidence, pour qu'Ali s'en empare et l'emporte dès ce soir. Le livre de mon père, au fil de l'écriture, est aussi devenu le mien, dans une certaine mesure. Il a pour vocation de repartir vers le nord et, qui sait, de retrouver sa place en Enfer, sur une étagère. S'il trouve un jour quelque lecteur pour y porter son attention, c'est qu'Ali aura réussi à passer. Je lui souhaite plein succès. Il en va de la vie de son fils et du destin de mes écrits. J'entends mon nom dans l'air. Quelqu'un m'appelle. Il faut me dépêcher. De toute façon le filet d'encre rouge est en train de s'assécher. Maintenant je vais me lever. J'aurai toujours mes bottes plombées aux pieds. Je marcherai vers la mer. J'y entrerai tout habillé. Le contact de l'eau froide me rappellera des souvenirs. Peut-être était-ce ici, sur cette plage-là précisément, que je me suis baigné la dernière fois. C'était il y a longtemps. Il y avait mon père. Il y avait ma mère. Je marcherai dans l'eau jusqu'à n'avoir plus pied. J'honorerai mon rendez-vous de longue date avec la Méditerranée. J'en ai fait la promesse à Audrey. J'avancerai sans me retourner. J'irai la retrouver. Indicatif futur, comme disait la bibliothécaire.

La littérature française
aux Éditions Viviane Hamy

Marie Capron
Priya, La Fille du boucher

Virginie Carton
Restons bons amants

Cécile Coulon
Méfiez-vous des enfants sages
Le Roi n'a pas sommeil
Le Rire du grand blessé
Le Cœur du pélican
Trois saisons d'orage

Laurent Dutheil
J'ai 7 ans

Céline Lapertot
Et je prendrai tout ce qu'il y a à prendre
Des femmes qui dansent sous les bombes
Ne préfère pas le sang à l'eau
Ce qui est monstrueux est normal
Ce qu'il nous faut de remords et d'espérance

Yoram Leker
L'Âme au diable

Julie Manarra
Rouge cendre

Karim Miské
Arab Jazz
N'appartenir

Estelle Monbrun / Elyane Dezon-Jones

Meurtre chez Tante Léonie

Meurtre à Petite-Plaisance

Meurtre à Isla Negra

Meurtre chez Colette (avec Anaïs Coste)

Le Fantôme du petit Marcel (avec Stéphane Heuet)

Meurtre à Montaigne

Hoai Huong Nguyen

L'Ombre douce

Sous le ciel qui brûle

Le Cri de l'aurore

Thomas Oussin

Soleil de juin

François Pieretti

Saltimbanques

Alexis Ragougneau

La Madone de Notre-Dame

Évangile pour un gueux

Niels

Opus 77

Palimpseste

Dominique Sylvain

Baka !

Sœurs de sang

Techno Bobo

Travestis / Le Roi Lézard

Strad

La Nuit de Geronimo

Vox

Cobra

Passage du Désir

La Fille du samouraï

Manta Corridor

L'Absence de l'ogre

Guerre sale

Ombres et Soleil

L'Archange du chaos

Kabukicho

Les Infidèles

Une femme de rêve

Mehtap Teke

Petite, je disais que je voulais me marier avec toi

François Vallejo

Vacarme dans la salle de bal

Pirouettes dans les ténèbres

Madame Angeloso

Groom

Le Voyage des grands hommes

Ouest

Dérive

L'Incendie du Chiado

Les Sœurs Brelan

Métamorphoses

Fleur et Sang

Un dangereux plaisir

Hôtel Waldheim

Efface toute trace

La Delector

La littérature étrangère
aux Éditions Viviane Hamy

TRADUIT DE L'ALLEMAND

Ruth Klüger
Perdue en chemin
Refus de témoigner

TRADUIT DE L'ANGLAIS

Harriet A. Jacobs
Incidents dans la vie d'une jeune esclave

Yelena Moskovich
Les Natashas
Virtuoso

Charlotte Perkins Gilman
Benigna Machiavelli

Denton Welch
Voyage initiatique
Soleils brillants de la jeunesse

TRADUIT DE L'ESPAGNOL

José Luis de Juan
L'Apiculteur de Bonaparte
Les Souffles du monde

TRADUIT DU GREC

Christos A. Chomenidis
Niki

Haris Vlavianos
Journal fictif d'Adolf Hitler

TRADUIT DE L'HÉBREU

Nissim Aloni
Le Hibou

TRADUIT DU HONGROIS

Róbert Hász
Le Passage de Vénus
Le Prince et le Moine
La Forteresse
Le Jardin de Diogène

Frigyes Karinthy
Je dénonce l'humanité
Voyage autour de mon crâne

Dezsö Kosztolányi
Le Traducteur cleptomane
Le Cerf-volant d'or
Anna la douce
Alouette

Magda Szabó
Abigaël
L'Instant
Le Vieux Puits
Le Faon
Rue Katalin
La Ballade d'Iza
La Porte

Antal Szerb
Oliver VII

TRADUIT DE L'ITALIEN

Gianni Clerici
Les Gestes blancs
Suzanne Lenglen, La Divine

TRADUIT DU PORTUGAIS

João Ricardo Pedro
La Main de Joseph Castorp

Gonçalo M. Tavares
Mythologies
Le Quartier, Les Messieurs
Une jeune fille perdue dans le siècle à la recherche de son père
Matteo a perdu son emploi
Un homme : Klaus Klump & la Machine de Joseph Walser
Monsieur Swedenborg et les Investigations géométriques
Un voyage en Inde
Monsieur Walser et la Forêt
Monsieur Brecht et le Succès
Apprendre à prier à l'ère de la technique
Monsieur Calvino et la Promenade
Monsieur Kraus et la Politique
Monsieur Valéry et la Logique
Jérusalem

TRADUIT DU RUSSE

Gaïto Gazdanov

Une soirée chez Claire
Le Spectre d'Alexandre Wolf
Cygnes noirs
Le Retour du bouddha
Éveils
Chemins nocturnes

Boris Khazanov
L'Heure du roi

TRADUIT DU SERBO-CROATE

Filip David
La Maison des souvenirs et de l'oubli

Pour découvrir l'intégralité de notre catalogue :
www.viviane-hamy.fr

Suivez-nous :

www.facebook.com/ÉditionsVivianeHamy

@ÉditionsVivianeHamy

Editionsvivianehamy

Puisque la lecture d'un grand livre est un dialogue
– comme l'a si bien écrit Léon Werth –,
nous vous invitons à le poursuivre
avec un autre titre de notre catalogue :

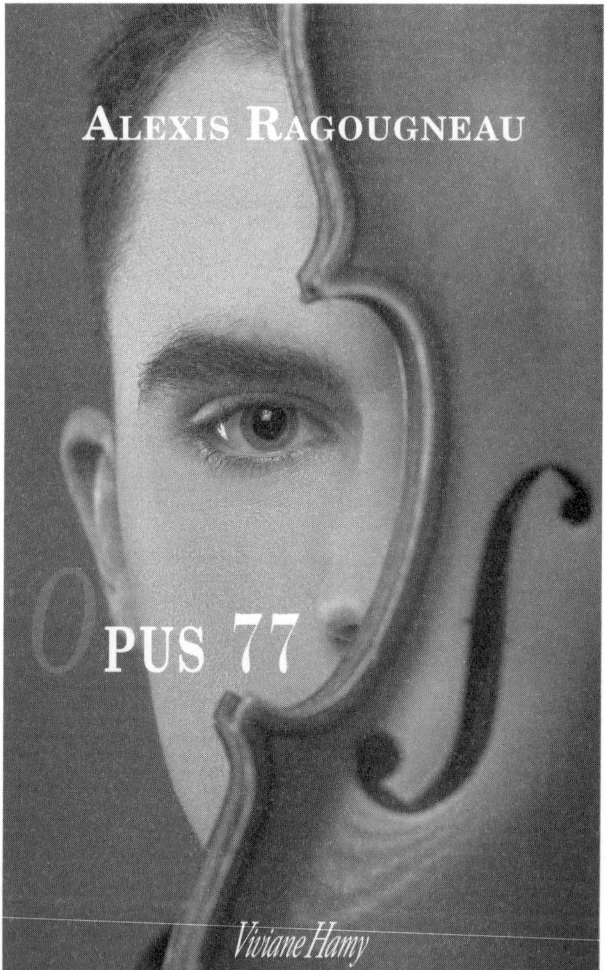

Cet ouvrage a été mis en pages par

<pixellence>

N° d'édition : L.43EVAN000467.N001
Dépôt légal : août 2022
Achevé d'imprimer en avril 2022 en Espagne par Liberdúplex